本书为浙江省社科规划课题"'双一流'建设背景下校友支持研究"（23NDJC089YB）成果。本书出版得到教育部人文社会科学研究项目"'双一流'建设中校友支持的内在机理、效应评估与实现路径"（23YJC880035）、中国高等教育学会2022年度高等教育科学研究规划课题"'双一流'建设中的校友支持研究"（22XY0303），以及浙江工业大学人文社会科学研究基金后期资助项目和浙江工业大学马克思主义理论学科项目资助。

何志伟　著

校友资源与
世界一流大学建设

中国社会科学出版社

图书在版编目(CIP)数据

校友资源与世界一流大学建设 / 何志伟著. —北京：中国社会科学出版社，2024.6
ISBN 978-7-5227-3608-2

Ⅰ.①校…　Ⅱ.①何…　Ⅲ.①高等学校—教育建设—研究—世界　Ⅳ.①G649.1

中国国家版本馆 CIP 数据核字(2024)第 101583 号

出 版 人	赵剑英	
责任编辑	范晨星	
责任校对	韩天炜	
责任印制	王　超	

出　　版	中国社会科学出版社	
社　　址	北京鼓楼西大街甲 158 号	
邮　　编	100720	
网　　址	http://www.csspw.cn	
发 行 部	010-84083685	
门 市 部	010-84029450	
经　　销	新华书店及其他书店	
印　　刷	北京君升印刷有限公司	
装　　订	廊坊市广阳区广增装订厂	
版　　次	2024 年 6 月第 1 版	
印　　次	2024 年 6 月第 1 次印刷	
开　　本	710×1000　1/16	
印　　张	16.25	
字　　数	234 千字	
定　　价	85.00 元	

凡购买中国社会科学出版社图书，如有质量问题请与本社营销中心联系调换
电话：010-84083683
版权所有　侵权必究

序　一

  大学是以高层次人才培养为核心使命的学术组织，向社会输送的人才无以计数。尽管大学生学成完毕都要先后离开学校，但作为校友却会与母校保持着千丝万缕挥之不去的联系，这种联系使他们对自己母校的感情日久弥深。因为母校予以学生的教育，使他们获得融入社会、立足社会并有为社会的真才实学。由此，大学必须守持如下的办学理性：大学不仅是在校生的大学，也是毕业生亦即校友的大学。事实亦然，凡大学尤其世界一流大学无不认识到校友之于大学发展建设的至关重要性，并把校友资源视为学校最宝贵且不可或缺的资源予以珍惜和开发利用。

  世界一流大学建设是党中央、国务院的重大战略部署，是新时代推动我国高等教育高质量发展的重要战略举措。2017 年，教育部、财政部、国家发展和改革委员会三部门在印发的《统筹推进世界一流大学和一流学科建设实施办法（暂行）》中指出："建设高校要积极争取社会各方资源，形成多元支持的长效机制。"2022 年，教育部、财政部、国家发展和改革委员会又在《关于深入推进世界一流大学和一流学科建设的若干意见》中提出："引导建设高校立足优势，扩大社会合作，积极争取社会资源。"由此足见，在我国"双一流"高校建设的背景下，积极争取社会资源支持世界一流大学建设不仅是促进"双一流"建设高校发展的实践需要，亦是高等教育理论工作者亟待研究的理论需要。换言之，重视和开发校友资源于一流大学建设，这既是高等教育研究的理论课题，亦是加快世界一流大学建设的时代命题。

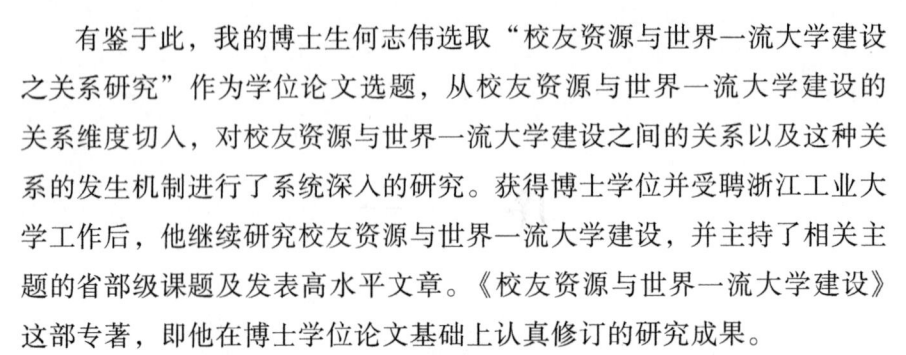

校友资源与世界一流大学建设

有鉴于此，我的博士生何志伟选取"校友资源与世界一流大学建设之关系研究"作为学位论文选题，从校友资源与世界一流大学建设的关系维度切入，对校友资源与世界一流大学建设之间的关系以及这种关系的发生机制进行了系统深入的研究。获得博士学位并受聘浙江工业大学工作后，他继续研究校友资源与世界一流大学建设，并主持了相关主题的省部级课题及发表高水平文章。《校友资源与世界一流大学建设》这部专著，即他在博士学位论文基础上认真修订的研究成果。

本书在分析世界一流大学特征及校友资源优质性的基础上，作者从校友智力资源能够满足世界一流大学建设的高水平人才资源需求、校友财力资源能够补充世界一流大学建设的物质资源高消耗及校友文化资源有助于世界一流大学卓著声誉的形成等方面，论证了校友资源对世界一流大学建设的重要性及不可或缺性。作者对校友资源之于大学发展尤其世界一流大学发展具有不可或缺重要性进行了深入分析，并多方面回答了世界一流大学建设如何积极争取校友资源支持的问题。尤其需要强调的是：《校友资源与世界一流大学建设》从智力、财富和文化等影响要素及其影响机制，两个方面讨论校友资源之于世界一流大学建设影响的视角比较新颖，且研究结论具有一定的创新性。其中关于"智力贡献包括作为优秀教师的重要来源和学校改革发展的高级智囊以及影响学校治理的第三方力量""财富贡献包括充盈办学经费，改善办学条件，进而吸引优秀师生，提升教师水平及生源质量""文化贡献包括卓杰校友对于学校声誉的扩大和在校生的榜样激励"等影响要素的提炼和论述比较全面客观。另外，关于两所一流公立大学的案例研究亦具有代表性。其中，关于"加州大学伯克利分校通过'共同体'思维来实现校友资源的'再生产'以支持其世界一流大学的发展"及"清华大学将校友作为清华'三宝'之一并通过培养校友的'清华情结'凝聚校友资源，以支持和促进其建设世界一流大学"的研究发现具有推介价值。

总之，作者从校友资源的视角对世界一流大学建设进行考察，丰富和深化了高教界对于校友资源和世界一流大学建设的理性认识，具有丰

序 一

富高等教育理论及引导一流大学建设的学术意义和实践价值。由于研究资料的可获取性、校友资源的差异性等原因，本书的研究难免会有一些不够完善之处，如不同校友资源如何支持世界一流大学建设需要进一步调查，以及在人工智能越来越发达的今天，如何借助人工智能技术进一步开发校友资源等研究，都为作者留下了有待深入研究的空间。期待作者能以本书为起点，继续不断深化相关主题探讨，为校友资源及世界一流大学建设研究做更深入广泛的研究并做出更多学术贡献。

眭依凡
于浙江杭州
2024 年 2 月 23 日

序　二

在国内外学界，对校友问题做系统性研究的、有一定理论深度的专著，迄今仍很稀缺。何志伟博士这部著作《校友资源与世界一流大学建设》的出版，不仅给我们另一个视角来看待大学校友工作，也为这个领域的研究提供了价值增量，在此向志伟博士表示祝贺。

做过校友问题研究的同仁，都难免有过类似的感受或者抱怨：拿课题难，学术发表难，写文章更难。因为，他们会发现能从中参考、借鉴或引用的文献资料实在太有限了。记得2021年，时任中国校友工作研究会常务副会长胡炜教授，安排我主持一批近些年来有关校友问题研究著作的翻译和出版，以推动国内相关研究和工作的开展。我欣然领命，踌躇满志，准备带领一帮研究生大干一场。但经过几番文献检索后，结果却让我很失望，国外学界对校友问题的研究，虽有不少类似大学基金会、校友捐赠主题的文章出现，但难找到哪怕一部值得下功夫翻译的相关研究专著，后来也就只好作罢。这一学术研究上的空缺，早在19世纪20年代就对校友问题有所关注的国外学界尚且如此，20世纪八九十年代才对校友问题有所关注的国内学界，就更不用讲了。

多年来，在国内学界，校友问题的研究一直处在"娘不疼、舅不爱"的尴尬境地。如在社会学领域，社会组织及其发展一直是其一个很重要的研究方向，但属于社会组织范畴内的校友会却极少被纳入他们的研究视野。近年来，即便是北大、清华、浙大、武大等名校的地方校友会已在捐资助学、引资引智、抗疫救援等方面展现出了惊人的社会动

校友资源与世界一流大学建设

员力量,受到社会赞誉和政府褒奖,校友及校友组织仍然是社会学领域的一个研究荒漠。至于教育学界及高等教育学界,校友工作虽然在大学每逢五年、十年的周年建校纪念大会上被校领导提及,新闻榜上也会时不时被某个富豪校友给其母校的巨额捐款所引发的新闻刷屏,但这种现实的景象,却没有成为推动校友问题研究向上发展的力量,相关研究一直处在"谈谈感受、提提建议"的阶段,缺乏理论性的、成体系的研究。

毋庸置疑的是,大学需要重视校友工作。大学的产生、发展甚或从大学诞生的那一天起,校友就以朋友、赞助者、筹建者等不同的身份,与大学相伴相生,是大学传统及文化的"守望者"。现如今,校友对母校事务的多方面热情参与,以及后疫情时代仍不断刷新的校友捐赠榜单,都在不断地证明一个事实:校友是大学天然的支持者,也是大学最给力、最稳定的合作伙伴,是大学越来越需倚重的一支重要力量。所以,我也在自己的文章和书稿中多次表明一个观点:校友不仅是大学需要时常关注和重视的工作对象,还是大学现在以及未来的"合伙人",是大学最忠诚、最可靠、最稳定的伙伴,因此大学必须拿出诚意,要像重视教学、学科、科研、人才等工作一样重视校友工作。如果把视野再放大一点,我们还会发现,校友工作除了可以增强大学的社会影响力、辐射力,还可以拓展大学自身的社会服务功能。比如大学能以学缘关系为感情纽带,以校友会为媒介,在校友企业与所在地政府之间牵线搭桥,将"大学—校友"两方关系延展为"政府—大学—校友—社会"四方关系,整合情感、政策、科研、市场、产业、人才、资金等要素,在服务自身发展的同时也为地方产业发展服务。

所以,无论是大学,还是政府相关部门,都应该大力支持校友工作,支持校友会等校友组织发展。但令人遗憾的是,许多校友会虽然有组织有活动,但却是没有获得民政部门认证的"草根组织",这使其作用的发挥受到很大限制,如校友活动缺乏必要的监管,承担社会职能受到限制,一些有社会影响力的校友由于合法性的顾虑而缺乏参与校友事务的意愿和动力等。早在2013年，党的十八届三中全会就提出要"激发社会组织活力""支持和发展志愿服务组织"，教育部也以文件形式取消了对校友会成立和发展方面的限制性条款，其他部门也应予以跟进，在降低注册门槛等方面为校友组织发展提供必要支持。

要支持校友工作，支持校友组织发展，也要支持围绕校友问题的相关研究。因为只有相关研究跟得上，才能推动校友工作的持续改进和发展。为此，也呼吁相关学术管理机构、学术期刊能重视校友问题研究，在课题立项、论文发表方面多多扶持校友问题研究这棵还未成长起来的"嫩苗"。

所以，志伟博士这部著作的出版，在当前境况下实属珍贵。该书从人才培养（学缘关系结果）这一新的视角出发，一是从学理层面系统阐释了校友资源与世界一流大学建设二者之间的逻辑对应关系，为我国高校有效利用校友资源建设世界一流大学提供了理论支撑；二是在实践层面，系统地梳理和分析国内外一些名校在利用校友资源方面的经验得失，有利于高校学习和借鉴他校的成功经验。该书主题鲜明，既有比较充分的理论分析，也有通过具体案例、翔实数据的经验研究，书中不乏新颖的观点和见解，所提出的一些对策建议也具有启发性和参考价值。

2024年2月于上海家中

目 录

第一章 绪论 ……………………………………………………（1）
  一 本书主题 ……………………………………………………（1）
  二 研究背景与研究意义 ………………………………………（3）
  三 文献综述 ……………………………………………………（9）
  四 研究思路与研究内容 ………………………………………（27）
  五 研究方法 ……………………………………………………（28）
  六 研究创新 ……………………………………………………（29）

第二章 校友资源与大学发展之关系的理论分析 ……………（31）
  第一节 大学组织的属性 ………………………………………（32）
    一 高层次人才培养 …………………………………………（33）
    二 知识创新 …………………………………………………（34）
  第二节 大学的资源依赖与资源选择 …………………………（36）
    一 大学发展需要资源 ………………………………………（37）
    二 资源竞争与大学发展 ……………………………………（38）
    三 大学的资源选择 …………………………………………（41）
  第三节 校友资源是大学发展的重要资源 ……………………（43）
    一 校友是大学的重要组成 …………………………………（43）
    二 校友资源的特殊性与多样性 ……………………………（53）
    三 校友资源对大学发展的影响 ……………………………（56）

第三章　校友资源与世界一流大学建设的关系 （59）
第一节　世界一流大学的特征 （59）
一　卓杰人才培养与知识创新 （60）
二　生源、师资的激烈竞争 （68）
三　物质资源的高消耗 （73）
第二节　世界一流大学校友资源的优质性 （77）
一　高水平的人才库 （78）
二　实力雄厚的校友捐赠 （81）
三　卓越的校友文化 （87）
第三节　校友资源与世界一流大学建设之关系的讨论 （93）
一　校友资源的构件与世界一流大学建设要素息息相关 （93）
二　校友资源的质量与世界一流大学建设水平密切相关 （95）
三　培育优质校友资源是世界一流大学建设的有效路径 （97）

第四章　校友资源之于世界一流大学建设的影响 （100）
第一节　校友资源之于世界一流大学建设的智力贡献 （101）
一　优秀教师的重要来源 （101）
二　学校改革发展的高级智囊 （104）
三　影响学校治理的第三方力量 （108）
第二节　校友资源之于世界一流大学建设的财富贡献 （117）
一　充盈办学经费，改善办学条件 （117）
二　吸引优秀师生，提升教师水平及生源质量 （121）
第三节　校友资源之于世界一流大学建设的文化贡献 （124）
一　卓杰校友具有扩大学校声誉的作用 （125）
二　卓杰校友是在校生的精神楷模 （130）

第五章　校友资源促进世界一流大学建设的案例研究 （135）
第一节　案例：加州大学伯克利分校 （135）

一　加州大学伯克利分校的卓杰校友资源 …………………… (137)
　　二　"共同体"思维：校友资源与加州大学伯克利分校 …… (138)
　　三　案例小结 ……………………………………………………… (156)
　第二节　案例：清华大学 …………………………………………… (158)
　　一　THAA 的完善 ……………………………………………… (158)
　　二　感恩反哺：校友的清华情结 ………………………………… (161)
　　三　案例小结 ……………………………………………………… (170)

第六章　校友资源与世界一流大学建设关系研究的启示 ……… (173)
　第一节　校友资源之于世界一流大学建设不可或缺 …………… (173)
　　一　有校友智力支持方能满足世界一流大学建设之
　　　　高水平人才资源需求 …………………………………… (174)
　　二　有校友捐赠支持方能补充世界一流大学建设之
　　　　物质资源高消耗 ………………………………………… (175)
　　三　有校友文化支持方能打造世界一流大学建设之
　　　　一流文化品牌 …………………………………………… (177)
　第二节　世界一流大学建设使用校友资源存在的问题 ………… (181)
　　一　校友资源的认识错位 ………………………………………… (182)
　　二　校友资源的关注失衡 ………………………………………… (183)
　　三　校友资源缺乏有效使用 ……………………………………… (186)
　第三节　世界一流大学建设要重视发展校友资源 ……………… (188)
　　一　提升校友归属感 ……………………………………………… (188)
　　二　培育构建校友—母校共同体 ………………………………… (193)
　　三　重视校友研究，创新校友工作 ……………………………… (197)

参考文献 …………………………………………………………………… (202)

附　录 …………………………………………………………………… (235)

后　记 …………………………………………………………………… (243)

第一章

绪　　论

一　本书主题

根据日本著名科学史家汤浅光朝（Mitsutomo Yuasa）提出的世界科学中心转移学说，结合意大利、英国、法国、德国和美国五大国高等教育的演变轨迹与发展历史，不难发现，高等教育是影响世界科学中心转移的诸多因素中一个尤为重要的因素，在各大国走向世界科学中心与迈向高等教育强国之路的进程中发挥重大作用的也恰是那些知名大学，每一次世界科学中心和高等教育强国的出现都伴随一批高水平大学的涌现。"举凡文化经济先进的国家，大学教育几乎没有不站在世界先驱的位序的。历史上出现光辉时代的社会，常常莫不有伟大的学府巍然矗立，而今日美国与日本在工业上所以能雄踞当阳称尊的地位，何尝不与他们在大学教育上的巨大投资有关？对有些天然资源缺乏的社会来说，要想在国际上执鞭竞先，争一席位置尤不能不赖于国民脑力的发展，以开发所谓'人力资源'。一点不夸大，在一个以知识为中心导向的现代世界，大学教育之发展已成为各国知识或人力竞赛的主要疆场。"[①] 从这个意义上来讲，世界一流大学建设事关国家发展水平的高低、国家发展潜力的大小、国家竞争力的强弱。"由此我们可以作出如下基本判断：缺乏高水平大学尤其是世界一流大学

[①] 金耀基：《大学之理念》，生活·读书·新知三联书店2001年版，第88页。

校友资源与世界一流大学建设

支撑的国家是没有竞争力的国家。所以美国总统拜登说：'我们在创新和科技上引领世界'，因为'我们有全世界最好的大学'。"① 一方面，世界一流大学能够培养各行业的卓杰人才；另一方面，世界一流大学能够创新各领域的一流知识，通过卓杰人才与一流知识的合力可以建成高等教育强国，进而使一国之发展水平、发展潜力和竞争力大幅度提高，逐渐发展成世界经济、科学和文化中心，可见世界一流大学建设对于一个国家和民族的战略发展具有非常高的意义价值。基于此，是否拥有世界一流大学成为国家之间竞争力强弱最为关键的因素，欧美高等教育强国皆如此，拥有一批世界一流大学使得这些国家不仅能够主导世界话语权，而且能够领衔科技创新、引领世界进步和推动人类社会的发展。故而，世界一流大学建设成为中国建设高等教育强国以增强国家竞争力的战略选择。自"985 工程"之后，2015 年 10 月国务院印发了《统筹推进世界一流大学和一流学科建设总体方案》，进一步推进世界一流大学建设。在 2016 年 5 月召开的全国科技创新大会、两院院士大会、中国科协第九次全国代表大会上，习近平总书记指出："成为世界科技强国，成为世界主要科学中心和创新高地，必须拥有一批世界一流科研机构、研究型大学、创新型企业，能够持续涌现一批重大原创性科学成果。"② 党的十九大报告更是明确提出"加快一流大学和一流学科建设，实现高等教育内涵式发展"③。

在这样的战略背景下，如何建设世界一流大学，再次成为学人们热议的话题。大学作为一种资源依赖性组织，其运行发展需要依赖资源的支持，而世界一流大学更是一种需要耗费大量资源才能得以运行发展的组织，显然更加需要依赖资源的支持。综观国外世界一流大学建设的历史经验，其依赖的资源主要是社会资源，特别是丰富宝贵的校友资源。校友作为世界一流大学的重要组成，通过学缘与大学建立

---

① 眭依凡：《关于"双一流建设"的理性思考》，《高等教育研究》2017 年第 9 期。
② 《习近平谈治国理政》第 2 卷，外文出版社 2017 年版，第 270 页。
③ 《习近平著作选读》第 2 卷，人民出版社 2023 年版，第 38 页。

联系并形成终身关系,显然是世界一流大学建设最值得信赖的优质资源,更是能够提供智力、财力和文化支持的优质资源,所以校友资源对于世界一流大学建设来说不可或缺。因此本书提出的问题是:校友资源与世界一流大学建设之间是何种关系以及这种关系如何发生。本书的问题陈述是:校友资源与世界一流大学建设之关系研究。围绕这个主题,本书将对校友资源与世界一流大学建设的关系、校友资源之于世界一流大学建设的影响、校友资源促进世界一流大学建设的案例逐一进行探讨,以期获得校友资源与世界一流大学建设之关系的理性认识。

二 研究背景与研究意义

(一)研究背景

1. 世界一流大学建设关乎国家竞争力强弱

根据世界经济论坛(World Economic Forum)2017年9月发布的《2017—2018年全球竞争力报告》显示,中国内地竞争力全球排名第27位,位居中国内地竞争力排名之前的国家与地区,它们的共同特征是高等教育与培训(Higher education and training)和创新(Innovation)两大指标的排名也位居前列(见表1-1)。世界经济论坛创始人兼执行主席克劳斯·施瓦布(Klaus Schwab)表示:"创新能力对一国全球竞争力的影响越来越大,其中人才发挥着最为关键的作用,我们正在进入一个'人才资本主义'时代。"[1] 然而这种创新能力与人才主要来自高等教育机构——大学,尤其是世界一流大学的贡献。世界一流大学通过培养卓杰人才与创新知识为国家发展提供了更多人才,从而保证了国家不断增强创新能力和提高国际竞争力。

---

[1] 陈颐、徐惠喜:《"创新+人才"提升竞争力动力》,《经济日报》2017年9月28日第8版。

表1-1　　　　　　2017—2018年全球竞争力排名

	瑞士	美国	新加坡	荷兰	德国	中国香港	瑞典	英国	日本	芬兰	中国内地
竞争力	1	2	3	4	5	6	7	8	9	10	27
高等教育与培训	5	3	1	4	15	14	18	20	23	2	47
创新	1	2	9	6	5	26	7	12	8	4	28

数据来源：World Economic Forum,"The Global Competitiveness Report 2017-2018",2017.

2. 社会力量参与教育领域增多

近年来，社会力量参与教育领域增多。根据胡润百富（Hurun Report）发布的统计数据，2009—2017年，在捐赠方向上，教育领域呈现递增趋势（见表1-2），从2009年的18%上升至2017年的44%，主要捐赠有校园建设（捐建大学校园为主要捐赠方向）、捐资或成立各类助学基金会、教师学生奖金、帮助困难学生、捐资各地慈善会等，捐赠方向最多的仍然为母校捐赠。① 而且，政府也鼓励和倡导更多社会力量参与教育领域。2010年国务院印发的《国家中长期教育改革和发展规划

表1-2　　　　　　　历年主要捐赠方向变化　　　　　　　　单位:%

方向	2009年	2010年	2011年	2012年	2013年	2014年	2015年	2016年	2017年
教育	18	26	24	36	34	27	44	46	44
社会公益②	15	20	29	32	26	20	26	20	20
扶贫	10	10	9	20	15	11	9	11	17
赈灾	43	28	26	3	1	19	5	3	3
其他	14	16	12	9	24	23	17	19	16

数据来源：胡润研究院,http://www.hurun.net/cn/article/details? num=8715bf84da69。

---

① 《2017胡润慈善》，http://www.hurun.net/cn/article/details? num=8715bf84da69，2017年6月8日。

② 社会公益包括慈善基金会等。

纲要（2010—2020 年）》中多次提到社会参与办学的重要性，2015 年国务院印发的《统筹推进世界一流大学和一流学科建设总体方案》中提出将"加快建立资源募集机制，在争取社会资源、扩大办学力量、拓宽资金渠道方面取得实质进展……构建社会参与机制……不断拓宽筹资渠道，积极吸引社会捐赠，扩大社会合作，健全社会支持长效机制……"[①]

3. 校友资源能为世界一流大学建设提供多种支持

世界一流大学肩负卓杰人才培养与知识创新的崇高使命，它的建设需要卓越的师资、优秀的学生、巨额的经费、顶尖的设施、开放的管理和一流的文化，这些资源显然不能完全依靠政府的供给，更多需要借助社会的支持。校友无疑是有待开发的优质资源，其蕴藏的高水平的人才库、实力雄厚的校友财富和卓越的校友文化等，这些优质资源均是世界一流大学建设最值得依赖和不能浪费的资源。正是基于这样的普遍事实，世界一流大学非常重视且善于利用校友资源，哈佛、耶鲁、斯坦福、普林斯顿等世界一流大学之所以取得今天的成就，校友的支持不可或缺。校友群体行业分布广泛，能够给予多种资源支持，通过智力贡献能够为世界一流大学建设提供智力支持，通过财富捐赠能够为世界一流大学建设提供财力支持，通过文化贡献能够为世界一流大学建设提供文化支持。

4. 校友工作日益备受重视

国外对校友工作的重视早于我国，校友工作体系已经非常成熟，形成了校友支持大学发展的优良传统。我国的校友工作起步虽晚，但也不断成长，表现在全国性校友工作学术团体的成立和各大学对校友工作的逐渐重视两个方面。全国性的校友工作研究组织于 1994 年开始筹建，2003 年经相关部门批准正式成立中国高等教育学会校友工作研究分会，它的成立推动了各个高校校友工作的交流、提高和发展，[②] 我国校友工

---

① 国务院：《国务院关于印发统筹推进世界一流大学和一流学科建设总体方案的通知》，http：//www.moe.gov.cn/jyb_xxgk/moe_1777/moe_1778/201511/t20151105_217823.htm，2015 年 10 月 24 日。

② 《中国高等教育学会校友工作研究分会简介》，http：//alumni-cn.zuaa.com/about，2017 年 11 月 10 日。

作得以蓬勃发展，截至2017年10月分会有356家会员单位①。同时，随着国家关于社会捐赠奖励政策和税收优惠制度的不断完善，社会组织支持大学发展新理念的流行，校友工作也受到社会的普遍关注。在大学对校友工作的重视方面，一个标志性事件就是2012年《高等学校章程制定暂行办法》实施后，各高校制定的大学章程中都明确规定校友工作相关内容，②包括校友和校友会的界定、校友捐赠、校友参与大学治理、校友继续教育等方面，以确保校友工作有法可依、有章可循和管理规范。

(二) 研究意义

校友资源与世界一流大学建设之关系研究既要对二者之间的关系借用相关理论进行理性分析，提出新的理论命题，也要对二者在实践中的互动关系进行积极探索，以便更好地指导实践工作，本书理论意义和实践意义如下。

1. 理论意义

(1) 丰富了利益相关者理论的研究内容

大学作为一个利益相关型组织，与其相关的利益主体复杂多样，校友群体就是其中之一。较多研究者从大学内部的学生、教师和外部的政府来讨论，从校友角度的探讨较少。与此同时，随着高等教育规模的扩张，高等教育财政日趋紧缩，政府对于高校教育经费的投入虽然不断增加，但仍赶不上高等教育规模扩张的需要，高等学校向社会募集资金势在必行。1986年布鲁斯·约翰斯通（D. Bruce Johnstone）提出高等教育成本由家长、学生、纳税人和慈善家四方分担，③慈善家虽可分担成本

---

① 其中"985"工程高校有38所，211高校有100所，按地区划分为五大片区，浙江、黑龙江、湖南、山东、重庆、陕西、上海、广东、广西等省（市区）还成立了省一级的校友工作联谊组织，是国内最具影响力的全国性高校校友工作学术团体。详见中国高等教育学会校友工作研究分会简介：http://alumni-cn.zuaa.com/about。

② 截至2015年6月30日，全国84所部属"211工程"大学章程均已通过教育部核准。

③ [美] D. B. 约翰斯通：《高等教育财政：问题与出路》，沈红、李红桃译，人民教育出版社2003年版，第37页。

但不具稳定性,只有校友才是大学最可长久依靠的力量,能够为大学提供源源不断的资金支持。本书通过校友资源与世界一流大学建设之间关系的讨论,提出除了校友的财力资源之外,校友的智力资源和文化资源同样是世界一流大学建设可以依赖的宝贵资源,这为校友成为大学的重要利益相关者提供了更好的解释,有利于利益相关者理论在大学组织中的应用,丰富了利益相关者理论相应的研究内容。

(2)发展了资源依赖理论在大学组织中的运用

一般来说,为了获得资源,组织必须与控制资源的组织或个人进行互动,在这个意义上,组织就会依赖它们的环境,[①] 可能产生外部干预的问题。同样,大学作为一个无法自给自足的组织,它必须依赖其他资源才能满足其运行与发展资源消耗的需要,这个过程同样会产生外部干预的可能。所以,大学的资源依赖必须是有限度的依赖,须保持理性,否则就会出现大学过度依赖资源而被资源提供者所干预的现象,产生大学自主权受干涉和大学声誉权受损害等问题,这既不利于资源效用的最大发挥,也不利于对大学办学理性的尊重。本书讨论校友资源与世界一流大学建设之间的关系如何发生时,秉持的是在一种理性认识基础上探讨校友资源对世界一流大学建设产生的影响。

(3)拓宽了社会力量参与大学治理的研究视域

大学治理近年成为国内教育界研究者的新宠,在治理模式选择上很多研究者选择社会力量参与大学治理的模式,社会力量参与治理正向效用颇多,它是遏制大学行政化趋势蔓延的一种有效选择。[②] 社会力量参与主体的范围甚广,校友群体因学缘而与大学结缘,他们成为大学发展最值得依赖的社会力量,顺理成章成为参与大学治理的角色。目前国内该方面的研究还相当有限,本书通过对校友资源的全面分析,厘清不同类型校友资源对世界一流大学建设所产生的不同影响,进一步凸显校友

---

① [美]杰弗里·菲佛、杰勒尔德·R.萨兰基克:《组织的外部控制——对组织资源依赖的分析》,闫蕊译,东方出版社2006年版,第285页。
② 王洪才:《大学治理的内在逻辑与模式选择》,《高等教育研究》2012年第9期。

校友资源与世界一流大学建设

群体作为第三方力量参与世界一流大学建设的重要性,从而扩大了大学治理研究领域内社会力量参与主体的范围,拓宽了社会力量参与大学治理的研究视域。

2. 实践意义

(1) 呼吁大学重视校友资源具有重要实践意义

在当前环境下,国内世界一流大学建设对资源的获取多依赖于政府,没有充分利用社会中潜藏的丰富资源。大学以培养人才作为其核心使命,培养了无数的校友,这些校友无疑是大学所蕴藏的巨大宝贵财富。他们遍及社会各行业领域,拥有多种资源形式,诸如智力资源、财力资源和文化资源等,如果在世界一流大学建设中重视而且善用这些优质资源,不断改善校友工作中存在的不足,进一步推动学校办学治校育人质量的提高,那么就会形成校友资源支持世界一流大学建设的良性循环,届时会获得更多优质而丰富的校友资源。本书对呼吁大学重视校友资源具有非常重要的实践意义。

(2) 对推进世界一流大学建设具有重要实践意义

自从我国制定建设世界一流大学的战略目标后,关于什么是世界一流大学标准的讨论非常热闹。在人才培养作为大学本质职能的共识上,很多研究者都把能否培养出卓杰校友作为世界一流大学的标准之一,丁学良就认为世界一流大学的标准之一是历届毕业生的成就和声誉。[①]一所大学历届毕业生的成就和声誉越高,意味着该大学培养的卓杰人才越多,也意味着这所大学潜在的校友资源越丰富。在高等教育国际化的今天,办学所需的人力资源、财力资源、物力资源等在全球范围内快速流动,一所大学若想发展成为世界一流大学,必须最先获取这些资源的支持,而校友本身及其所拥有的各种资源最有可能为母校优先得到,所以本选题关于校友资源与世界一流大学建设之关系的探讨无疑对我国推进世界一流大学建设亦有实践意义。

---

① 丁学良:《什么是世界一流大学》,北京大学出版社2004年版,第23页。

三 文献综述

在进行文献综述前,有必要对校友、校友资源与世界一流大学的概念进行清晰界定,以便于对文献综述针对性地收集和分析概括。

(一) 概念界定

1. 校友

校友一词,在之前的英语词汇运用中有"男校友"(alumnus,复数形式为 alumni)和"女校友"(alumna,复数形式为 alumnae)之分。"男校友(alumnus)一词源于17世纪中期,来自拉丁文'nursling、pupil'和 alere 'nourish',而女校友(alumna)一词源于19世纪后期,来自拉丁文 alumnus。在现在的用法中,单数形式的 alumnus 多半指男性校友,复数形式的 alumni 常用于指任何性别的学生,包括 alumna。"① 故而,现今各种文献中的校友英文词汇多为 alumni。nursling、pupil、alere "nourish"、alumnus 这些拉丁文词汇含有哺育婴儿、馈送、养子等意,意味着母与子之间的养育之恩与反哺之情,在学校中则指学生与母校之间的培养与感恩之情。事实上,校友是一个不断发展的概念,目前还没有一致的定义,如美国学者纽菲尔德(Neufeldt)把校友定义为在高等教育机构有学习经历及从高等教育机构毕业的学生,② Gerlinda S. Melchiori 认为校友是一个多样化的群体,应当包括学位校友(Degree Alumni)、非学位校友(Nondegree Alumni)和朋友或非正式校友(Friends/Associate Alumni)三个基本群体。③ 在国内的研究中,部分研究者将校友作广义狭义之分,广义的校友指所有为学校发展做出过贡献

---

① [英] 皮尔素编(Pearsall, J.):《新牛津英语词典》,上海外语教育出版社2001年版,第51页。

② J. Travis McDearmon, "Hail to Thee, Our Alma Mater: Alumni Role Identity and the Relationship to Institutional Support Behaviors", *Research in Higher Education*, Vol. 54, No. 3, 2013, pp. 283–302.

③ Gerlinda S. Melchiori, *Alumni Research: Methods and applications*, San Francisco: Jossey-Bass, 1988, pp. 7–9.

校友资源与世界一流大学建设

和帮助的各界人士,狭义的校友指曾经在学校工作和学习过的师生员工。部分研究者还对校友概念作了狭义微观、广义宏观和介于狭义与广义之间的中观层面的理解,其中中观层面的校友概念是指曾经在该大学接受学历和非学历教育的人(如进修生、旁听生)以及为学校做出贡献的人(如客座教授、兼职教授、社会知名人士等),① 更加丰富了校友概念的内涵。本书讨论的校友概念建立在学缘基础之上,这就要求校友必须具有学习或工作的经历,排除了Gerlinda S. Melchiori所说的朋友或非正式校友,即一些对学校有兴趣,但在这所学校没有任何学习或工作经历的人员,如一些捐赠者、愿意支持校园特殊活动的人群、在校生或毕业生的父母等。② 故此,本书的校友概念是指在一所学校有过长(短)期的学习或工作经历以及对这所学校发展做出贡献的人,主要包括学位校友和非学位校友。如清华大学规定"校友系在学校学习或工作过的师生员工和获得过学校名誉学位或荣誉职衔的人士"③。

2. 校友资源

鉴于前文对校友的界定,本书所指校友是高校校友,校友在政治、经济、文化、社会各领域都有身份角色,拥有各种资源。校友作为一个社会人存在,位居社会网络节点中,不同身份角色的校友拥有单一或多种不同的资源,主要是人、财、物、信息、文化等资源要素分散或组合的体现。大学作为一个需要资源才能得以运行和发展的组织,人、财、物、信息、环境等资源要素缺一不可,而这恰为校友们所属的资源。基于此,本书的校友资源概念采用贺美英等人的界定,其研究指出校友资源是校友自身作为人才资源的价值,以及校友所拥有的财力、物力、信息、文化和社会影响力资源的总和。④ 在这些资源中,校友自身作为一

---

① 石慧霞:《需求与回应:处于母校和校友之间的大学校友会》,《复旦教育论坛》2004年第4期。
② Gerlinda S. Melchiori, *Alumni Research: Methods and applications*, San Francisco: Jossey-Bass, 1988, p. 9.
③ 《中华人民共和国教育部高等学校章程核准书第25号(清华大学)》,http://www.moe.edu.cn/srcsite/A02/zfs_gdxxzc/201409/t20140905_182102.html, 2014年10月8日。
④ 贺美英、郭樑、钱锡康:《对高校校友资源的再认识》,《清华大学教育研究》2004年第6期。

种人才资源,最为重要的就是他们的智力资源,这是校友资源构件的核心。财力资源能够满足大学的基本物质需求,部分校友甚至拥有雄厚的财富实力,校友们的财力资源必然成为当下高校尤为关注的资源之一。文化资源更多的是一种环境氛围的营造,优秀的校友文化资源不仅能够增强校友间的凝聚力和校友对母校的归属感,还能够对在校师生产生榜样与激励的作用。正因如此,本书主要讨论校友的智力资源、财力资源和文化资源。

3. 世界一流大学

何谓世界一流大学,学界并未达成共识,正如菲利普·阿特巴赫(Philip G. Altbach)所言:"每个国家都想拥有世界一流大学,没有它便难以成事。但问题是,没人知道世界一流大学是什么,也没人知道如何才能拥有它。"[①] 萨米(Jamil Salmi)从因素群的视角出发给出世界一流大学的定义为人才汇聚、资源丰富和管理规范三大因素群及三者的有机结合。[②] 丁学良从大学理念的演进阶段出发认为世界一流大学必须是研究型大学且具备"普遍主义"的精神气质。[③] 张维迎从知识创新的角度出发理解"一流大学":"第一,至少你在游戏规则里面;第二,你所做的研究成就得到世界认可,至少相当一部分得到世界认可。如果达不到这两点,很难叫'一流大学'。你说你是世界一流大学,怎么能得到人家认可?就是你对人类知识本身做出创造性、原创性的研究成就来。"[④] 中国著名教育家潘懋元先生指出:"一流大学(过去我们称作著名大学)主要由三个要素构成。第一,办学理念正确,并在办学过程中得到大家的赞赏和社会的认可,譬如哈佛大学的校训:'与柏拉图为友,与亚里士多德为友,更要与真理为友'。事实上就是追求真理,是得到大

[①] Philip G. Altbach, "The Costs and Benefits of World-Class Universities", *Academe*, Vol. 90, No. 3, 2004, pp. 20–23.

[②] [摩洛哥] 萨米:《世界一流大学:挑战与途径》,孙薇、王琪译,上海交通大学出版社2009年版,第16—27页。

[③] 丁学良:《什么是世界一流大学》,《高等教育研究》2001年第3期。

[④] 张维迎:《大学的逻辑》(第三版),北京大学出版社2012年版,第88页。

家认可的办学理念。第二，师资水平比较高，在社会上得到大家的承认，同时要有若干知名大师，特别是要有些标志性人物，标志性人物不是通过评比形成，而是社会自然形成。许多大师级人物，都不是参与评比得来的，然而大家一提都知道谁是大师。第三，毕业生总体水平比较高，社会贡献比较大，其中有若干社会知名的校友，通过这些校友来认识学校。清华大学之所以声誉很大，就是因为其培养的毕业生总体水平比较高，而且还有若干政界、商界、学界的社会知名校友。所以著名大学主要是通过以上三个方面成为一流，而不是通过评比和排名形成，因为社会科学有很多内容不能像自然科学那样进行数量统计。以前没有大学排名榜，但是有著名学校，这些著名学校实际上不需要排名，社会大众对于学校的好差心中自有衡量，无须进行各种评比和排名，所以我认为一流大学不是通过排名榜排出来的。"[1] 综上所述，本书中的世界一流大学特指资源实力雄厚、做出伟大贡献、享有世界声誉的大学，目前在全球范围内主要包括哈佛大学、耶鲁大学、斯坦福大学、普林斯顿大学、麻省理工学院、加州理工学院、宾夕法尼亚大学、哥伦比亚大学、芝加哥大学、康奈尔大学、加州大学伯克利分校、牛津大学、剑桥大学等一批拥有一流生源、一流师资、一流学科、一流管理、一流制度和一流文化构成要素且培养了无数杰出人才与进行了诸多知识创新的大学。

（二）相关文献研究

在本书的综述中，以"校友"（alumni）、"一流大学"（first-class university/key university）、"世界一流大学"（world-class universities）、"高水平大学"（top university/top-level university）、"研究型大学"（research university）、"旗舰大学"（flagship university）分别为主题或关键字，通过文献法检索路径中的手工检索与计算机检索，对中国期刊全文数据库（CNKI）、中国硕士论文全文数据库（CNKI）、中国博士论文全文数据库（CNKI）、中国重要会议论文全文数据库（CNKI）、中国重要报纸

---

[1] 何志伟：《世界一流大学建设校友支持不可或缺——访我国著名教育家潘懋元先生》，《中国高等教育》2017年第13/14期。

全文数据库（CNKI）、万方学术期刊数据库、万方学位论文数据库、万方会议论文数据库、维普中文科技期刊数据库、读秀知识库、中国国家图书馆·中国国家数字图书馆、ProQuest Education Journals（PEJ）、PQDT博硕士论文全文数据库、EBSCO 教育学数据库、Web of Science 数据库、ScienceDirect 数据库、国内外相关搜索网站进行文献检索，发现与校友研究相关的文献资料，除了期刊文献外，在国内具有学术理论贡献价值的博士学位论文和专著数量非常有限，[1] 这与我国校友研究起步滞后和部分高校不够重视校友工作存在一定的关系。然而世界一流大学建设方面的研究，国内研究文献则较为丰富，这与我国 20 世纪末提出的创建世界先进水平的一流大学以及 2015 年提出的建设世界一流大学和一流学科的重大战略决策密切相关，标志性事件分别为"985 工程"的实施和 2015 年 10 月国务院印发的《统筹推进世界一流大学和一流学科建设总体方案》文件的出台。本书研究涉及"校友资源"和"世界一流大学"两个关键词，同时论及二者的研究文献数量较少。[2] 可见，该方面研究具有很大的空间，然而若想为本书奠定较好的研究基础，必须梳理与主题相关的更广范围的国内外文献资料。

---

[1] 检索时间为 2017 年 10 月 14 日，博士学位论文：陈璞：《美国大学校友会的历史研究》，博士学位论文，北京师范大学，2012 年；张焱：《大学教育基金会校友捐赠行为驱动因素研究》，博士学位论文，北京大学，2012 年。专著：王树人主编：《高校校友工作研究》，吉林大学出版社 2001 年版；胡萍：《高等学校校友工作概论》，电子科技大学出版社 2007 年版；郭军丽、郭樑主编：《高校校友工作成功案例》，清华大学出版社 2008 年版；郭军丽、贺文英主编：《高校校友工作理论研究与实践》，中国经济出版社 2010 年版；马俊杰：《高校校友资源开发与管理及工作案例》，中国人民大学出版社 2010 年版；张美凤、吴晨主编：《中国高校校友工作理论与实践——中国高等教育学会校友工作研究分会成立 10 周年论文集》，浙江大学出版社 2013 年版；罗志敏：《校友文化与世界一流大学创建》，浙江大学出版社 2013 年版；张美凤、唐杰主编：《中国高校校友工作理论研究与实践探索 2016》，中国人民大学出版社 2016 年版。

[2] 黄文辉、刘敏文：《一流大学建设中校友工作的探索与实践》，《清华大学教育研究》2000 年第 3 期；侯士兵：《基于一流大学建设中校友资源开发利用的思考》，《社会科学家》2012 年第 5 期；宋志章、尹鸥、高歌：《校友资源在高水平大学建设中的作用研究》，《教育与职业》2013 年第 24 期；顾建民、罗志敏：《美国一流大学校友文化特色撷谈》，《高等工程教育研究》2013 年第 5 期；何志伟：《世界一流大学建设校友支持不可或缺——访我国著名教育家潘懋元先生》，《中国高等教育》2017 年第 13/14 期；罗志敏：《校友文化与世界一流大学创建》，浙江大学出版社 2013 年版。

校友资源与世界一流大学建设

1. 世界一流大学校友资源研究

校友资源不仅是国家、社会的宝贵资源，是母校的宝贵资源，对校友自身也是促进事业发展的宝贵资源，① 其所蕴含的资源形式更是多种多样，有研究者将校友资源分为形象资源和品牌资源、人才资源和智力资源、精神资源和媒体资源、育人资源和教学资源、产业资源和财力资源、信息资源和关系资源，② 正因其形式多样，所以校友资源具有多元特征，如谢晓青认为校友资源具有校本性、可再生性、亲和性、潜在性。③

鉴于校友资源种类如此丰富，所以关于校友资源作用的研究探讨较多，体现在宏观与微观方面。宏观为世界一流大学或高水平大学建设方面，如高澎等人利用校友资源促进一流大学人力和物力两方面的发展，④ 侯士兵探索如何充分开发和利用校友资源来推动一流大学的建设，⑤ 宋志章等人研究校友资源在高水平大学建设中的作用。⑥ 微观为育人和就业等方面，如詹美燕等人以浙江大学为例，探讨了校友资源在高校德育、就业指导和反馈"三育人"体系等方面具有重要作用，⑦ 方平讨论了校友作为育人资源的特性和优势，提出了高校校友协同育人模式的构建。⑧ 谢志芳等人指出校友资源能够更好地为大学生职业规划教育、就业信息和岗位提供、择业成本的下降和深化教学改革服务。⑨ 刘

---

① 贺美英、郭樑、钱锡康：《对高校校友资源的再认识》，《清华大学教育研究》2004年第6期。
② 胡萍：《高等学校校友工作概论》，电子科技大学出版社2007年版，第122—124页。
③ 谢晓青：《高校校友资源开发与运用研究》，《高教探索》2010年第2期。
④ 高澎、胡佩农、蒋京丽：《当前影响一流大学发展的两大因素分析》，《江苏高教》2004年第3期。
⑤ 侯士兵：《基于一流大学建设中校友资源开发利用的思考》，《社会科学家》2012年第5期。
⑥ 宋志章、尹鸥、高歌：《校友资源在高水平大学建设中的作用研究》，《教育与职业》2013年第24期。
⑦ 詹美燕、楼建悦、郑川：《高校校友资源应用于育人工作的实践与思考——以浙江大学为例》，《思想教育研究》2013年第4期。
⑧ 方平：《略论高校校友协同育人模式的构建》，《中国教育学刊》2015年第S2期。
⑨ 谢志芳、夏大庆：《开发校友资源创新大学生就业工作机制》，《继续教育研究》2011年第9期。

金兰提出要重视国际校友会资源,认为它是高校国际品牌建设的重要组成部分。[1] 王战军等人研究发现吸纳校外利益相关者参与共治是院系治理的必然要求,一流大学的校友,从数量上看遍布寰宇,从质量上看他们也比较快地成长为各行各业的领军人物,他们通过资金支持、智力支持和人脉支持回馈母校,成为重要的利益相关者。[2] 诸如此类研究国内还有很多。[3] 国外研究者同样讨论了校友作为一种有重要价值的资源,它对学校正式与非正式的宣传、招生、职业安置等方面有重要作用。[4]

校友资源作用既然如此之重要,其开发也必为研究者关注的重点。校友资源开发受多种因素影响,研究者主要从历史、观念、管理、制度、体制、经费、技术等角度论述,徐吉洪通过对美国 AAU 核心研究型大学的筹资策略分析发现,设立专业的筹资机构,大力开发校友资源是其筹资策略之一。[5] 继之而来的是开发方式的探讨,此方面的研究基本上都从观念更新、组织改善、制度变革、管理完善、机制创新、服务提升、历史挖掘等方面展开,如黄飞等人提出要实现我国高校校友资源的可持续性开发。[6] 钱晓田从社会资本的视角出发指出激活校友资源是高校社会资本运作的增值关键,提出通过健全校友资源整合的组织保障机制、强化校友资源整合的文化牵引机制和构建校友资源整合的互惠共赢机制来创新整合高校校友资源,以推进我国建设世界一流大学。[7] 也有研究者以国外世界一流大学为个案进行研究,探索其成功的经验。

---

[1] 刘金兰:《重视和加强国际校友会管理》,《中国高等教育》2015 年第 8 期。
[2] 王战军、肖红缨:《一流大学院系治理的应然状态》,《教育发展研究》2016 年第 19 期。
[3] 郭樑:《论校友资源的育人功能:以清华大学为例》,《社会科学战线》2005 年第 3 期;姜全红:《关于高校校友资源开发的思考》,《江苏高教》2006 年第 5 期;张意忠:《论高校校友资源开发与运用》,《教育学术月刊》2009 年第 12 期;周建涛:《试论校友资源在高校发展中的作用》,《教育探索》2010 年第 12 期。
[4] Charles H. Webb, *Handbook for Alumni Administration*, Arizona: Oryx Press, 1995, pp. 23-56.
[5] 徐吉洪:《美国 AAU 核心研究型大学的筹资策略及启示》,《复旦教育论坛》2015 年第 3 期。
[6] 黄飞、邢相勤、刘锐:《我国高校校友资源的可持续性开发》,《中国高等教育》2009 年第 5 期。
[7] 钱晓田:《社会资本视域下高校校友资源的创新整合》,《南京社会科学》2016 年第 9 期。

校友资源与世界一流大学建设

研究者的探讨丰富了校友资源相关研究的知识，但一定范围内仍存在某些问题，如关于校友资源的分类、校友资源的性质、校友资源的作用。研究者的视野不同，其在校友资源的分类上可能完全不同，很多研究者的分类也未必科学合理，存在相互包含的可能。同时，校友资源未必都会发生正向作用，在开发利用过程中必须注意这点，但综观所有研究者的研究结果，都在论述校友资源的正向作用，存在一定的片面性。虽说学校的发展，离不开方方面面的积极努力，尤其离不开校友的支持，学校前进的每一个脚印，也都凝聚着广大校友的支持和关心。[1] 但在推进世界一流大学建设的背景下，相比其他人而言，研究者必须更加客观理性对待校友资源及其所产生的作用。

2. 世界一流大学校友捐赠研究

校友捐赠是国内外研究者关注最多的主题，世界一流大学的校友捐赠研究主要集中于校友捐赠的影响因素、校友捐赠的作用和校友捐赠的策略提高三个方面。

在校友捐赠的影响因素研究方面，多数研究者均从多因素或单因素视角进行探析。钟玮等人对2386名清华大学校友大规模问卷调查的研究表明，对学校的文化越认同，越愿意为母校提供捐赠；对学校教育满意度越高，越愿意为母校提供捐赠；入学年份越晚的年轻校友越愿意为母校提供捐赠。[2] Xiaogeng Sun 等人根据在美国中西部一所公立大学进行的为期两年的校友数据调查，对学生经历、校友经历、校友动机和人口统计变量四个影响校友捐赠的因素进行了测试。[3] 此类有代表性的研究还有陆根书等人的研究。[4] 也有少部分研究者对某一因素进行深入研究，

---

[1] 王豫生:《教育行走者札记》，福建教育出版社2006年版，第325页。

[2] 钟玮、黄文辉、郭檩:《高校校友捐赠影响因素实证研究——基于对清华大学校友的调研》，《高教探索》2013年第4期。

[3] Xiaogeng Sun, Sharon C. Hoffman, Marilyn L. Grady, "A Multivariate Causal Model of Alumni Giving: Implications for Alumni Fundraisers", *International Journal of Educational Advancement*, Vol. 7, No. 4, October 2007, pp. 307–332.

[4] 陆根书、陈丽:《高校校友捐赠及其影响因素分析》，《陕西师范大学学报》（哲学社会科学版）2006年第S2期；陈爱民:《美国高校捐赠基金管理研究》，《清华大学教育研究》2015年第1期。

第一章 绪论

如 Anita Mastroieni 对宾夕法尼亚大学的博士校友捐赠动机进行了研究，根据博士生与本科生的不同教育经历，发现博士生在读期间获得的各种资助是他们之后的主要捐赠动机。[①] 邹晓东等人从情感因素的视角分析了校友情结是校友为母校捐赠的内在动因。[②] 还有部分研究者进行相关关系的研究，莫蕾钰等人用偏最小二乘法（PLS）模型的研究表明，高校社会声誉及毕业生影响对校友捐赠有显著正向作用，高校的学术影响及技术转化程度对吸引校友捐赠的作用并不明显，而社会声誉及毕业生影响的提升最终归因于优秀的师资。[③] 此外，她还思考了精英校友捐赠对大学财政支持的影响。[④] 包海芹以美国教育资助委员会的调查数据为例，通过对美国高等教育机构社会捐赠状况的分析发现，学士学位大学的校友参与率和募捐有效率最高，研究型大学的校友平均捐赠最多。[⑤] 较有代表性的还有周红玲等人的研究。[⑥]

国外很多研究者还从相关关系的角度进行校友捐赠影响因素的探讨。Belfield 等人对毕业生的个人及家庭收入与校友捐赠的关系进行研究，发现收入越高，校友捐赠的可能性和数额越大。[⑦] Phanindra V. Wunnava 和 Michael A. Lauze 对组织校友活动与校友捐赠的关系进行研究，发现举行校庆等重大活动对校友捐赠具有积极的作用。[⑧] Joe L. Spaeth 和 An-

---

[①] Anita Mastroieni, *Doctoral Alumni Giving: Motivations for Donating to the University of Pennsylvania*, Philadelphia, Ph. D. dissertation, University of Pennsylvania, 2010, pp. 41-66.

[②] 邹晓东、吕旭峰：《校友情结：美国高校捐赠的主要动因》，《比较教育研究》2010 年第 7 期。

[③] 莫蕾钰、李岩：《我国高校影响力对校友捐赠的影响路径探析——基于偏最小二乘法模型（PLS）分析》，《中国高教研究》2015 年第 3 期。

[④] 莫蕾钰、洪成文：《精英校友捐赠对大学财政支持的思考》，《高校教育管理》2016 年第 4 期。

[⑤] 包海芹：《美国高等教育机构社会捐赠状况分析——以教育资助委员会的调查数据为例》，《高等教育研究》2015 年第 8 期。

[⑥] 周红玲、刘琪瑾：《中国高等教育捐赠收入影响因素分析》，《统计与决策》2011 年第 19 期；张焱：《大学教育基金会校友捐赠行为驱动因素研究》，博士学位论文，北京大学，2012 年。

[⑦] Belfield C. R., Beney A. P., "What Determines Alumni Generosity? Evidence for the UK", *Education Economics*, Vol. 8, No. 1, 2000, pp. 65-80.

[⑧] Phanindra V. Wunnava, Michael A. Lauze, "Alumni Giving at a Small Liberal Arts College: Evidence from Consistent and Occasional Donors", *Economics of Education Review*, Vol. 20, No. 6, December 2001, pp. 533-543.

校友资源与世界一流大学建设

drew M. Greeley 提出校友捐赠与三个变量相关：第一是校友毕业的学校类型，私立学校比公立学校毕业的校友更倾向于向母校捐赠；第二是对母校的忠诚度或归属感；第三是父母的社会经济地位，来自富裕家庭的校友更可能捐赠。[①] Kelly A. Marr 等人对大学的教育质量与校友捐赠的关系进行研究，发现校友在校期间接受的教育质量越高，毕业后向母校捐赠额越高。[②]

关于世界一流大学校友捐赠作用的研究，鉴于校友捐赠的作用是多方面的，众多研究者从不同视角出发讨论校友捐赠对于国内外世界一流大学建设与发展的重要作用。[③] 张地珂等人从组织结构与职能、组织行为策略、组织文化和外部组织环境等组织要素分析了牛津大学等欧洲大学校友捐赠的成功之因，并指出校友捐赠是世界一流大学的常态，是对大学的教育成果和是否关爱师生的重要检验，已成为评价世界一流大学和检验校长执行力的重要标准。[④] 章晓野提出以校友捐赠带动基础工作，让校友成为创建世界一流大学的重要支撑。[⑤] 王伟等人从大学评价的视角出发认为把校友捐赠率纳入中国大学评价指标体系的做法符合我国高等教育的现实状况，也符合中国大学评价的发展趋势。校友捐赠率进入越来越多的国内高校的办学水平评价指标体系指日可待。[⑥] 乔海曙等人从社会资本的视角指出校友捐赠可以实现对高等教育的融资功能、

[①] Joe L. Spaeth, Andrew M. Greeley, *Recent Alumni and Higher Education: A Survey of College Graduates*, New York: McGraw-Hill, 1970, p. 120.

[②] Kelly A. Marr, Charles H. Mullin, John J. Siegfried, "Undergraduate Financial Aid and Subsequent Alumni Giving Behavior", *The Quarterly Review of Economics and Finance*, Vol. 45, No. 1, February 2005, pp. 123 – 143.

[③] 复旦大学访美考察团：《为何耶鲁是耶鲁——耶鲁大学考察报告》，《教育发展研究》2004 年第 2 期；吕旭峰：《我国教育捐赠问题研究》，博士学位论文，河南大学，2011 年；杨晓斐：《欧洲大学科研捐赠模式与保障措施》，《高教探索》2014 年第 1 期；林成华、洪成文：《当代华人企业家对美国大学大额捐赠现象、动因及政策思考》，《中国高教研究》2015 年第 5 期。

[④] 张地珂、杜海坤：《欧洲大学校友捐赠的组织要素分析及启示》，《教育探索》2016 年第 6 期。

[⑤] 章晓野：《建立校友捐赠与校友工作的良性循环》，《中国高等教育》2017 年第 7 期。

[⑥] 王伟、贾红果、薛力：《校友捐赠率对我国高校校友工作的启示》，《中国成人教育》2013 年第 12 期。

信息功能和发展功能。[1] Merle Curti 和 Roderick Nash 从历史的视角梳理了不同时期的校友捐赠对美国高等教育发展的影响。[2] 曲绍卫等人通过对国外著名高校哈佛大学、斯坦福大学校友捐款资助的经验介绍，提出了推进筹资活动稳定、持续和常态化发展的运作机制。[3]

关于校友捐赠策略的研究，陆根书等人认为应从提高教育质量、培养学生对母校的感情、提高高校筹资效率三个方面促进校友捐赠。[4] 张继华等人从组织要素考察，指出校友组织在内外部诸要素相互依存与作用下，强化和持续了校友的捐赠行为，保持了校友捐赠的长盛不衰。[5] 包海芹指出在海外建立校友基金会或教育基金会已成为我国部分高校募款的重要途径之一，积极吸引来自校友、企业和慈善基金会的捐赠。[6] 罗志敏等人通过对美国私立名校及其衍生问题的分析，发现单凭"美国私立名校"这一名号不足以使院校获得好的校友捐赠，提出要突破"募捐—捐赠"关系模式，迈向更高水平的大学—校友关系治理。[7] 郭坫等人通过定量分析我国60所"211工程"高校2010—2014年的面板数据发现，"985工程"高校获得的校友捐赠收入显著高于非"985工程"高校，这也从侧面反映出"985工程"高校的校友认可度高于其他高校。[8] Damon W. Cates 通过对杜克大学、斯坦福大学、宾夕法尼亚大学

---

[1] 乔海曙、许国新：《校友捐赠和高校发展：社会资本视角的分析》，《教育科学》2006年第5期。

[2] Merle Curti, Roderick Nash, *Philanthropy in the Shaping of American Higher Education*, New Jersey: Rutgers University Press, 1965, pp. 186 – 211.

[3] 曲绍卫、纪效珲、乔海滔：《高校捐款长效化发展与运作机制研究》，《中国高等教育》2017年第6期。

[4] 陆根书、陈丽：《高校校友捐赠及其影响因素分析》，《陕西师范大学学报》（哲学社会科学版）2006年第S2期。

[5] 张继华、滕明兰：《美国大学校友捐赠长盛不衰的组织要素考察》，《比较教育研究》2012年第1期。

[6] 包海芹：《中国高校海外基金会发展现状、问题及展望》，《国家教育行政学院学报》2011年第3期。

[7] 罗志敏、苏兰：《论大学——校友关系中的校友捐赠表现》，《现代大学教育》2017年第4期。

[8] 郭坫、何娟、洪成文：《高校校友捐赠收入影响因素研究》，《中国高教研究》2017年第2期。

校友资源与世界一流大学建设

等六所学校本科生校友捐赠行为的研究发现,校领导关注本科校友、建设支持筹款的校园文化、促进参与人员配置结构改善以及适当部署技术资源能够持续增加本科校友的捐赠参与。① Xiaogeng Sun 等人认为应建立一个全面的"母校—校友"交流策略,如鼓励教师与学生和毕业生建立稳固的师生关系,拓展与年长校友的联系通道等。② Lori A. Hurvitz 认为鉴于美国目前萎靡的经济发展形势,大学必须竭尽所能,维持与校友强而持久的关系……而要做到这一点,大学必须就与校友建立一个有效联系通道,使问题予以充分地探讨。③ Marybeth Gasman 等人通过对美国不同文化背景(非裔美国人、亚裔美国人和太平洋岛民、拉丁美洲人、美洲原住民)校友群体的分析,提出了如何增加高校筹款的指南。④

此外,很多研究者以国外世界一流大学为例进行探索。郭静通过分析哈佛大学校友捐赠的历史发展和管理运行机制,提出了促进我国高校校友捐赠发展的启示:重视校友的作用,建立和完善校友会;树立良好形象,加大对学校募捐的宣传力度;合理、透明地对校友捐赠资金进行管理;完善捐赠的法律法规,从税收方面予以政策支持。⑤ 胡娟等人认为以校友为主力的志愿者队伍也是哈佛大学历次筹资活动不可或缺的生力军,大批志愿者的服务与参与,不仅有效地节约了哈佛大学集资活动的成本,而且为校友参与母校事务管理提供了机会,增进了双方的联络与情感。⑥

---

① Damon W. Cates, *Undergraduate Alumni Giving: A Study of Six Institutions and Their Efforts Related to Donor Participation*, Philadelphia, Ph. D. dissertation, University of Pennsylvania, 2011, pp. 99 – 107.

② Xiaogeng Sun, Sharon C. Hoffman, Marilyn L. Grady, "A Multivariate Causal Model of Alumni Giving: Implications for Alumni Fundraisers", *International Journal of Educational Advancement*, Vol. 7, No. 4, October 2007, pp. 307 – 332.

③ Lori A. Hurvitz, *Building a Culture of Student Philanthropy: A Study of the Ivy-Plus Institutions' Philanthropy Education Initiatives*, Philadelphia, Ph. D. dissertation, University of Pennsylvania, 2010, pp. 10 – 13.

④ Marybeth Gasman, Nelson Bowman III, *Engaging Diverse College Alumni: The Essential Guide to Fundraising*, New York: Routledge, 2013, pp. 12 – 14.

⑤ 郭静:《哈佛大学校友捐赠管理及启示》,《高教探索》2016 年第 2 期。

⑥ 胡娟、张伟:《哈佛大学资金来源、筹资模式及其启示》,《高等教育研究》2008 年第 5 期。

同样有对斯坦福大学等世界一流大学的案例研究。① 还有采用中外比较的视角，李祖祥等人通过比较指出美国高校捐赠无论在数量还是方式及结构等方面都优于我国高校。② 邓娅通过对国内外大学筹款总体情况，校友在大学筹款中的作用，校友与筹资工作体制机制的比较分析提出对我们的启示。③ 佟婧以清华大学和哈佛大学为例，采用比较的视角分析了两所大学的募捐组织结构、运行及特点。④ 还有高玮玮在中西方比较的视角下对西方高校捐赠工作成功的原因及启示进行分析。⑤

总之，国外研究者关于校友捐赠问题已从过去集中探讨"校友捐赠者特征"（who give what）和"捐赠者动机"（why do alumni give）等主题，开始转向关注"校友对母校的认同度""校友对母校的承诺""校友对母校的满意度"等关系质量的探讨，以寻求大学如何建立与维持良好校友关系的解决方案。⑥ 与国外情况迥异，国内学者们大多着墨于大学校友捐赠的必要性、捐赠文化的培育、捐赠行为的影响因素和策略分析等方面，这些成果对推进校友捐赠问题在我国的本土化研究及其理论发展都具有积极意义。

3. 世界一流大学校友文化研究

对校友文化的认识不同研究者视角不同。有研究者从传统的文化解析模式出发，王永鑫等人指出校友文化是社会文化的一种子文化，是大学文化的分支文化，是校友对母校的文化、理念、内涵上的一种情感认

---

① 李孔珍、孟繁华、洪成文：《斯坦福大学募捐战略研究》，《现代教育管理》2010年第1期。

② 李祖祥、潘霞：《中美高等教育捐赠结构及途径之比较》，《黑龙江高教研究》2013年第3期。

③ 邓娅：《校友工作体制与大学筹资能力——国际比较的视野》，《北京大学教育评论》2012年第1期。

④ 佟婧：《中美大学募捐组织结构、运行及特点分析——以清华大学和哈佛大学为例》，《中国高教研究》2015年第3期。

⑤ 高玮玮：《中西方比较视角下西方高校捐赠工作成功的原因及启示》，《教育理论与实践》2017年第12期。

⑥ 张伟：《高等教育大众化视野中的大学募款制度研究》，《浙江大学学报》（人文社会科学版）2013年第3期。

同，是大学文化的价值、追求在校友身上的显现和外化，是大学文化精神在校友身上的延续和发展。① 相反，顾建民等人认为校友文化是一种多主体、跨时段、跨空间的文化，其解析必须扬弃传统的文化解析模式，突破当前文化解释框架带来的思维定式。校友文化是一种基于学缘关系的共同体文化，表现为"群体资格""取向"与"程序"三个核心概念的统一。②

那么校友文化的范畴和特征是什么呢？众多研究者将其看作是校园文化或大学文化的一部分，程军等人认为校友文化是大学校园文化建设的重要组成部分，③唐琳认为校友文化是大学文化中具有特殊价值的重要组成部分，④还有研究者从捐赠的角度指出校友文化不是捐赠文化。⑤关于校友文化特征的研究，国外世界一流大学的校友文化特征极为明显，顾建民等人认为密歇根大学为重联系创生的校友文化，哈佛大学为重全程分享的校友文化，普林斯顿大学为重班级基础的校友文化。⑥

校友文化的功能可概括为教育、陶冶、激励、引导、凝聚等。王永鑫等人指出校友文化推动大学文化传承，校友文化具有导向作用，校友文化有助于校风建设，校友文化促进校园文化建设，校友文化助推学校建设。⑦ 欧阳沁等人对1953年以来担任政治辅导员的清华大学校友进行了抽样问卷调研与统计，并与同时期非辅导员校友的相关数据进行了对比分析，发现"双肩挑"辅导员经历对辅导员校友的人生观和

---

① 王永鑫、刘文辉：《校友文化在高校校园文化建设中的作用研究》，《思想政治教育研究》2013年第3期。
② 顾建民、罗志敏：《校友文化及其培育的阐释框架》，《高等教育研究》2013年第8期。
③ 程军、李京肽、王舒涵：《美国大学校友文化建设研究及其启示》，《西南交通大学学报》（社会科学版）2017年第5期。
④ 唐琳：《在校生情感管理运用于校友文化培养的模式分析》，《中国成人教育》2014年第23期。
⑤ 刘涛：《校友文化不是捐款文化》，《中国教育报》2014年9月12日第2版。
⑥ 顾建民、罗志敏：《美国一流大学校友文化特色撷谈》，《高等工程教育研究》2013年第5期。
⑦ 王永鑫、刘文辉：《校友文化在高校校园文化建设中的作用研究》，《思想政治教育研究》2013年第3期。

价值观产生了重大影响。① 还有少部分研究者结合国外世界一流大学的案例进行校友文化培育的探索，顾建民等人在洞察密歇根大学、哈佛大学和普林斯顿大学三所美国世界一流大学校友文化建设的基础上，提出以"共创共享"价值观为核心，在各成员的互动中培育和维护校友文化；以校友会和校友事务机构为主导在全局视野中整体推进校友文化建设；把班级作为培育校友文化最主要、最核心、最基本的组织单位。②

从上述研究中我们可以发现，国内大部分研究对校友文化内涵和外延的认知仍是模糊不清，特别是与大学文化、校园文化、捐赠文化的区别。同国外世界一流大学相比，国内各学校的校友文化特色也不够明显，同质性较强，校友文化资源利用效率低下，培育有特色的优秀校友文化仍需研究者和实践工作者的共同努力。正如研究者李国强对校友文化的感悟：培育和弘扬校友文化，增强感恩意识，就不单是校友会和学校的工作，而是全社会的责任，是一项长期的战略任务。③

4. 其他研究

关于校友继续教育的研究。校友继续教育国内目前没有专门的研究，主要是一些大学的章程和校友网站有所涉及，国外研究较为成熟。Shaw Wilfred Byron 通过对早期成人教育计划的分析，认为大学同样对毕业生（校友）的继续教育负有责任，通过一项六个月的调查研究，揭示了校长和校友会管理人员对成人教育的认识，以及被调查大学推广校友继续教育计划的方式方法。④ M. Alan Brown 通过定量与定性相结合的研究方式，得出校友的继续教育与其本科教育质量显著相关，同时推断出校友继续教育受年龄和性别因素的影响。⑤ Steven L. Calvert 在回顾了校

---

① 欧阳沁、李建忠、韩见、张瑜：《清华大学"双肩挑"政治辅导员校友在校期间表现与职业发展状况实证研究》，《思想教育研究》2015 年第 6 期。

② 顾建民、罗志敏：《美国一流大学校友文化特色撷谈》，《高等工程教育研究》2013 年第 5 期。

③ 李国强：《感悟校友文化》，《教育学术月刊》2008 年第 5 期。

④ Shaw. Wilfred Byron, *Alumni and Adult Education*, New York: American Association for Adult Education, 1929, pp. 35–40.

⑤ M. Alan Brown, "Factors in the Continuing Education of College Alumni", *Adult Education Quarterly*, No. 2, 1961, pp. 68–77.

校友资源与世界一流大学建设

友继续教育的历史之后,详细研究分析了什么是成功的校友继续教育计划,以及怎样实施以更好地满足校友学习的需要,指出校友继续教育将重新定义校友和大学之间的终身关系,这是大学也是校友个人的责任。[1]

关于校友研究作用的讨论。David J. Weerts 等研究者分析了欧美国家校友研究的不同作用,美国用于公共政策制定的依据,德国用于课程改革,西班牙用于教育改革,英国用于政策制定和课程改革。[2] 还有 Gerlinda S. Melchiori 关于校友研究方法与应用的讨论,她倡导校友应当为母校提供志愿者、捐赠、关系网络、游说和辅导的服务。[3] 还有研究者通过校友对大学的评价、校友的幸福感、校友捐赠、就业率等相关校友因素分析了一所大学的实际发展和塑造学生的能力以及毕业后的成就,并对美国 227 所大学进行评估和排名,以为学生和家长提供多样性的学术、社会和文化选择。[4] Eric Kowalik 提出高等教育机构应当通过社交媒体的方式来吸引未来学生、校友、捐赠者和社区成员。[5]

关于校友与母校的认同及其关系研究。申超从组织能动性的视角分析了密歇根大学教育学院如何增强校友认同感,主要通过在正式与非正式场景中设计学术探讨类、公共事务类和私人情谊联络类的集体活动,为组织成员间有规律地持续互动,创造了时空交错的多样化的机会。[6] 李俊义把高校与校友间的认同关系分为互认恒常型、双强双趋型、强趋弱避型、双弱双避型四种类型。[7] 张健等人对大学和校友交互服务模型

---

[1] Steven L. Calvert, *Alumni Continuing Education*, New York: Macmillan, 1987, p. 9.

[2] David J. Weerts, Javier Vidal, *Enhancing Alumni Research: European and American Perspectives*, SanFrancisco: Jossey-Bass, 2005, pp. 1–3.

[3] Gerlinda S. Melchiori, *Alumni Research: Methods and Applications*, San Francisco: Jossey-Bass, 1988, p. 5.

[4] The Alumni Factor, *The Alumni Factor: A Revolution in College Rankings*, Austin: Greenleaf Book Group Llc, 2013, pp. VI.

[5] Laura A. Wankel, Charles Wankel, *Higher Education Administration with Social Media: Including Applications in Student Affairs, Enrollment Management, Alumni Relations, and Career Centers*, Bingley: Emerald Group Publishing Limited, 2011, p. 211.

[6] 申超:《美国大学基层学术组织是如何增强校友认同感的?——一项基于密歇根大学教育学院的个案研究》,《比较教育研究》2017 年第 3 期。

[7] 李俊义:《高校与校友认同关系的类型、偏差及重建》,《教育评论》2017 年第 11 期。

进行研究。① 袁飞等人对美国大学与校友关系互动的经验做了介绍，发现积极与校友进行关系互动，促进校友与大学的共同发展是现今世界一流大学的普遍做法。② 部分我国台湾地区的研究者也关注这方面的研究。以办学品质对校友与母校关系影响的研究为例，如余惠芬以东吴大学大学部历届校友为个案研究对象，从关系行销的角度，探讨大学办学品质对校友与母校关系品质及校友忠诚度之影响，研究发现：大学办学品质各构面中以"教学品质"对校友与母校关系品质最具影响力，"行政服务"次之；校友与母校关系品质对校友忠诚度有正面影响；大学办学品质系透过关系品质影响校友忠诚度，即关系品质在大学办学品质及校友忠诚度间具有中介效果。③ 李文峰通过大学校友关系管理的研究发现：办学品质对毕业校友专业知能发展的符合程度与满意度有显著影响，而且专业发展符合程度会显著影响毕业校友对学校的整体满意度与认同度，毕业校友对学校整体的满意与否会进一步影响其是否认同母校。④

（三）文献述评

通过上述文献梳理发现，国外对于校友相关问题的研究时间更早、内容更加全面、成果更加丰富，同样国内的研究也取得了较为丰硕的成绩。随着人们对大学和校友认知的不断深入，研究者越来越重视校友资源在大学建设中所发挥的作用，但由于我国该领域的研究滞后，所以仍然存在下列问题。

1. 有关校友资源为世界一流大学建设提供支持的研究不够系统

校友资源作为一个整体，是社会政治、经济、文化各领域校友所拥有资源的复合，校友身上所拥有的资源不尽相同，因此其对世界一流大学建设的支持也是多面的。综观国内外的研究，鲜有研究者从校友的智

---

① 张健、法晓艳：《大学和校友交互服务模型研究》，《黑龙江高教研究》2016年第10期。
② 袁飞、梁东荣：《美国大学与校友关系互动的经验及启示》，《高教探索》2016年第4期。
③ 余惠芬：《大学办学品质对校友关系品质及校友忠诚度之影响——以私立东吴大学为例》，硕士学位论文，东吴大学，2006年。
④ 李文峰：《大学校友关系管理之研究——以某私立大学为例》，硕士学位论文，南华大学，2016年。

力资源、财力资源、文化资源三个方面系统全面阐述校友资源与世界一流大学建设之关系的研究，已有研究主要从文化影响和财力支持的角度分别进行，特别是校友的财力支持，即校友捐赠的各种研究非常丰富，这样容易给后续研究者造成一种过于功利化的误导，研究者除了重视校友的财富，不关注其他。长此以往，不利于校友及其校友资源研究的可持续发展，容易造成大学过于追求功利化倾向的后果。

2. 部分研究者对校友资源持"完全拿来"的态度不够理性

校友资源以多种形式存在，部分校友在提供其自身资源的同时可能会向母校提出满足自身利益需求的交换行为，这种交换行为存在违背大学自治与学术自由传统的可能。正是因为这个传统的继承，才使得大学作为一个法人团体（corporatebody）享有不受国家、教会及任何其他官方或非官方法人团体和任何个人，如统治者、政治家、政府官员、教派官员、宣传人员或企业主干预的自由。[①] 考察国外世界一流大学的发展，很容易发现其在依赖校友资源推进大学发展时，对于校友资源保持高度的理性，深刻认识到其两面性的特质，拒绝"完全拿来"。如果我国高校在推进世界一流大学建设时急于求成，为了获取校友资源，完全拿来，不进行理性认识，不惜干涉学术自由权，控制学术独立权，则很难建成真正的世界一流大学。

3. 校友研究成果匮乏

通览国外研究文献发现，国外的研究人员多数不仅具有丰富的校友工作实践经验，同时拥有扎实的理论功底，已形成一支专业化的研究队伍，Gerlinda S. Melchiori 曾提出校友研究将来主要集中在两方面，一方面是校友研究领域术语的标准化；另一方面是校友捐赠、校友活动、支持校友等一系列研究问题。[②] 可见专业化研究是国外很多世界一流大学

[①] 陈学飞主编：《美国、德国、法国、日本当代高等教育思想研究》，上海教育出版社1998年版，第87—88页。

[②] Gerlinda S. Melchiori, *Alumni Research: Methods and applications*, San Francisco: Jossey-Bass, 1988, p. 78.

校友工作出色的重要原因。在国内，2003年9月校友工作研究会作为中国高等教育学会所属的一个二级分会获得了民政部的批准，这才使得中国大学校友相关问题的研究日益备受重视，掀起研究热潮，但仍存在不少问题。研究人员主要是学校校友机构的工作人员，与国外该领域专业化的研究队伍相比，国内该类研究人员大部分拥有丰富的实践经验但缺少研究的理论功底，造成中国校友相关问题的研究整体理论水平不高，很难指导实践工作者的进一步工作。这也间接解释了我国校友资源的研究成果文献主要集中在期刊论文的现象，有深度且系统的研究成果诸如博士学位论文和专著显得极度匮乏。

四 研究思路与研究内容

（一）研究思路

本书的研究思路如图1-1所示，在一般意义上谈校友资源与大学发展之间的关系，为理论支撑研究；讨论校友资源与世界一流大学建设的关系以及这种关系是如何发生的，为关系建构研究；结合国内外的相关案例作为事实支撑研究，并总结本书给予的启示。

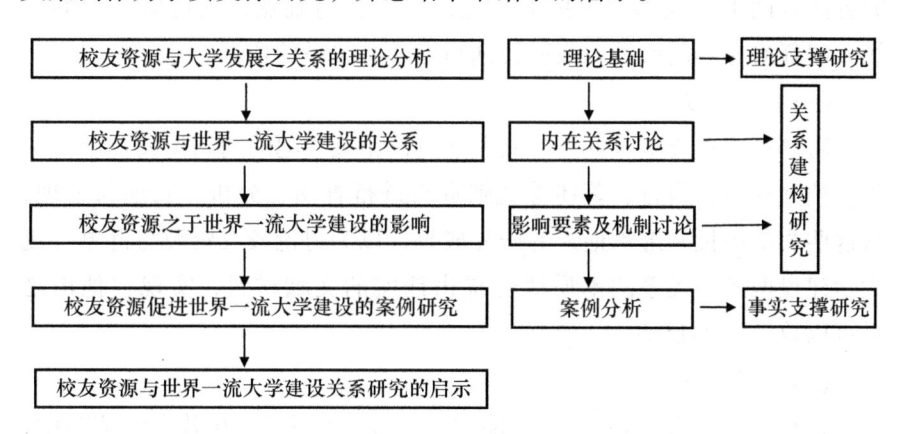

图1-1 研究思路

（二）研究内容

本书的研究内容设计如下：第二章为关于"校友资源与大学发展之

关系的理论分析"的研究,包括大学组织属性的讨论、大学的资源依赖与资源选择、校友资源是大学发展的重要资源研究。第三章为关于"校友资源与世界一流大学建设的关系"的研究,包括世界一流大学的特征分析、世界一流大学校友资源的优质性探讨、校友资源与世界一流大学建设之关系的讨论。第四章为关于"校友资源之于世界一流大学建设的影响"的研究,包括校友资源对世界一流大学建设的智力贡献研究、校友资源对世界一流大学建设的财富贡献研究、校友资源对世界一流大学建设的文化贡献研究。第五章为关于"校友资源促进世界一流大学建设的案例研究"的研究,包括加州大学伯克利分校和清华大学的研究案例。第六章为关于"校友资源与世界一流大学建设关系研究的启示"的研究,包括校友资源之于世界一流大学建设不可或缺的分析、世界一流大学建设使用校友资源存在问题的研究、世界一流大学建设要重视发展校友资源的研究。

五　研究方法

俗语说:工欲善其事必先利其器。研究方法的重要性不言而喻。研究方法有助于寻找到相关依据,佐证研究者的观点,支持研究者的立场,解释研究者的假设,最后找到与变量有关系的依据。

(一) 文献法

通过对校友资源与世界一流大学建设相关主题的期刊论文、会议文集、档案材料、报告、著述等文献资料进行查阅、分析、归纳与整理,从这些文献中批判继承他人的研究成果,以为讨论校友资源与世界一流大学建设两者间关系的本质属性提供翔实的文献材料,实现"他山之石可以攻玉"的目的。

(二) 历史法

只有"鉴前世之兴衰",才能"考当今之得失",在教育的范畴中,历史研究处理的是关于"教育的"过去的"事情",[1] 通过对国外世界

---

[1] [美] 威廉·维尔斯马、斯蒂芬·G. 于尔斯:《教育研究方法导论》(第9版),袁振国译,教育科学出版社2010年版,第18页。

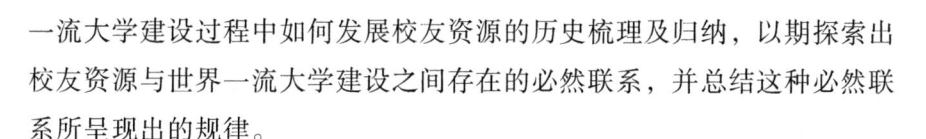

一流大学建设过程中如何发展校友资源的历史梳理及归纳,以期探索出校友资源与世界一流大学建设之间存在的必然联系,并总结这种必然联系所呈现出的规律。

(三) 个案法

本书选取世界一流大学加州大学伯克利分校和正在建设世界一流大学的清华大学作为研究个案,进一步分析校友资源对世界一流大学发展的促进作用。在案例中,主要从校友智力资源、财力资源和文化资源三个维度对校友资源与世界一流大学之间的关系加以说明,以期证明校友资源与世界一流大学建设之间存在的必然联系。

六 研究创新

本书对校友资源与世界一流大学建设的关系进行深入分析,创新点主要包括以下几方面。

(一) 研究视角的创新

目前,关于世界一流大学建设的相关研究文献非常多,本书在研究视角上有创新,即从校友资源的视角讨论如何建设世界一流大学。通过对已有的关于世界一流大学建设的研究文献进行归纳总结可以发现,多数研究从大学人才培养与知识创新所需的要素起点进行,如师资、学科、制度、文化等,很少有从终点反思世界一流大学建设的问题。本书采用新的视角,从大学培养的校友所客观存在的校友资源出发反观世界一流大学建设,并且结合世界一流大学建设的高要求与校友资源的特殊属性,对校友资源与世界一流大学建设之关系进行了学理上的论述和认识上的创新。

(二) 研究内容的创新

已有的研究成果无论是关于校友资源的研究还是关于世界一流大学建设的研究,两者间呈现出一种割裂式研究的现状。关于校友资源的研究主要论及校友资源的概念、种类、作用以及如何开发利用等,而关于世界一流大学的研究也是总结世界一流大学是什么、如何建设、国外经验介绍等。不难发现，目前已有的研究少有将两者相结合，更不用说对校友资源与世界一流大学建设的关系进行理性的分析与讨论，本书在研究内容上弥补了这方面的缺失。同时在研究中注重使用校友资源时人的资源与物的资源相并重，避免一种功利化的研究行为——校友资源研究等同于校友财力资源研究，从价值观上引导之后研究内容的取向。

（三）研究结论的创新

本书在深入系统分析校友资源与世界一流大学建设之关系的基础上，结合国内外校友资源促进世界一流大学建设的案例，总结出两者之间存在一种必然的联系，即校友资源对世界一流大学建设不可或缺。此结论在目前现有的该领域研究中何尝不是一种创新，本质上实为校友资源与世界一流大学建设之间关系的理论建构。这个创新的结论在之后关于我国推进世界一流大学建设的研究中，能够为如何更好地重视和使用校友资源提供新的实践路径，也能为那些建设世界一流大学的高校如何更好地汲取社会资源提供新的理论支撑。

第二章

校友资源与大学发展之关系的理论分析

起源于十二三世纪欧洲中世纪大学的近现代大学，随着时间的推移，高等教育功能及大学职能在不断地发生发展。人类文明进程的不断推进对大学提出了新的要求和挑战。

大学究竟是什么？作为高等教育哲学的基本问题，对此问题的研究一直以来从未间断。布鲁贝克在《高等教育哲学》一书中进行了精心的梳理，通过引用他人的观点借以表达自己的理解。"大学常常被称为学者王国。"[1] 大学是一个"按照自身规律发展的独立的有机体"[2]。"大学是理性的堡垒，否则就不是大学。"[3] 在我国也有关于大学是什么的讨论。蔡元培曾言"大学者，研究高深学问者也"[4]。梅贻琦曾言"所谓大学者，非谓有大楼之谓也，有大师之谓也"[5]。由此可见，大学内涵的丰富可谓仁者见仁，智者见智。探讨大学是什么这样的哲学问题似乎一时之间很难理清，但对大学的认识却可以间接从大学的活动切入

---

[1] ［美］约翰·S.布鲁贝克：《高等教育哲学》，郑继伟等选译，浙江教育出版社2002年版，第31页。
[2] ［美］约翰·S.布鲁贝克：《高等教育哲学》，郑继伟等选译，浙江教育出版社2002年版，第16页。
[3] ［美］约翰·S.布鲁贝克：《高等教育哲学》，郑继伟等选译，浙江教育出版社2002年版，第45页。
[4] 高平叔编：《蔡元培全集 第三卷（1917—1920）》，中华书局1984年版，第5页。
[5] 梅贻琦：《就职演说》，载刘述礼、黄延复编《梅贻琦教育论著选》，人民教育出版社1993年版，第10页。

和关注，了解大学的特征，剖析大学发展的需求和要素。

兴起之初的大学（universitas）一定意义上是一种由教师和学生组成的拥有自治自由特权的"行会"组织。关于组织的定义有很多，对组织系统的研究涵盖系统论、控制论、信息论、结构论和协同论等多种观点，但一般而言都包含目标、要素、形式。组织类别涉及正式组织和非正式组织之分。组织的发展离不开资源，资源为组织发展提供持续不断的"动力"。大学既有区别于其他组织的显著特征，也有一般组织的共性，特别在资源的需求上不可例外。大学的发展离不开资源，延续至今的大学，高层次人才培养与知识创新的组织属性提出了资源依赖的要求，竞争与开放的组织特征加剧了对资源的争夺，理性的资源选择必然受到重视。多元资源是大学发展对资源需求提出的新要求，从政府投入为主向加大社会资源支持转变是历史的选择，是时代的必然。校友作为大学的重要组成，其资源丰富、多样、灵活、创新的宝贵特性，以及和大学之间特殊学缘纽带所带来的亲密度，必将成为大学发展吸纳社会资源中的首选目标。

第一节　大学组织的属性

组织是社会成员为实现特定目标而建立的共同活动的群体。[①] 大学组织也是通过目标、成员、结构、规范等要素加以建构的群体。组织的属性由其本身所决定，从组织结构而言，即由构成组织的要素所决定。大学组织目标的多重性，成员构成的复杂社群性，结构上的松散型联结等使其和其他组织存在显著差异。与企业或者其他社会团体不同，大学是进行高层次人才培养与知识创新的学术组织。这种学术组织的特殊性决定了其在与环境交互过程中进行资源交换时，不会奉行绝对的"拿来主义"，会对资源依赖的主体做出选择，提出要求。

---

① 夏征农、陈至立主编：《大辞海·政治学·社会学卷》，上海辞书出版社 2010 年版，第 674 页。

第二章　校友资源与大学发展之关系的理论分析

一　高层次人才培养

人才培养是大学的核心职能。从大学发展的历史来看，中世纪大学主要是培养专业人才的职业学校，只是在有限的意义上可以说它是为学习本身的概念而存在的。[①] 并且中世纪大学培养的各种专业人才主要为教会、王权和市政当局所需要，培养的这些专业人才均属于当时精英教育模式下的高层次人才。对于教会而言，13世纪以后，历代教皇都上过大学，教皇周围学识渊博的红衣主教也日益增多。对于各国的王公贵族而言，期望他们的大学能在智力和人才方面有效地帮助他们建立和巩固管理制度与行政体制，以求战胜城乡贵族之间的离心力量；对于市政当局而言，大学能够提供律师解决普通法无法处理的法律问题，以及提供能为王权服务的文职人员。[②]

进入到19世纪，尽管大学的职能出现了变化，但高层次人才培养的基本属性依旧不变。英国的约翰·亨利·纽曼认为大学教育的目的就是为了培养良好的社会公民，通过最适宜于个体的理智训练，使他们成为更富有理性、更富有智慧的人，能够最好地履行社会职责，旨在提高社会的益智风气，旨在修养大众身心，旨在提炼民族品位……[③] 20世纪西班牙著名的思想家和社会活动家奥尔特加·加塞特也说："大学首先应该把普通人培养成有文化修养的人，使他们达到时代标准所要求的高度。继而必须把普通人培养成优秀的专业人员，即大学能够通过利用人类智慧所发明的最经济、最直接和最有效的步骤与办法将普通人培养成优秀的医生、法官、数学教师或历史教师。"[④]

[①] [美] 伯顿·克拉克主编：《高等教育新论——多学科的研究》，王承绪、徐辉等译，浙江教育出版社2001年版，第29页。
[②] [瑞士] 瓦尔特·吕埃格总主编、[比] 希尔德·德·里德-西蒙斯主编：《欧洲大学史　中世纪大学》第一卷，张斌贤等译，河北大学出版社2008年版，第18—21页。
[③] [英] 约翰·亨利·纽曼：《大学的理想》，徐辉、顾建新、何曙荣译，浙江教育出版社2001年版，第97—98页。
[④] [西班牙] 奥尔特加·加塞特：《大学的使命》，徐小洲、陈军译，浙江教育出版社2001年版，第73页。

校友资源与世界一流大学建设

随着时代的变迁，经济社会的发展，大学逐渐走出象牙塔走进社会，其职能也与时俱进不断丰富与发展，但人才培养的职能并没有式微反而不断加强。英国著名高等教育学者阿什比（Eric Ashby）说："如今，大学已成为多目标的机构，而且在近7个世纪以来，大学的职能也一向在增加。大学原来仅是培养专业人员的机关，以后又兼充了培养上流社会人士的社交教育学校、研究所、社会服务站和少数夸大其词的人心目中的社会革命酝酿所。现在所有大学都不只承担一种上述的职能，有些还想全部承担下来。"[①] 正因如此，更加需要大学培养高层次的人才去承担。弗莱克斯纳也认为直到霍普金斯大学谨慎地打开它的校门时，大学才成为有意识地致力于追求知识、解决问题、审慎评价成果和培养真正高层次人才的机构。[②] 时至今日，人们越来越认同世界范围内的所有竞争归根结底都是人才的竞争，特别是高层次人才的竞争，大学高层次人才培养的地位更加凸显，重要性更加明确，意义更加重大。高层次人才不仅有利于国家科技创新能力的增强，更有利于国家综合国力的提升，已成为知识经济时代国际竞争力的核心指标，可谓是得高层次人才者得天下。故此，全世界范围内的大学都把能否培养出卓杰人才、杰出人才、领袖人才、拔尖人才、创新人才、复合型人才等高层次类型的人才作为大学第一要务。

二　知识创新

人们对大学组织知识创新基本属性的认识经历了一个发展过程。早期的大学组织主要进行知识的传承与保存，很少进行知识创新，严格意义上来说不进行学术探究，这在以约翰·亨利·纽曼为代表的自由教育倡导者身上表现得淋漓尽致。纽曼的代表作《大学的理想》中也有充

---

① ［英］阿什比：《科技发达时代的大学教育》，滕大春、滕大生译，人民教育出版社1983年版，第148页。
② ［美］亚伯拉罕·弗莱克斯纳：《现代大学论——美英德大学研究》，徐辉、陈晓菲译，浙江教育出版社2001年版，第32—33页。

第二章 校友资源与大学发展之关系的理论分析

分说明:"在这些演讲中,我对大学的看法如下:它是一个传授普遍知识的地方。这意味着,一方面,大学的目的是理智的而非道德的;另一方面,它以传播和推广知识而非增扩知识为目的。如果大学的目的是为了科学和哲学发现,我不明白为什么大学应该拥有学生;如果大学的目的是进行宗教训练,我不明白它为什么会成为文学和科学的殿堂。……知识本身即为目的……"[①]

然而在19世纪的德国大学改革中,威廉·洪堡建立了科研和教学统一的原则,推动了大学组织成为"一个不停的探究过程"的时代来临。此时此刻,大学更加注重知识创新,大学走向一个探究的场所,学术性越来越成为现代大学的应有之义。原因何在?每一个较大规模的现代社会,无论它的政治、经济或宗教制度是什么类型的,都需要建立一个机构来传递深奥的知识,分析、批判现存的知识,并探索新的学问领域。换言之,凡是需要人们进行理智分析、鉴别、阐述或关注的地方,那里就会有大学。[②] 可见,现代社会中大学与知识不可能分割,只是更加强调对知识的分析、批判与创新,大学最宜成为进行知识创新的圣殿,进行学术探究的场所,只不过大学的知识性是以学术性为基础,大学的知识创新是通过学术探究来实现的。弗莱克斯纳也曾说:假设我们可以打碎现有的大学,可以随心所欲地重建之,我们应该建立什么样的机构呢?……但不管留有多大的余地以考虑民族传统或性格的不同,我们都会注意到学者和科学家们主要关心四件事情:保存知识和观念、解释知识和观念、追求真理、训练学生以"继承事业"。[③] 这说明大学从诞生至今,不论其规模、结构、功能等变得如何复杂,处于什么样的民族文化与环境之中,但这种以知识传承和发展为活动的学术逻辑并未被

[①] [英]约翰·亨利·纽曼:《大学的理想》,徐辉、顾建新、何曙荣译,浙江教育出版社2001年版,第1页。
[②] [美]约翰·S. 布鲁贝克:《高等教育哲学》,郑继伟等选译,浙江教育出版社2002年版,第13页。
[③] [美]亚伯拉罕·弗莱克斯纳:《现代大学论——美英德大学研究》,徐辉、陈晓菲译,浙江教育出版社2001年版,第4页。

改变，知识创新已成为大学永恒的使命。

虽然现代的大学已经走出"象牙塔"，成为人类社会发展的"动力站"，但仍是以学科和专业为基础的学术组织，进行科学研究是其重要职能，通过学术探究而进行知识创新是其崇高使命，这也正如康奈尔大学前校长帕金斯博士指出的"大学的本质就是有关知识的制度；知识的获得、传播和应用三者间的关系也是通过大学而加以制度化"[①]。可见，大学组织终究是进行知识传承、创新与发展的重要场所，它不同于企业组织、政府部门和公益机构，进行知识的探究是它不证自明的目的，所以知识创新是大学组织的基本属性，也是它区别于其他社会组织的重要标识。

第二节 大学的资源依赖与资源选择

资源依赖理论形成和发展于20世纪70年代，代表人物是斯坦福大学商学院的组织行为学教授杰弗里·菲佛和卡耐基梅隆大学工业管理研究生院的组织学教授杰勒尔德·R.萨兰基克。他们认为组织的存在必然和周围的环境发生关系，要理解组织的行为就必须了解发生这种行为的环境，所以要从组织的外部关注组织，其基本立场是：组织生存的关键是获取和维持资源的能力，没有一个组织可以实现对资源的完全控制，为了获取所需资源，组织必须与环境中的其他因素进行交易，这无论是对公共组织、私人组织、小型或者大型组织来说，抑或是官僚和机构组织来说，都是真实的情况。[②] 组织的"生存"前提使得一切组织发展离不开资源，必须依赖资源，对于大学而言，维持其生存、运行与发展也必须依赖资源。大学高层次人才培养与知识创新的组织属性相伴生的激烈竞争、高消耗使得这种资源依赖性相较于其他组织有过之而无不

---

① 眭依凡：《改造社会：未来大学新职能》，《上海高教研究》1995年第3期。
② [美]杰弗里·菲佛、杰勒尔德·R.萨兰基克：《组织的外部控制——对组织资源依赖的分析》，闫蕊译，东方出版社2006年版，第2页。

第二章　校友资源与大学发展之关系的理论分析

及，然大学立足之基的"学术自由""大学自治"传统却又抗拒着这种依赖，摆脱资源供给者的干预和控制，这就要求大学在可依赖的多元资源中做出理性选择。

一　大学发展需要资源

在人类的发展史上，文明创立与繁荣起来，在大多数情况下它们又衰退与消亡下去，这里不是谈论它们为什么会消亡的场合，但我们可以说，必然是资源有所不足。① 可见，资源之于人类社会发展与人类文明进步的重要性。资源是什么？简言之就是社会经济活动中人力、物力和财力的总和，是社会经济发展的基本物质条件。② 这种基本物质条件对于大学发展来说，同样需要。

大学首先是一个进行高层次人才培养的组织，这样的基本组织属性决定了它必然是一个需要消耗人力资源的组织，这些人力资源主要包括与人才培养相关的师资、学生和管理者。师资作为高层次人才培养的执行者，是大学最为重要的人力资源之一，缺少师资这种人力资源，大学将无法履行人才培养的职能。同时师资的质量也决定了人才培养的水平，所以越是知名大学师资的整体质量越高。学生作为大学高层次人才培养的对象，没有学生人力资源的基础，大学即没有客体进行人才培养，其高层次人才培养也就失去了意义。此外，大学的管理者也直接或间接参与了高层次人才培养，鉴于高层次人才培养是一项非常复杂的活动，需要管理者提供科学高效的管理行动来保障师资与学生互动所需的各种资源。

大学也是一个进行知识创新的组织，知识创新属于一项智力密集型劳动，具有很强的专业性，周期较长且成效较慢，需要持续不断地消耗

---

①　［英］E. F. 舒马赫：《小的是美好的》，虞鸿钧、郑关林译，商务印书馆 1984 年版，第 48 页。
②　中国大百科全书编辑部编：《中国大百科全书（精粹本）》，中国大百科全书出版社 2002 年版，第 1924 页。

人力、物力和财力资源。特别是在今天知识经济时代的背景下，以高新知识为代表的知识资源已成为最为重要的生产要素，世界各国都将高新知识的占有作为本国国际竞争力提升的核心要素与关键环节，这种对于高新知识的重视掀起世界各国对于大学的高度关注。原因何在？源于以高新知识为代表的知识资源主要产生于大学的探索与发现，而这种探索与发现离不开大学中的资源消耗，即人力资源的智力贡献、物力资源的物质消耗、财力资源的经费保障。正是源于大学知识创新中的资源消耗性，使得政府、社会、组织和个人需要投入更多的人力、物力和财力资源满足这种消耗，进一步创造各种有利条件，增强大学知识创新的能力。

总之，就大学本身而言，大学本质上不属于以利益最大化为目的的组织，但它却彻头彻尾是一个需要足够资源才能维持和运行的组织，在精神上大学需要高贵，然而在现实生活中它有资源依赖的需要。①

二 资源竞争与大学发展

在今天的信息社会与全球化背景下，各种各样的资源在全国乃至全世界范围内快速地流动，加之资源与生俱来的稀缺性，资源竞争将愈演愈烈。大学本身就是一个竞争性的组织，大学高层次人才培养与知识创新的基本属性使得大学骨子里就蕴含竞争的基因。竞争对大学来说是一个永恒的话题，能够增强大学抵御风险的能力。如果一所大学缺乏竞争意识，丧失竞争精神，不积极主动地参与各范围内的资源竞争，很快将会处于被动地位，被本国或其他国家大学前进的步伐所超越，终将被淘汰出局。

大学的资源竞争使得大学在发展中必须保持开放，而大学保持开放又进一步助推了大学的资源竞争，使得竞争超越国界，成为一种跨国性的竞争，主要表现在生源的竞争、师资的竞争、学术的竞争、声誉的竞

---

① 眭依凡：《论大学的善治》，《江苏高教》2014年第6期。

第二章 校友资源与大学发展之关系的理论分析

争等方面。一方面，随着经济社会的不断发展，各国的高等教育先后从精英教育迈向大众化直至普及化，大学的办学规模也急剧扩张，需要消耗更多的人力、物力和财力资源来满足其不断增长的需求。另一方面，因为资源相对于人或组织的需求来说总是表现出一种稀缺性，这也造成大学所消耗的人力、物力、财力资源充满了竞争与挑战。全球的大学为在竞争中取得优势，纷纷抛出高额奖学金、丰厚待遇、优越的学习与工作环境等条件，在全世界范围内寻找最优秀的生源与师资，增强综合实力，以提高大学声誉方面的竞争力，因为好的声誉就是一份好的宣传、一张好的名片、一个好的广告，可以吸纳更多优秀资源以为大学的发展运行提供更多支持。

在大学发展的历史长河中，资源竞争使得大学的对外关系经历了由保守到开放的过程。从历史来看，早期的大学确实是学者自发聚集研讨交流学问的场所，社会并未给予它们太多的关注，[①]而且为保证学术研究与教学工作享有充分的自由，大学与社会也保持一定的距离，此时的大学被人们习惯性称为"象牙塔"。但是随着经济社会的发展，特别是现代大学社会服务职能的出现，大学与社会的互动成为一种常态，大学越来越依赖社会的资源供给，社会进步和经济发展也越来越依赖大学培养的高层次人才与创新的知识，所以弗莱克斯纳在1930年写道："大学不是某个时代一般社会组织之外的东西，而是在社会组织之内的东西。……它不是与世隔绝的东西，历史的东西，尽可能不屈服于某种新的压力和影响的东西。恰恰相反，它是……时代的表现，并对当时和将来都产生影响。"[②] 与此出现了德里克·博客的理性呼吁——走出象牙塔是现代大学的社会责任。大学这种走出象牙塔的行为就是开放性的行动，也正是这种开放性行动使得大学在推动人类社会经济、政治、文化、科技等方面的进步巨大。

英国著名高等教育学者阿什比（Eric Ashby）曾言：任何类型的大

---

① 眭依凡：《关于大学组织特性的理性思考》，《高等教育研究》2000年第4期。
② [美] Clark Kerr：《大学的功用》，陈学飞等译，江西教育出版社1993年版，第3页。

校友资源与世界一流大学建设

学都是遗传与环境的产物。[①] 大学的历史变迁都是通过环境产生交换和互动，这种交换和互动要求大学必须是开放的，开放不仅是大学系统自身发展的需要，也是大学系统与其他社会组织系统进行物质、资源、信息有效交换的需要。正因如此，教育必须与社会发展相适应，即教育必须受一定社会的经济、政治、科学文化所制约，并为一定社会的经济、政治、科学文化服务。[②] 事实也证明，就大学系统本身而言，大学肩负人才培养和知识创新的双重使命，使命要求人才能够经常流动，知识能够不断更新，这就需要大学系统内部的教学、科研、学科、院系均需保持开放，只有开放才能有助于跨学科的形成，实现教学相长的可能，保持院系间交流与合作的态势。在这种开放的氛围下，大学才能按照其应有的规律运行与发展，而不至于因为封闭而止步不前。就大学系统外部而言，大学现如今身处信息爆炸、知识经济和全球化时代，大学不可能完全封闭。一方面，高等教育的管理机构必须是由专家和院外人士两方面组成的，学术自治才会实际有效。没有前者，大学就会信息不准；没有后者，大学就会变得狭隘、僵化，最后就会与公众的目标完全脱节。[③] 另一方面，一所高校的外部关系网络越宽广，它从中获取的有效资讯就越多越迅捷，吸纳的资源就越充足；反之，高校将信息闭塞、故步自封，在被社会逐渐边缘化的过程中只能在有限的时空中艰难生存、缓慢发展。[④] 可见，开放是大学属性的要求，开放是大学昌盛的基础。[⑤] 所以，保持开放不仅是国内外高等教育发展的经验总结，也是大学发展的必然趋势，更是大学的生存之道，任何大学若想在资源竞争中立于不

---

① ［英］阿什比:《科技发达时代的大学教育》，滕大春、滕大生译，人民教育出版社1983年版，第7页。
② 潘懋元:《潘懋元文集（卷一·高等教育学讲座）》，广东高等教育出版社2010年版，第38页。
③ ［美］约翰·S. 布鲁贝克:《高等教育哲学》，郑继伟等选译，浙江教育出版社2002年版，第37页。
④ 叶通贤:《国际化视野下高等学校社会资本研究》，上海交通大学出版社2012年版，第69页。
⑤ 马陆亭:《开放是大学昌盛的基础》，《中国高等教育》2016年第5期。

败之地，必须保持开放。

总而言之，大学的高层次人才培养、知识创新属性及其相伴生高度开放、高资源消耗特征，都要求它与周围的环境发生关系，产生互动，形成资源竞争。而且，大学的资源消耗性是无止境的，堪称社会组织中消耗资源的"黑洞"。在这种资源稀缺与需求无限的矛盾下，必然导致大学办学成本的不断攀升，对于资源消耗的需求增大，需要更多的资源满足自身发展，产生更加激烈的资源竞争。故而，大学对于有限资源进行消耗时必须进行合理配置，提高资源使用效率，以便获取最佳效益。同时，虽然大学可依赖的资源甚多，从国家或地方政府获取资源，也可从教会、企业、慈善组织获取资源，还可通过学费、校友捐赠、知识收益等其他途径获取资源。但随着现代大学面临的风险和挑战日益增多，组织本身复杂性的与日俱增，要想更好地提升大学的治理水平和治理能力，就需要更加多元的资源来源以满足大学发展的需要，在资源依赖的选择主体上，从政府转变为社会，汲取更多社会资源已经成为现代大学资源选择的新趋势。

三　大学的资源选择

根据资源依赖理论我们发现，组织对资源的依赖性越强，就越容易受到外部组织的影响，并且组织的机能和生存也越容易受到控制。组织发现自己受到强有力的外部组织的控制，并且这些外部组织提出的要求是相互冲突的，当对强有力的外部组织的要求的顺从成为可能时，顺从可能衍生出各种行动的额外的要求，更为严重的是，可能限制组织适应其他未来外部群体所提出的要求。[1] 因此，为了实现组织的既定目标，减少组织在资源依赖过程中的外部控制，必须厘清组织受到控制的条件，尽可能理性选择资源。

美国社会学家斯格特（W. Richard Scott）认为："没有任何一个组

---

[1] ［美］杰弗里·菲佛、杰勒尔德·R. 萨兰基克：《组织的外部控制——对组织资源依赖的分析》，闫蕊译，东方出版社2006年版，第122页。

校友资源与世界一流大学建设

织是自给自足的,所有组织都必须为了生存而与其环境进行交换。获取资源的需求产生了组织对其外在单位的依赖性,资源的重要性和稀缺性则决定组织依赖性的本质和范围。"① 对于大学这样一个学术组织而言,它也不能自给自足,必须依赖资源,必然与控制资源的组织或个人进行互动。然而大学是一个将学术自由作为灵魂的组织,资源对于它固然重要抑或稀缺,但却不能违背自治的传统,保持独立一直是它坚守的重要原则。从这个角度来讲,尽管大学依赖资源所生存的环境,但不可能被控制,更多受到的是外部干预。

事实上,如果大学得不到为其他组织所控制的资源,又无法在别处获取这些资源以实现目标,那么,它们就得依赖于其他组织。反过来,资源供应者由于提供了资源,也就产生了对大学干预的可能性。有了这种干预的可能性,供应资源的组织就会通过两种方式来控制学校——决定学校是否能得到它们所需要的资源,决定学校是否能够按照他们所希望的方式使用资源。② 关于这方面的事例,探讨最多的就是政府对大学办学自主权的干预,对大学学术自由与大学自治传统的破坏。面对这种情况的干预,大学更应本分,守住自己的底线,特别是在资源的选择上,不能违背大学办学治校育人的规律,在今天各种社会组织推进治理体系和治理能力现代化以实现治理体系创新之际,更显得急不可待。

国外大学在资源选择方面有很多成功案例,往往能够最大限度地依赖资源却又较少受到干预,特别是其在利用校友资源方面的经验非常值得我们深思与学习。对于大学而言,为了获取校友资源而与校友达成正式或非正式协议,这种对校友资源的依赖使得校友具有对大学的干预权,干涉到大学办学的独立自主与学术自由。如何协调好大学对校友资源的依赖和校友对大学的干预这两者间的平衡,使得大学能够坚守自己

---

① [美] W. 理查德·斯格特:《组织理论:理性、自然和开放系统》,黄洋等译,华夏出版社2002年版,第108页。
② [美] 韦恩·K. 霍伊、塞西尔·G. 米斯克尔:《教育管理学:理论·研究·实践》(第7版),范国睿译,教育科学出版社2007年版,第237页。

的办学理性，是探讨大学在资源选择时最值得关注和思考的问题。

第三节 校友资源是大学发展的重要资源

2015年10月24日国务院印发《统筹推进世界一流大学和一流学科建设总体方案》，提出"高校要不断拓宽筹资渠道，积极吸引社会捐赠，扩大社会合作，健全社会支持长效机制，多渠道汇聚资源，增强自我发展能力"。并将"加快建立资源募集机制，在争取社会资源、扩大办学力量、拓宽资金渠道方面取得实质进展"作为关键环节突破。[①] 这就从政策上给予了大学汲取社会资源办学的新方向，在众多的社会资源中，校友资源是最不能被忽视的。校友是通过学缘关系与大学建立关系的群体，从身份上来讲是大学最值得信赖的合作伙伴，而且校友拥有多种多样的资源，能够满足大学发展的多元化资源需求，所以校友资源是继政府资源之后社会资源中大学最能依赖的资源。

一 校友是大学的重要组成

校友，这种与大学有着天然学缘、情感联系的重要利益相关者，其与大学本质上的追求目标——人的发展不谋而合，使得主观上两者间本能地相互需要。而其校本性、潜在性、终生性、再生性、多样化、差异化的资源属性，在客观上又能满足大学发展的资源需求。校友与大学的需要具有相互性，两者间基于学缘和情感联系的特殊性使得校友是大学的重要利益相关者，成为大学的重要组成。

（一）大学边界及其突破

大学边界可以区分为三个相互区别又相互关联的层面，即物理性边界、地理性边界与心理性边界，物理的边界侧重于大学的物质实体，强

[①] 国务院：《国务院关于印发统筹推进世界一流大学和一流学科建设总体方案的通知》，http：//www.moe.gov.cn/jyb_xxgk/moe_1777/moe_1778/201511/t20151105_217823.html，2015年10月24日。

校友资源与世界一流大学建设

调"校园"的组织机构的边界以及大学的规模边界、能力边界;地理的边界侧重于大学服务或"效忠"的对象,强调大学的地域性、国家性与民族性;心理的边界则侧重于大学的概念认同,关乎人们对大学精神的守望与对大学理念的信仰,强调大学的历史性与普适性。①

古典大学时期,大学在物理与地理上的边界并不明晰,只是一群酷爱学术的人组成的学者行会。到近代后,大学的边界开始清晰,为维护学术自由与学术自治的传统,仅仅成为一部分人活动的"象牙塔",边界特征明显。直到大学社会服务职能的出现,大学开始走出"象牙塔",成为服务社会的动力站,大学里的活动不全发生在"象牙塔"之内,大学的边界开始突破,正如威斯康星理念(The Wisconsin Idea)倡导"大学的边界就是州的边界"("The Boundaries of The University Are The Boundaries of The State")。② 此后,随着科技的不断创新与发展,特别是在后工业、后现代和后福特主义的世界里,时间和空间或许已经被瓦解为一个单一范畴,再也没有必要区分"场所"或"空间"。③ 大学的时空更是无限扩展,大学的边界已经模糊,无边界高等教育开始兴起,出现了合作办学、虚拟大学(Virtual University)、开环大学(Open-loop University)等新事物,大学的物理性边界、地理性边界与心理性边界的内涵与外延均发生了变化。此时此刻,大学边界不再有明确的界限与范围,已经突破了国家、地区和民族的场域,大学似乎成了一个没有边界的组织。大学里的各种活动不仅发生在校园之内,而且可能完全摆脱时间、地点、环境等各种客观因素的限制,发生在世界任何地方,在全民进入终身学习的大环境下,这种现象将会愈演愈烈。

在这种背景下,伴随全球互联网技术的助推,资源流动性的加快,大学将会迎来一系列新的挑战。一方面,学生的年龄和结构层次发生了

---

① 王建华:《大学边界论》,《清华大学教育研究》2006 年第 6 期。
② 徐来群:《美国公立大学系统治理模式研究》,上海交通大学出版社 2016 年版,第 77 页。
③ [英]皮特·斯科特主编:《高等教育全球化:理论与政策》,周倩、高耀丽译,北京大学出版社 2009 年版,第 191 页。

第二章 校友资源与大学发展之关系的理论分析

变化,学习者可能来自世界各地,遍布各个年龄阶段和各种职业分布,呈现多元化的复杂趋势,大学边界内的教学与知识内容显然不能完全满足现实的需要;另一方面,随着知识创新带来的各领域新增长点的出现,人才的重要性更为显现,激烈的竞争迫使人人需要不断学习,学习者的群体规模将会不断增加,必然对大学边界带来严峻挑战,"无围墙"的大学越来越多。对于大学而言,生源的竞争已经突破国界,传统生源也会受到非传统生源的冲击,非传统生源的多样化需求对大学所提供的服务提出了匹配度上的挑战,同时非正规教育机构也会对大学生源形成激烈争夺,校友选择继续个性化学习的空间与方式也会增多。这种在大学边界突破的情况下,大学关于资源方面的竞争将在全世界范围内激烈发生,校友及其所附资源必定被大学高度重视,校友参与大学治理会成为一种大趋势,校友必然成为大学的重要组成。

(二)校友与大学的相互需要

世界著名心理学家、"人本心理学之父"亚伯拉罕·哈洛德·马斯洛(Abraham H. Maslow)提出的需要层次理论将需要层次分为基本需要的层次和基本的认知需要。[①] 国内外众多研究者根据不同的理解将马斯洛的需要层次论主要分为三类:五层次论(生理需要、安全需要、归属和爱的需要、自尊需要、自我实现的需要),如罗宾斯(Robbins, S. P.)[②]、舒尔茨(Schultz, D.)[③]、莫里斯(Morris, C. G.)[④]、郭德俊[⑤]等人;六层次论(生理需要、安全需要、归属和爱的需要、自尊需要、自我实现的需要、自我超越需要),如《动机与人格》的翻译者许

[①] [美]亚伯拉罕·马斯洛(Abraham H. Maslow):《动机与人格》(第三版),许金声等译,中国人民大学出版社2007年版,第18—34页。

[②] [美]斯蒂芬·P. 罗宾斯(Stephen P. Robbins)、戴维·A. 德森佐(David A. Decenzo)、玛丽·库尔特(Mary Coulter):《管理学:原理与实践》(原书第9版),毛蕴诗主译,机械工业出版社2015年版,第286页。

[③] [美]杜安·P. 舒尔茨、悉尼·埃伦·舒尔茨:《工业与组织心理学:心理学与现代社会的工作》(第10版),孟慧、林晓鹏等译,上海人民出版社2014年版,第199页。

[④] [美]查尔斯·莫里斯(Charles G. Morris)、阿尔伯特·梅斯托(Albert A. Maisto):《心理学导论》(第12版),张继明、王蕾、童永胜等译,北京大学出版社2007年版,第308页。

[⑤] 彭聃龄主编:《普通心理学》(修订版),北京师范大学出版社2004年版,第329页。

金声[1]；七层次论（生理需要、安全需要、归属和爱的需要、自尊需要、认知需要、审美需要、自我实现的需要；生理需要、安全需要、归属和爱的需要、自尊需要、自我实现的需要、认知需要、审美需要），前者如 E. R. 希尔加德[2]、孟昭兰[3]、张增荣[4]等人，后者如戈布尔（Goble, F. G.）[5]等人。本文采用大部分研究者所认同的五层次论，生理需要指食物、水、空气、睡眠等生存方面的需要；安全需要指身心免受伤害对制度、法律、秩序等方面的需要；归属和爱的需要指爱、感情、归属、友谊等方面付出他人和社会并接受给予的社交需要；自尊需要指自尊、信心、成就等受他人尊重和尊重他人的需要；自我实现的需要指个人的理想、价值观（真、善、美）、潜能等得到实现的需要。其中，生理需要、安全需要、归属和爱的需要属于低级需要，自尊需要和自我实现的需要属于高级需要。

对于校友来说，每个校友个体都是一个独立的、一体化的、有组织的整体，需要是他们的天性。低级需要与高级需要都是校友所需，尽管两种需要拥有不同的特性，源于不同的动机，但是有一点是相同的：低级需要与高级需要都是校友的本性，都是校友人性中的一部分，不可能与人性背道而驰。不言而喻，校友需要食物、水、空气等来满足生理方面的需求能够得以生存，需要制度建设、法律规约来保障自身的权益，需要能够表达自己对母校情感、爱与归属的渠道，需要受到母校的关心与尊重，需要自己的理想、价值、能力能够得以实现的机遇、机会与平台。

尽管如此，低级需要与高级需要仍然存在差异性。对于校友高级需

---

[1] [美] 亚伯拉罕·马斯洛（Abraham H. Maslow）：《动机与人格》（第三版），许金声等译，中国人民大学出版社2007年版，第5—10页（译者前言）。

[2] [美] E. R. 希尔加德、R. L. 阿特金森、R. C. 阿特金森：《心理学导论》（上册），周先庚等译，北京大学出版社1989年版，第508页。

[3] 孟昭兰主编：《普通心理学》，北京大学出版社1994年版，第370—373页。

[4] 南国农主编：《信息化教育概论》，高等教育出版社2004年版，第298页。

[5] [美] 弗兰克·G. 戈布尔（Frank G. Goble）：《第三思潮——马斯洛心理学》，吕明、陈红雯译，上海译文出版社2006年版，第33—39页。

要的满足,更能使校友产生一种归属感、满足感和幸福感,更易产生合意的主观效果——校友反哺母校,高级需要满足度越高,校友反哺学校的力度可能越大,学校相对来说可依赖的资源就越多。最为有利的是,这种反哺作用还能影响其他校友,感染更多校友体验这种高级需要满足所带来的对于母校的归属感。此时的高级需要具有重要的公众传播效果和社会扩散效应,使得校友更加接近自我的真正实现,感受到高级需要与低级需要带来的不同心理与价值体验。可见,两种需要层次的差异性是客观存在的。

两种需要的差异性可以通过人性的改进来调和它们之间的对抗与排斥,即本能倾向的培养、文化的改善和社会的改良。具体来说,母校可以为校友提供一系列校友所需的服务,诸如图书馆的学习资料、校友聚会活动的场所、校友的就业服务、校友的终身学习平台、母校的发展动态等,以满足校友个性化和终身化的学习需求以及心理归属的需要。校友在这些服务过程中感受到母校的关怀与温暖,这种高级需要所生的满足必然对母校的发展大有裨益。对于大学来说,根据校友与大学关系的特殊性,校友资源的多样性,校友所具有的智力资源、财力资源、文化资源等资源均能满足大学发展的需要,提高大学的竞争力,只有让校友获得所需特别是高级需要的满足,校友资源的依赖才可能得以实现。诚然,在校友满足大学需要的同时,大学也在满足校友的需要,这种相互需要一方面通过校友满足大学发展之需主要是基础性需要的过程中获取;另一方面通过大学满足校友之需主要是高级需要来实现,两者的需要具有一定的相互性。

(三) 校友与大学关系的特殊性

校友是大学的校友,大学是校友的大学。校友与大学关系的特殊性表现在两者关系产生的前提是学缘,进而通过"母与子"式的情感培育,形成一种终身关系。

1. 学缘关系

学缘关系是指社会成员在教育和科学研究过程中由于共同的学习经

历而产生的社会关系，是以师徒、同学与同门师兄弟姐妹等关系为纽带而组建的利益共同体，①"学缘关系"的本质是一种人缘关系网络，属于文缘的范畴（所谓文缘是指同学、同行之间的关系，由此组合而成的人群，其组织形式便是同学会、同业公会、商会和研究会等）。② 随着人们受教育程度的提升，受教育机会的增加，学缘关系变得更为广泛和复杂，每个个体都经历多种学缘，位居多种学缘关系之中。在这个背景下产生的人际关系网络，其共同体依旧存在某些共同的烙印或特征，如个体拥有共同的学习经历、共同的知识结构、共同的校园记忆与回忆等，而且这些东西往往相伴诸多个体一生，永远不会随着时间被忘记或磨灭，久而久之形成一种个体独有的气质和文化。所以说，学缘关系成为继血缘、地缘、业缘之后又一具有多种社会价值的人际关系网络，因而成为校友和大学关系中最为基础的关系。

2. 情感关系

校友与大学的关系毋庸置疑包含着情感的因素，这种情感可能源自同学之间，也可能源自师生之间，甚至源自学生与学校其他方面的互动，在这种情感基础上形成了校友对大学的一种归属感，一种感情的寄托，一种心灵的安放。另外，从校友的英文词汇"alumni"源于拉丁语"alumnus"（被监护人、养子），母校的英文词汇"alma mater"中的"alma"和"mater"原意分别为"哺育的"和"母亲"（mother）之意，可知校友和大学两者间含有深厚的情感基础，这种情感可以比拟为"母与子"关系上的养育与反哺之情。正是由于前期的养育之情，包括校友离校之后的温情关怀，才形成了校友对大学的反哺之举。所以说，校友与大学的情感关系需要长久的时间积淀。也正因为如此，母校与校友之间有着永远萦绕相依的感情，广大校友终身情系母校，关怀着母校的建设与发展；母校也永远惦念着广大校友，关怀校友事业成就，这种

---

① 钟云华：《学缘关系对大学教师学术职业发展影响的实证研究——以H大学为个案》，《教育发展研究》2012年第1期。
② 苏勇主编：《东方管理评论》（第2辑），复旦大学出版社2008年版，第37页。

第二章　校友资源与大学发展之关系的理论分析

宝贵的情谊维系着师生、同学之间千丝万缕的感情，构成母校与校友这种自然的关系。① 可见，校友和大学的关系中最突出的关系应该是情感关系。正如纽曼所说："按照通常的设计，一座大学是一个母校，认识她的每一个孩子，而不是一个铸造厂、一个造币厂或者一个踏车。"②

3. 终身关系

一旦发生学缘关系，产生情感关系，校友与大学之间的这种身份便不可抹去，所以校友与大学之间的关系应该是终身的，而不是暂时的。正如我国著名教育家厦门大学教授潘懋元先生所言："之前大家较多从功利角度考虑校友问题，也就是从大学需求的角度来考虑，利用校友的财力、人力、声望等资源来为大学服务，但是没有考虑到作为一个大学，它培养的学生是终身学习的，因而对学生的继续教育也应该是终身的，对学生的关心更应该是终身的，所以现在普遍缺乏从终身教育的对象来看待校友问题。换而言之，大学应该继续为校友服务，而不能只是怀揣功利目的，这是迫切需要注意和改变的方面。学生进入到一所大学接受教育，即使毕业他仍是这所大学的学生，这种身份关系是无法改变的，现在要彻底转变观念，不能仅从学校需求的功利角度来考虑获得校友支持，而是需要对他们继续关心和教育，做到在学之时属于学校的学生，毕业离开之后仍然属于学校的学生。"③ 可见，校友与大学的关系是终身的，这种终身的意蕴，用纽曼的话说，是大学的孩子们所拥有的永远的归宿，即使不是永远在躯体上，也是在学问上和精神上，直至终老。④

（四）校友是大学的重要利益相关者

"利益相关者"一词首次出现于斯坦福研究中心（现称 SRI 公司）

---

① 黄文辉、刘敏文：《一流大学建设中校友工作的探索与实践》，《清华大学教育研究》2000 年第 3 期。
② ［美］雅罗斯拉夫·帕利坎：《大学理念重审：与纽曼对话》，杨德友译，北京大学出版社 2014 年版，第 193 页。
③ 何志伟：《世界一流大学建设校友支持不可或缺——访我国著名教育家潘懋元先生》，《中国高等教育》2017 年第 13/14 期。
④ ［美］雅罗斯拉夫·帕利坎：《大学理念重审：与纽曼对话》，杨德友译，北京大学出版社 2014 年版，第 195 页。

1963 年的一篇内部文献中，英文词汇为"stakeholder"，是对股东（shareholder）一词概念的泛化，其背后映射的理念已经丰富了传统公司管理中"股东至上"的理论内容，对公司利益有影响的个体或团体都可以成为利益相关者，如公司的股东、雇员、顾客、供应商、竞争者、政府、社区、消费者、社团、媒体等。因此，利益相关者概念最初被定义为"没有它们的支持组织就不再存在的团体"①。

随着人们认识的深化和企业的不断发展进步，在伊戈尔·安索夫（Igor Ansoff）、罗伯特·斯图尔特（Robert Stewart）、马里翁·德舍尔（Marion Doscher）等人研究的基础上，利益相关者理论发展分化为多个方向：战略管理文献；罗素·艾科夫、C. 维斯特·切奇曼（C. West Churchman）和系统理论家的工作；企业社会责任文献；埃里克·瑞安曼（Eric Rhenman）和其他组织理论家的工作。② 这期间也出现了关于利益相关者分类的探讨，如惠勒和西兰帕提出的主要和次要、社会和非社会利益相关者之分；加拿大多伦多市召开的利益相关者理论第二届研讨会期间某研究小组提出的核心、战略、环境利益相关者之分；米切尔、阿格尔和伍德基于利益相关者具有诸如合理性、影响力和紧迫性等特性基础上提出的七类利益相关者之分等。③

国内一些研究者也对利益相关者理论进行了探索。有研究者将利益相关者理论划分为三个发展阶段："利益相关者影响"（stakeholder influence）阶段、"利益相关者参与"（stakeholder participation）阶段和"利益相关者共同治理"（stakeholder co-governance）阶段。④ 其他研究

---

① [美] R. 爱德华·弗里曼：《战略管理——利益相关者方法》，王彦华、梁豪译，上海译文出版社 2006 年版，第 37 页。

② [美] 爱德华·弗里曼、杰弗里·哈里森、安德鲁·威克斯、拜德安·帕尔马、西蒙娜·科莱：《利益相关者理论：现状与展望》，盛亚、李靖华等译，知识产权出版社 2013 年版，第 27 页。

③ [美] 阿奇·B. 卡罗尔（Archie B. Carroll）、安·K. 巴克霍尔茨（Ann K. Buchholtz）：《企业与社会：伦理与利益相关者管理》（原书第 5 版），黄煜平等译，机械工业出版社 2004 年版，第 46—50 页。

④ 王身余：《从"影响""参与"到"共同治理"——利益相关者理论发展的历史跨越及其启示》，《湘潭大学学报》（哲学社会科学版）2008 年第 6 期。

第二章 校友资源与大学发展之关系的理论分析

者关于利益相关者治理理论的探讨，以李维安、王世权提出的股东治理观、员工治理观、利益相关者共同治理观和关键利益相关者治理观四种治理观为代表。① 随着更多组织发展的需要和研究者们的不断探索，利益相关者理论的运用范围也在不断拓展，如关于大学中的利益相关者研究。

对大学而言，大学里面的利益相关者包括教授、校长、院长，包括行政人员，包括学生以及毕业了的校友，当然也包括我们这个社会本身（纳税人）。② 从更广的范围来说，也包括政府、社区、家长、媒体、竞争者等（如图2-1所示）。显然，学生、教师、行政主管人员是声称"拥有"大学的最重要群体，是大学的核心利益相关者。对大学来说，学生是其得以存在的前提，没有学生的存在，就无所谓大学的存在。教师是大学人才培养和科学研究职能的执行者，学生作为培养对象，与学生的存在互为依存关系。行政主管人员的科学管理能够提高办学治校的效率。

在这个复杂多样的世界里，若没有他人的帮助，单个的学校不可能完全满足学生的需求。比起孤立无援的境地，学校更需要与其他各种利益主体携起手来一同确保学生生活的完整性并保证学校作为一个完整的组织得以持续发展。③ 随着经费缺乏成为当前高等教育的世界性问题，建立起利益相关者视角能够缓和高等教育这一困难，因为它有利于建立起最广泛的出资人"网络"。④ 这个网络中不可或缺的出资人之一就是校友，校友是通过学缘关系与大学建立的特殊关系，形成的特殊身份，校友与大学之间的关系是终身的，他们通常是大学最忠诚和最坚定的支持者、拥护者和守卫者，正如美国密歇根大学校友会前任执行董事罗伯特·弗尔曼认为："对于大学而言，院系、行政部门的工作人员都仅仅是暂时的'居住者'，只有校友才是母校永久的支持者和拥护者，是学

---

① 李维安、王世权：《利益相关者治理理论研究脉络及其进展探析》，《外国经济与管理》2007年第4期。
② 张维迎：《大学的逻辑》（第三版），北京大学出版社2012年版，第18页。
③ ［英］路易丝·斯托尔、［加拿大］迪安·芬克：《未来的学校：变革的目标与路径》（第二版），柳国辉译，北京大学出版社2015年版，第170页。
④ 胡赤弟：《高等教育中的利益相关者分析》，《教育研究》2005年第3期。

校友资源与世界一流大学建设

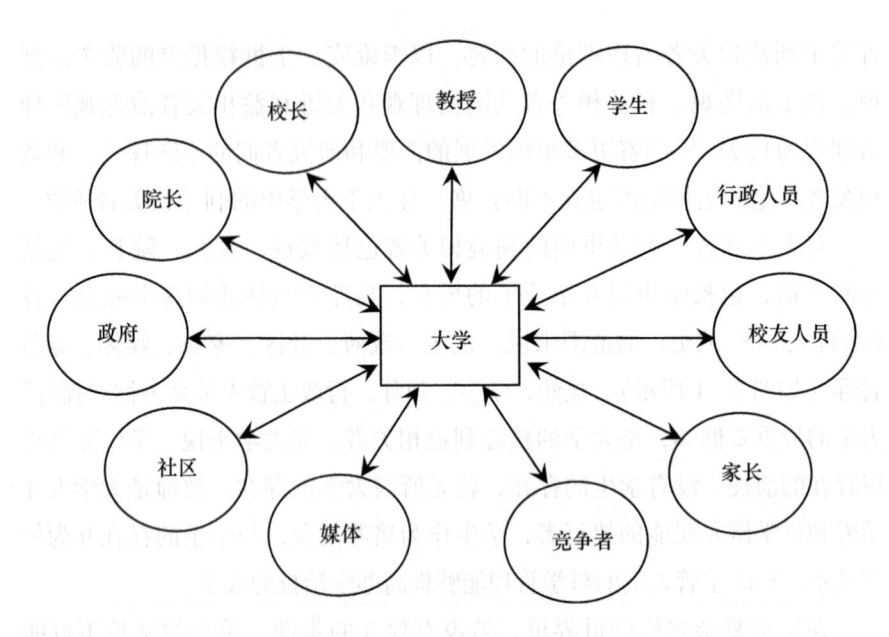

图 2-1　大学的利益相关者

注：大学的利益相关者：任何能够影响大学目标的实现，或者受大学目标实现所影响的组织、团体和个人，此处的利益相关者种类仅为部分代表，并未穷尽。

校发展的决定因素。"[①] 可见，大学除了学生、教师、行政主管人员作为核心利益相关者之外，校友可以作为大学的重要利益相关者。

校友对于大学的发展有极大的影响力，特别在大学的社会声誉和品牌影响力方面。正如担任哈佛大学文理学院院长十余年的亨利·罗索夫斯基所言："董事、校友及捐赠者，他们才是正式决定主要政策的人，他们出钱，因而非常关心'他们的'学校的声誉，他们关心的范围往往是很广泛的，通常包括教学质量、校橄榄球队的球技、学生和教师的政见、招生政策、学校社区内的性偏向，以及其他等等。"[②] "这一大批人与他们求学的学校，有着虽然不大直接但却是长期的利害关系，他们

[①] 汪建武：《高校校友资源开发与利用研究》，硕士学位论文，湖南大学，2007年。
[②] [美] 亨利·罗索夫斯基：《美国校园文化——学生·教授·管理》，谢宗仙、周灵芝、马宝兰译，山东人民出版社1996年版，第6页。

52

的学位价值紧密地与学校的整体地位相联系。因而,许多校友给他们母校提供经济的和其他形式的赞助,以表示对学校终生承担着义务。"①

校友作为大学的重要利益相关者,在支持大学发展的同时,大学有责任满足校友的相关利益,也就是说,学校也对校友肩负着重要的责任和义务,② 如提供继续教育,满足校友终身发展的需要。从大学的长远发展来说,作为重要利益相关者的校友如果能够和大学保持互动的常态性,有助于大学治理水平和能力的提升,打破大学核心利益相关者学生、教师、行政管理者对于学校管理权的僵化把持,特别是弱化大学内部的行政化色彩,释放学术权力的空间,平衡行政权力与学术权力的矛盾,同时也能够积极改善学生的权利与权力不足现象。最终通过校友这一重要的利益相关者,促进社会对大学的有效监督,实现多元主体共同治理的局面。

二 校友资源的特殊性与多样性

根据不同的标准,资源有不同的分类,我们可以讨论资源的有限与无限,讨论资源的效用与影响,讨论资源的量与质,讨论资源的富余或短缺这些共性,但更要发现资源间的不同之处而按需索取。校友资源作为大学最可利用的宝贵资源,相较于其他资源最大的区别在于它是一种以人——校友为核心,以校友与大学间关系的认识为基础的资源。

(一) 校友资源的特殊性

校友资源的特殊性,首先是它的校本性,源于校友资源的形成基础,与其核心属性密切相关;其次是潜在性和再生性。

1. 校本性

校友资源是通过学缘关系而形成的一种资源,没有校友与学校的前期学缘关系,就无所谓后期校友的存在,更不会产生校友资源。这种学

---

① [美] 亨利·罗索夫斯基:《美国校园文化——学生·教授·管理》,谢宗仙、周灵芝、马宝兰译,山东人民出版社1996年版,第238—239页。
② 李福华:《利益相关者视野中大学的责任》,《高等教育研究》2007年第1期。

缘关系源于校友在学期间母校给予校友学习、生活需要等各方面的满足和校友自我价值的实现，最终形成一种校友对母校的强烈认同感、深厚感情和校友情结，所以校友资源烙有深深的母校印记。正是这种印记促使校友对母校始终心怀感恩之情、报答之情、反哺之情，使得校友离校后仍然对母校有一种强烈的归属感，这种归属感越强，校友资源的校本性就越重。因此，校友资源是什么样的，学校也就是什么样的，校友资源的校本性越强，学校的特色也就越明显，学校利用校友资源的可能性就越大，学校发展得也会越好。

2. 潜在性

潜在性是指校友资源本身作为一种客观存在的资源，存在开发与未开发两种状态，未开发的校友资源对于学校来说是一种潜在的资源，并不等于学校实际所拥有的资源。校友们的足迹遍布各行各业，所以身上赋有智力、财力、文化、信息等多种潜在资源，这些资源如若被开发，都可成为学校发展的有用资源，为学校发展提供智力支持、财力支持、文化支持、信息支持等多种支持。如果没有被开发，仅仅作为一种潜在的资源而客观存在，对于学校的发展没有丝毫作用，从某种意义上来说是一种资源的浪费。可见，学校的发展要想利用校友资源，就必须通过校友工作将这种潜在的资源转化为现实可用的资源，实现校友资源对学校发展的助力。

3. 再生性

校友资源是一种再生性资源，在校友资源使用过程中，校友资源不同于部分非再生性自然资源，随着使用次数的增加发生总量的减少。首先，校友资源是一种特殊的人力资源，人类繁衍的发生就意味着人的再生性，人的再生性就意味着人的存在。其次，人的存在意味着教育的发生，只要教育发生学校就不会灭亡，学校意味着学生，即意味着校友资源的存在。最后，校友资源与学校是一种相互依赖的关系，学校利用校友资源后，得到了发展，学校的发展不仅可以为校友提供更好的服务，满足校友的需求，也可提升校友的社会资本，提升校友资源的质量，实现二者间互为发展的良性循环。

第二章 校友资源与大学发展之关系的理论分析

（二）校友资源的多样性

资源的利用离不开对其价值的正确认识和科学分类，若想对内容丰富、形式多样的校友资源加以充分利用也需如此。根据笔者对校友资源的界定，以其在大学发展中所发挥价值效用的结果为标准，可将其分为智力资源、财力资源和文化资源三类。

1. 智力资源

智力资源是指校友群体的知识、智慧、技能、体质等要素的总和，包括校友智力本身这一无形资源和校友生产的智力成果及其智力载体这一有形资源。智力资源源自社会，是社会人所有的产物，具有社会性。智力资源内容非常丰富，具有多样性。智力资源能够在使用中不断保存和生长，具有可再生性。与此同时，随着知识经济对社会产生的巨大贡献，智力资源的重要性日益凸显，其增值空间越来越大。大学校友曾在母校接受过高深知识的沐染，又在自己的工作领域有着丰富的实践经验，能够为高校的人才培养、科学研究、社会服务、管理方式变革等提供智力支持，为高校的发展提供智力保障。

2. 财力资源

财力资源是校友实际掌握或可支配财物的货币表现，最常见的形式就是校友给母校捐赠的金钱或物资，特别是用于教学楼、实验室、图书馆、宿舍、食堂、体育馆等基础设施建设，大宗实验设备购买，师生各种发展奖助学金的校友捐赠。校友捐赠是校友回报母校培养之恩最多见的形式，也是目前最为流行的方式，所以诸多大学排行榜都将校友捐赠多寡作为评价大学办学成功与否的重要指标。欧美大学有着悠久的校友捐赠史，特别是北美诸多研究型大学，校友捐赠成为它们办学经费的重要补充，校友捐赠不仅缓解了这些大学与日俱增的经费压力，同时还有利于提升学校的办学声誉及吸引世界各地的优秀师资和生源。

3. 文化资源

文化资源是指一所大学在与校友的长期互动过程中形成的校友与校友、校友与大学、校友与社会之间的价值判断、理想信念、道德情感、声誉传播、制度规范、行为活动、物理环境等集合物，它是对大学文化的延伸和发展。卓越的校友文化资源有助于促进大学的发展，最主要是它的文化育人和激励功能，即深化准校友与母校的感情，提升准校友对母校的认同感和归属感，培养准校友形成校友情结，提升准校友未来反哺母校的机会，增强在校教师的职业自豪感。

校友文化资源另一重要表现形式就是校友声誉的传播。校友声誉属于校友的隐性资源，主要是校友的身份、声望、地位、荣誉、贡献等对社会产生的影响，人们基于这一影响对大学所作出的一种价值判断。事实上，正是大学校友声誉的传播，使得人们对于一所大学的人才培养质量、知识贡献、社会服务能力有一个间接的认知。一所大学校友的声誉越高，人们对于这所大学的认同度也会越高，大学的竞争力就会更强，所以大学都非常重视校友声誉的作用。正如信息交流专家玛丽·安妮·派尔斯说："建筑物会破旧，产品会发生故障，版权会过期，可是企业的美名和声誉若能善加管理，其价值会与日俱增。"[①] 校友的声誉何尝不是如此，如果对校友声誉能善加管理，大学的声誉也会提高。

三 校友资源对大学发展的影响

大学发展需要资源，而校友作为一种不可多得的重要资源，自然是大学赖以发展的资源来源。校友对母校的贡献主要来自智力支持、财富捐赠和声誉提升，校友资源对大学发展的影响主要有提供多种支持，传承大学文脉与提升大学声誉。

（一）多种支持的提供

鉴于校友资源是校友所拥有的人、财、物、信息、环境等资源的有机组成，所以能为大学发展提供多种支持。如校友通过自身智力资源的贡献，提供智力支持，促进学校的人才培养，推动学校的教学改革，并利用自己的社会关系，加强母校与社会的合作，提升社会服务

---

① ［美］戴维斯·扬：《创建和维护企业的良好声誉》，赖月珍译，上海人民出版社1997年版，第9页。

第二章 校友资源与大学发展之关系的理论分析

的质量。又如校友通过自身的财力资源，即通过校友捐赠，改善学校的物理空间和办学设施，以为母校发展提供良好的硬件设施条件。所以说校友资源提供的发展支持是多方面的，也正如我国著名教育家潘懋元先生所言："人们一般提到校友支持，首先想到的可能就是校友捐赠，但校友捐赠仅仅是一个方面。更重要的另一个方面是，校友一定也希望他们的母校建成世界一流大学，校友以自己的行动来支持，他们的成功就是最大的支持。当然，校友支持的具体形式可能非常多样，如富裕的校友捐赠是支持；学校举办校庆校友回校参加是支持；或者校友任职某个部门，这个部门能够对学校的发展提供帮助，这也是支持。例如现在很多专业的学生必须外出实习，校友如果能够给他们提供一些实习机会和单位，这也是很好的支持，所以我们现在经常寻找一些有校友任职的单位或部门实习。"[1] 由此可见，校友以资源的形式对母校的支持是多样化的。

（二）大学文脉的传承

大学文脉即大学文化的脉络，是各种内隐的思想风范和外显的行为模式的结合，其核心是价值观念。[2] 大学文脉是大学的历史、文化、制度等内隐和外显现象的集中荟萃，也是一种文化育人的宝贵财富，还是一种文化底蕴的积累存在，更是一种大学精神的彰显。通过大学文脉对莘莘学子的哺育，将这些财富、底蕴、精神存在演绎为校友们在社会中具体的言行举止、所作所为和处事风格。校友们作为大学文脉的受益者，他们受到这些内隐外显价值观念的感染，对他们的世界观、人生观、价值观都有潜移默化的影响，他们熟悉学校的历史发展、校园的文化氛围、母校的精神气质，所以从校友的身上可以窥见大学的精神气质，也可以看到大学的文脉。正如美国著名建筑大师伊利尔·沙里宁

---

[1] 何志伟：《世界一流大学建设校友支持不可或缺——访我国著名教育家潘懋元先生》，《中国高等教育》2017年第13/14期。
[2] 吴铎：《大学文脉的代际传承——老教授协会的一项特殊任务》，《〈大学的文化传承创新与文化育人〉专家论坛论文集》，2012年，第193页。

校友资源与世界一流大学建设

(Eliel Saarinen)对古老真理"告诉我,你的朋友是谁,我就能说出你是什么样的人"的引申:"让我看看你的城市,我就能说出这个城市居民在文化上追求的是什么。"① 同样我们可以继续引申:"让我看看你的校友,我就能说出这所大学在文脉上追求的是什么。"

(三) 大学声誉的提升

大学声誉是指大学作为一类特殊的社会组织形式所获得的社会大众的信任和赞美的程度,是大学综合实力和社会形象的外在表现形式。② 可见,大学声誉是社会对大学的一种评判,声誉好的大学往往形象好、质量高、实力强。大学声誉的提升有多种途径,最主要的一种途径就是通过校友资源提升大学声誉,因为一所大学校友的足迹可能遍布五湖四海,能够将这所大学的声誉广而告之。为什么牛津、剑桥、哈佛、耶鲁、麻省理工等大学能够在各世界大学的声誉排名榜中长期名列前茅,成为众所周知的世界名校,除了其进行的知识创新,产生了改变和推动人类社会进步的重大成果之外,另一个极为重要的原因就是其培养了不计其数的卓杰校友,如学术大师、政治领袖、企业精英、科技人才、文化名士等,这些校友不仅成为其所在行业的领导者,引领着世界的进步,而且成为很多有志之士的榜样和学习的动力。故此,这种声誉效应一经形成,就会吸引世界各地最优秀的人才去这些学校学习深造,其中被吸引的一个重要群体就是一流的学生和一流的师资,当然也包括实力雄厚的资源,最终提升了大学的综合实力,培养出了更多的卓杰校友,逐渐产生一种马太效应,形成一个校友资源提升大学声誉的循环有机体,体现了"你在读书的时候,以学校为荣,但是你毕业以后,学校要以你为荣"③。

---

① [美]伊利尔·沙里宁:《城市:它的发展 衰败与未来》,顾启源译,中国建筑工业出版社1986年版,序。

② 舒颖岗:《大学声誉培育与高水平大学建设》,《国家教育行政学院学报》2011年第12期。

③ 何志伟:《世界一流大学建设校友支持不可或缺——访我国著名教育家潘懋元先生》,《中国高等教育》2017年第13/14期。

第三章

校友资源与世界一流大学建设的关系

世界一流大学培养卓杰人才和创新知识离不开资源的支撑，尤其是优质资源的支撑，学校之间的激烈竞争又加剧了资源的争夺。世界一流大学建设是一项十分复杂的系统工程，需要遵循它的人才培养目标更高，知识创新能力更强，对于人、财、物等方面资源的数量消耗更大，质量要求更高，尤为需要优质资源支持的规律。卓杰人才培养和知识创新作为世界一流大学的崇高使命，以卓杰人才为主体的校友发展而成的校友资源具有优质性，能够形成高水平的人才库、实力雄厚的财力资源和卓越的校友文化资源，这些资源丰富而宝贵，自然而然引起世界一流大学的高度重视。基于此，讨论校友资源和世界一流大学建设之间的关系显得十分必要，准确把握二者的关系并且厘清二者关系间的内在必然性，能够有效指导世界一流大学建设的资源获取。

第一节　世界一流大学的特征

世界一流大学是资源实力雄厚，做出伟大贡献，享有世界声誉的大学。资源实力雄厚说明世界一流大学拥有非常充裕的人、财、物等资源，做出伟大贡献说明世界一流大学培养了能够改变世界的人才及创造了能够推动世界进步的知识，享有世界声誉说明世界一流大学赢得了世界范围内人们的认同。可见，世界一流大学明显有别于一般大学，它培

校友资源与世界一流大学建设

养的是具有更高综合素质、更宽国际视野和更强全球领导力的卓杰人才，它创造的是拥有更高层次且能推进人类社会进步与发展的一流知识，通过培养卓杰人才与创新知识使它享有世界声誉。基于此，世界一流大学更加需要消耗大量的资源才能保障自身的运行和发展，这种情况下，必然产生对于物质资源的高度消耗，展开全球范围内人才资源的激烈争夺。

一 卓杰人才培养与知识创新

世界一流大学之所以能成为世界一流，主要在于人才培养与知识创新的高层次，它不仅是培养卓杰人才的组织，也是创新知识的组织，卓杰人才培养与知识创新成为世界一流大学区别于其他大学最为重要的特征。

（一）卓杰人才培养

我国著名教育家潘懋元先生指出："高等学校三个社会职能中，'培养人才'这个职能是从近代大学产生时就有的，也是在近代大学产生时就为人们所认识的。"[①] "与近代大学有密切关系的应该是十二三世纪产生于西欧的中世纪大学，所有中世纪大学的基本目的是专业教育，时代要求大批受过良好教育的人以满足其需求，大学接受了这一任务。法律、医学、神学和艺术都是需要有能力并受过教育的人所从事的专业，大学提供了这些教育。"[②] 大学提供的专业教育使得萨莱诺大学、波隆那大学、巴黎大学、牛津大学、剑桥大学等大学最初的主要职能就是培养法、医、神等领域的专业人才，尽管随着时代的变迁，培养的人才在类型、标准、模式上不断变化，但是大学中之于人的培养的核心职能并没有发生变化，人才培养仍然是大学的首要职能。

[①] 潘懋元：《潘懋元文集（卷一·高等教育学讲座）》，广东高等教育出版社2010年版，第59页。

[②] 潘懋元主编：《新编高等教育学》，北京师范大学出版社1996年版，第38页。

第三章　校友资源与世界一流大学建设的关系

事实上，未能有效进行人才培养的大学就如无源之水、无本之木，不能实现人才的薪火相传，无法对社会作出应有的贡献，而且人才培养作为大学的核心使命，离开这个使命，它就不是大学。同样，人才培养质量的高低决定着一所大学的格局。人才培养质量高的大学，格局更加大，视野也更加开阔，它们不仅注重校内的各种事宜，也关心校外的变化，能够更好地做到开放与包容、竞争与合作，并将国家、民族乃至全人类的荣辱兴衰与自身的使命责任担当相联系，积极成为人类命运共同体中的领导者，期冀在人类的历史长河中走得更远。2016年，习近平总书记在全国高校思想政治工作会议上的重要讲话提出"只有培养出一流人才的高校，才能够成为世界一流大学"[①]。可见，世界一流大学与一般大学的最重要区别就在于培养什么样的人的问题上，不能培养出卓杰人才的大学不可能是真正意义上的世界一流大学，更不可能成为人们认同的世界一流大学。

故此，世界一流大学无一例外都把能否培养出全球公认的卓杰人才作为首要任务，离开卓杰人才培养的崇高使命，世界一流大学就不能被称为世界一流大学，它有可能是世界一流研究所或是世界一流服务站。"世界"与"一流"的特质使它有别于一般大学，它培养的人才都是具有批判性思维、跨文化理解力和全球领导力等突出特质的卓杰人才。世界一流大学培养的卓杰人才包括享誉全球的学术领衔人，世界级的政治领袖、著名的金融企业家、知名的科技艺术精英等。以耶鲁大学为例，它被誉为"总统的摇篮"和"学院之母"，如美国总统威廉·霍华德·塔夫脱（William Howard Taft）、杰拉尔德·鲁道夫·福特（Gerald Rudolph Ford）、乔治·赫伯特·沃克·布什（George H. W. Bush）、比尔·克林顿（Bill Clinton）和乔治·沃克·布什（George W. Bush），普林斯顿大学首任校长乔纳森·迪金森（Jonathan Dickinson）、哥伦比亚大学首任校长塞缪尔·约翰逊（Samu-

---

[①] 《习近平谈治国理政》第2卷，外文出版社2017年版，第377页。

校友资源与世界一流大学建设

el Johnson)、康奈尔大学创始人安德鲁·迪克森·怀特(Andrew Dickson White)、芝加哥大学首任校长威廉·雷尼·哈珀(William Rainey Harper)等众多一流大学的首任校长或创始人;也有物理学家欧内斯特·劳伦斯(Ernest Orlando Lawrence)、民族英雄内森·黑尔(Nathan Hale)、飞机设计师威廉·爱德华·波音(William Edward Boeing)、量子基金创始人吉姆·罗杰斯(Jim Rogers)等各领域的卓杰人才;还培养出一批像中国铁路之父詹天佑、人口学家马寅初、世界平民教育运动之父晏阳初等卓杰的中国留学生。①

此外,从一所大学毕业生所获诺贝尔科学奖的人数也可说明问题。通常人们对诺贝尔科学奖获奖人及其成果争议甚少,② 在世界范围内具有较高的认同度,人们常常用它评价一所大学教育水平的高低和效果的好坏,成为衡量一所大学人才培养质量的重要标准。根据美国著名大学诺贝尔科学奖获奖人数的数据比较发现(见表3-1),截至1998年,毕业生(学士、硕士和博士)中获奖人数(净人数)排名靠前的依次为哈佛大学(38人)、哥伦比亚大学(33人)、芝加哥大学(24人)、加州大学伯克利分校(18人)、加州理工学院(15人)、麻省理工学院(15人)、普林斯顿大学(11人)和耶鲁大学(11人)等一批世界一流大学,而且这些世界一流大学培养出的诺贝尔科学奖获得者与该校雇用诺贝尔科学奖获得者人数之间差额所生成的"产用差"多为正值。除了斯坦福大学和布朗大学这两所大学的"产用差"为负值,华盛顿大学、莱斯大学、乔治城大学和南加州大学这四所大学的"产用差"为零,其余大学的"产用差"均为正值,这说明大部分著名大学比一般大学能够培养出更多获诺贝尔科学奖的毕业生,特别是著名大学中的世界一流大学,它们拥有更强的卓杰人才培养能力。

---

① 陈宏薇编著:《耶鲁大学》,湖南教育出版社1990年版,第190页。
② 眭依凡:《世界一流大学建设的六要素》,《探索与争鸣》2016年第7期。

第三章　校友资源与世界一流大学建设的关系

表 3-1　　美国著名大学诺贝尔科学奖获奖人数比较[a]　　单位：人

大学	毕业生 学士	硕士	博士	净人数[①]	教授[b][②]	"产用差"[c][③]
哈佛大学	11	19	30	38	24	14
哥伦比亚大学	14	15	23	33	7	26
芝加哥大学	10	7	19	24	11	13
加州理工学院	5	2	10	15	10	5
麻省理工学院	7	1	10	15	11	4
普林斯顿大学	1	3	10	11	6	5
耶鲁大学	6	0	5	11	3	8
霍普金斯大学	2	1	9	10	2	8
康奈尔大学	5	2	4	8	5	3
纽约大学	1	2	2	5	0	5
宾夕法尼亚大学	2	1	3	4	2	2
华盛顿大学	0	0	3	3	3	0
斯坦福大学	1	1	1	2	15	-13
杜克大学	0	1	1	2	1	1
莱斯大学	2	0	0	2	2	0
达特茅斯学院	2	0	0	2	0	2
西北大学	1	0	1	2	0	2
布朗大学	0	0	0	0	1	-1
乔治城大学	0	0	0	0	0	0
南加州大学	0	0	0	0	0	0
加州大学伯克利分校	7	1	14	18	9	9
密歇根大学	3	2	3	5	0	5

注：a. 截至1998年，按"净人数"排列； b. 获奖时所在学校； c. "产用差" = 净人数 - 教授。

数据来源：舸昕编著：《从哈佛到斯坦福：美国著名大学今昔纵横谈》，东方出版社1999年版，第448—449页。

---

① "净人数"为实际毕业生获奖人数（有的人可以从同一学校获得三个学位）。
② "教授"为获奖者在获奖时工作的大学（不同于现任教授中得奖人数）。
③ "产用差"为该校培养出的诺贝尔奖获得者与该校雇用诺贝尔奖获得者人数的差额。

（二）知识创新

大学是研究高深学问的场所，从最初的知识传承与保存到知识的创新与创造，科学研究成为大学继人才培养职能之后的重要职能，它的核心环节就是大学必须将学术创新作为己任，进行知识创新，这也是高等学校职能演变与大学发展内在逻辑的必然结果。大学进行知识创新的行为，用哈佛大学前校长约西亚·昆西（Josiah Quincy）的话来说："大学最根本的任务是追求真理本身，而不是去追随任何派别、时代或局部的利益。"① 用纽曼那篇雄辩的经典之作《大学的理念》的话来说，"一所大学就是一个群英会集的殿堂，天下各处各地的学子到这里来，以寻求天下各种各样的知识"②。

讨论大学通过知识创新赢得世界一流声誉的历史，不能不说19世纪末20世纪初的德国大学通过科学成就而享有的崇高世界声望。"在1820—1920年间，仅美国在德国的留学生就约九千人，英国赴德的留学生也不少于这一数字。德国大学的制度也受到不少西方乃至东方国家（如日本、中国）的羡慕和模仿。"③ 原因何在？1892年，一位法国学人在比较法德两国大学时说道："德国在科学的各个领域中毫无例外地居于领先地位，各国对此均表承认。仅德国一国所取得的科学成就，已远远超出世界其他各国的总和，这已是不争的事实。德国在科学中的优势堪与英国的贸易和海上优势相媲美，甚至更有超越之势。"④ 此外，从各种发明创新的统计数据中也可窥见德国大学在知识创新方面的卓越贡献。在1820—1919年中，40%的医学发明是由德国人完成的；1820—1914年，生理学中65%的有创见的论文出自德国人；1821—1900年，德国人在物理学（热、光、电子和磁）方面的发明超过英法

---

① 朱国宏：《哈佛帝国》，上海人民出版社2002年版，第250页。
② 丁学良：《什么是世界一流大学》，北京大学出版社2004年版，第27页。
③ 陈洪捷：《德国古典大学观及其对中国的影响》（第三版），北京大学出版社2015年版，第2—3页。
④ 陈洪捷：《德国古典大学观及其对中国的影响》（第三版），北京大学出版社2015年版，第1页。

两国的总和。① 因此德国著名教育史家包尔生（Friedrich Paulsen）在 20 世纪初说："毫无疑问，德国人在科学界所处的地位，主要归功于其大学。"② 所以，"第一次世界大战前全部 42 名诺贝尔自然科学奖获得者中，有 14 人是德国学者。法国和英国分别为 10 人和 5 人，美国仅 2 人。值得注意的是，德国 14 名获奖者全部是大学教授，仅柏林大学一校就有 8 人"③。

事实上，学术是大学的灵魂，一流学术是一流大学的应有之义，是一流大学合法性的来源。④ 柏林大学等大学之所以当时世界一流，就因它们在某一些研究领域产生了重大且具有划时代意义的知识贡献，甚至开创了人类在这些知识领域的历史新纪元。这些大学在该领域无疑享有很高的学术声誉、学术声望和学术地位，掌握着该研究领域的学术话语权，引领着该研究领域的国际学术潮流。时至今日，随着全球竞争的加剧和信息时代的到来，社会对大学知识生产的要求是前所未有的，大学也因而成为"知识工业"的重地，成为社会主要的服务中心，今天我们讲"知识经济"，讲"知识社会"，它们的主要资源都必然来自大学。⑤ 除此之外，在世界多极化、经济全球化、文化多元化、社会信息化、教育国际化的大背景下，环境污染、气候剧变、恐怖袭击、疾病蔓延、饮食安全、网络安全等复杂问题对整个人类命运的发展提出了更加严峻的挑战，为应对这些挑战，越来越需要大学承担起推动人类社会进步的责任。基于这样的现实诉求，决定了世界一流大学必须突破区域内的视线，面对生源和师资的激烈竞争与国际化挑战，以更加博大宽广的胸襟和气魄承担起人类进步的使命。丁学良也认为真正的世界一流大

---

① 陈洪捷：《德国古典大学观及其对中国的影响》（第三版），北京大学出版社 2015 年版，第 1 页。
② 陈洪捷：《德国古典大学观及其对中国的影响》（第三版），北京大学出版社 2015 年版，第 2 页。
③ 贺国庆：《德国和美国大学发达史》，人民教育出版社 1998 年版，第 79—80 页。
④ 张藁：《学术自由与世界一流大学建设》，《江苏高教》2016 年第 5 期。
⑤ 金耀基：《大学之理念》，生活·读书·新知三联书店 2001 年版，第 192 页。

校友资源与世界一流大学建设

学,它的研究项目的标准主要是看在知识的宇宙里,有哪些领域是非常有趣的,有哪些大的奥妙有待探索……大学特别是研究型大学,如果没有关切一切、怀疑一切、探索一切的普遍主义的精神,就不可能成为世界一流大学。① 世界一流大学的精神气质根植于对未知领域的好奇精神,而知识创新是对未知领域的探索。② 可见,知识创新是世界一流大学的基础,知识创新能为世界一流大学提供持续不断的学术贡献。

以声名远播世界的英国剑桥大学卡文迪什实验室(The Cavendish Laboratory)为例,该实验室研究产生的物理学成果对人类社会的发展进步产生了巨大的贡献,诞生了诸如电子、人工核裂变、同位素、中子、DNA 分子双螺旋结构、非晶态半导体、软凝聚态物质等知识创新与成果发现,③ 自诺贝尔奖诞生以来已有 29④ 名卡文迪什实验室成员荣获诺贝尔科学奖,奠定了其作为现代物理学发源地之一的核心地位。在鼎盛时期甚至获誉"全世界二分之一的物理学发现都来自卡文迪什实验室",⑤ 成为世界物理学人心目中的"麦加"圣地。究其根本原因,主要源于卡文迪什实验室的研究者在研究中将创新性和独创性作为研究基础、研究核心、研究传统不断传承,注重知识创新。再如麻省理工学院一系列的知识创新:青霉素和维生素 A 的第一次化学合成;雷达的发展和惯性制导系统的创造;促使数字计算机的发展得以可能的磁芯存储器的发明;人类基因组工程的主要贡献;夸克的发现;电子表格和电子商务加密系统的发明;GPS 的发明;3D 打印的首创;膨胀宇宙概念的提出。⑥ 这些知识创新无疑推进了人类社会的进步和对未知领域的探索。麻省理工学院目前仍然致力于知识的创新,以求对全人类责任的担

---

① 丁学良:《什么是世界一流大学》,北京大学出版社 2004 年版,第 27 页。
② 张维迎:《大学的逻辑》(第三版),北京大学出版社 2012 年版,第 15 页。
③ The History of the Cavendish, http://www.phy.cam.ac.uk/history, 2017 年 1 月 5 日。
④ The History of the Cavendish-Nobel Laureates, http://www.phy.cam.ac.uk/history/nobel, 2017 年 1 月 5 日。
⑤ 卡文迪什实验室, http://baike.so.com/doc/6676543-6890410.htm, 2017 年 1 月 5 日。
⑥ About MIT, http://web.mit.edu/aboutmit, 2017 年 9 月 5 日。

第三章 校友资源与世界一流大学建设的关系

当。它目前的研究和教育领域包括数字化学习；纳米技术；可持续能源、环境、气候适应和全球水与粮食的安全；大数据、网络安全、机器人技术和人工智能；人类健康（包括癌症、艾滋病、自闭症、老年痴呆症和阅读障碍）；生物工程和 CRISPR 技术；扶贫；先进制造；创新创业。①

此外，世界一流大学作为享有世界声誉的大学，其世界声誉主要源于它作为研究型大学通过知识创新所赢得的学术声誉。学术声誉是对一所大学科研水平的综合反映，大学地位的高低一定程度上就是学术声誉的具体表现。② 正因学术声誉如此之重要，世界一流大学都把扩大学术影响力，增强学术声誉竞争力作为主要竞争增长点。一般而言，一所大学被同行公认的顶尖学术成果越多，其学术声誉的竞争力就越强，这所大学在人们心目中的地位也会越高。事实上，学术声誉的竞争归根结底就是知识创新的竞争，特别是影响人类社会进步的知识创新。据统计，迄今为止，足以影响人类生活方式的重大科研成果 70% 诞生于世界一流大学，1946—1981 年，诺贝尔奖成果中的 70% 是在世界一流大学中做出的。③ 此外，从 1965—1969 年选出的诺贝尔奖奖金获得者在 1965 年的《科学引文索引》中平均被引用 232 次，相形之下，那里列举的其他科学作者平均只被引用 6 次。④ 还有世界范围内首个综合性的全球大学排名软科世界大学学术排名（Shanghai Ranking's Academic Ranking of World Universities，ARWU）也显示（见表 3-2），2013—2017 年学术排名全球前 10 强的大学均为英美的世界一流大学，这些大学一流的学术成果增强了其学术声誉的竞争力，稳固了其研究型大学的地位，保障了其世界一流大学的位置，使其享有全球声誉。

---

① About MIT，http：//web.mit.edu/aboutmit，2017 年 9 月 5 日。
② 黄奇编著：《世界著名大学研究报告》，吉林人民出版社 2005 年版，第 20 页。
③ 陶爱珠主编：《世界一流大学研究——透视、借鉴、开创》，上海交通大学出版社 1993 年版，第 2 页。
④ ［美］哈里特·朱克曼：《科学界的精英——美国的诺贝尔奖金获得者》，周叶谦、冯世则译，商务印书馆 1979 年版，第 53 页。

表3-2　　　　　2013—2017年世界大学学术排名10强

序号	2013年	2014年	2015年	2016年	2017年
1	哈佛大学	哈佛大学	哈佛大学	哈佛大学	哈佛大学
2	斯坦福大学	斯坦福大学	斯坦福大学	斯坦福大学	斯坦福大学
3	伯克利加州大学	麻省理工学院	麻省理工学院	伯克利加州大学	剑桥大学
4	麻省理工学院	伯克利加州大学	伯克利加州大学	剑桥大学	麻省理工学院
5	剑桥大学	剑桥大学	剑桥大学	麻省理工学院	伯克利加州大学
6	加州理工学院	普林斯顿大学	普林斯顿大学	普林斯顿大学	普林斯顿大学
7	普林斯顿大学	加州理工学院	加州理工学院	牛津大学	牛津大学
8	哥伦比亚大学	哥伦比亚大学	哥伦比亚大学	加州理工学院	哥伦比亚大学
9	芝加哥大学	芝加哥大学/牛津大学	芝加哥大学	哥伦比亚大学	加州理工学院
10	牛津大学		牛津大学	芝加哥大学	芝加哥大学

数据来源：根据最好大学网软科世界大学学术排名整理，参见 http://www.zuihaodaxue.com/index.html。

二　生源、师资的激烈竞争

在世界一流大学的诞生与发展过程中，竞争可谓是常态。剑桥大学是与牛津大学竞争而生，哈佛大学是与剑桥大学竞争而生，耶鲁大学是与哈佛大学竞争而生，也正因为竞争，才有一所所世界一流大学的不断涌现。可以说，如果没有竞争，欧美今天也不会坐拥这么多世界一流大学。德里克·博克也指出，美国高等教育的显著特点之一就是高等院校相互竞争非常激烈，大学之间为师资力量、学生、资金甚至为运动队而竞争。[①] 时至今日，世界一流大学的竞争更为激烈，卓杰人才培养和知识创新的崇高使命也决定了世界一流大学必然面临生源、师资的激烈竞争，势必展开一场旷日持久的"抢人"大战。

（一）生源的激烈竞争

哈佛、耶鲁、斯坦福、麻省理工、普林斯顿、芝加哥、牛津、剑桥

[①] [美]德里克·博克：《美国高等教育》，乔佳义编译，北京师范学院出版社1991年版，第6页。

第三章 校友资源与世界一流大学建设的关系

等世界一流大学每年都在全球范围内采取丰厚奖学金、校友游说、提供参观学校的往返交通费用等多种措施吸引世界各地的优秀生源,展开优秀生源的激烈争夺战。为何?缘于生源质量与一所大学的人才培养质量高低息息相关,优秀的生源是世界一流大学卓杰人才培养的前提和基础。优秀的生源具有诸多特质:高度的社会责任感和崇高的民族精神、扎实的专业基础和广博的知识面、创新创业的能力、宽广的国际视野、高尚的道德品质和深厚的人文底蕴。[①]生源优秀是一种综合素质的体现,而不是唯分数优秀单一指标的表现。正如斯坦福大学在招生录取中的名言:"中学平均成绩为4分(满分),学术性向测验的数学部分和语言部分各为八百分,并不能保证你被录取。"[②]优秀的生源更易培养成才,更易于获取成功,更有利于巩固这些世界一流大学的一流地位,优秀生源已然成为一种竞争力,获取此种竞争力对于世界一流大学的发展十分重要,生源的激烈竞争成为世界一流大学的重要特征。当前,世界一流大学竞争的触角延伸于生源市场的事例不胜枚举。以印度理工学院(Indian Institute of Technology,IIT)为例,IIT作为世界IT人才的培养圣地,每年除了争夺优秀的国际学生生源外,在国内学生生源的选拔上也异常激烈,每年超过30万名成绩优异的中学生报考JEE(参加联合入学考试),录取率不到2%,比哈佛大学的13%还要低,因此,在印度流行这么一种说法:一流的学生进IIT,二流的才出国念美国名校。[③]

世界一流大学在全球范围内对于优秀生源的激烈争夺,所产生的一个显著结果就是生源的国际化特征明显。哈佛大学前校长劳伦斯·H.萨莫斯(Lawrece H. Summers)曾这样描述哈佛:"哈佛是一所更开放、更具包容性的大学。它吸纳了男性和女性、各种信仰的人、各种族的

[①] 谢和平:《培养一流的学生 建设一流的大学》,《中国高等教育》2014年第1期。
[②] 符娟明主编:《比较高等教育》,北京师范大学出版社1987年版,第160—161页。
[③] 《品读精品文摘》编委会编:《读者文摘精选全集——夏》,延边人民出版社2009年版,第230页。

校友资源与世界一流大学建设

人、来自我国各州的人、来自世界各国的人。"① 正是这种国际化、这种开放与包容才成就了今天的哈佛。同样，以世界一流大学麻省理工学院为例，在2014—2015学年共有3289名国际学生攻读学位课程，其中包括440名（10%）本科生和2849名（42%）研究生，除此之外，校园内还有539名交换、访问和特殊学生，② 这些学生主要来自亚洲、欧洲、拉丁美洲和加勒比等地区（见表3-3）。又如世界一流大学耶鲁大学，国际学生人数为2477名（学生总数的20%），耶鲁学院人数598名（本科学生总数的10%），一些国家和地区的学生代表117名，学生数排名前10的国家主要有中国、加拿大、印度、韩国、英国、德国、新加坡、墨西哥、巴西和意大利。③ 再如通过对康奈尔大学2015年秋季的学生原籍地统计发现，国际化比例高达21%。④

表3-3　麻省理工学院2014—2015学年国际学生来源地区分布表　　单位:%

地区	比例
亚洲	48
欧洲	25
拉丁美洲和加勒比	10
加拿大	7
中东	6
非洲	3
大洋洲	1

数据来源：International Students and Scholars, http://web.mit.edu/facts/international.html, 2016年10月18日。

---

① 劳伦斯·H.萨莫斯：《21世纪大学面临的挑战——在北京大学的演讲》，《中国大学教学》2002年第Z2期。
② International Students and Scholars, http://web.mit.edu/facts/international.html, 2016年10月18日。
③ International Statistics, http://world.yale.edu/about-yale, 2016年10月18日。
④ University Facts—Statistics, http://www.cornell.edu/about/facts.cfm, 2016年10月18日。

（二）师资的激烈竞争

师资质量是保持学校声望和地位的最重要因素，最优秀的师资能够吸引最优秀的学生和做出最高水平的研究成果，还能够取得最大限度的外界支持。[①] 所以世界一流大学都把拥有卓越师资作为重要任务，同时凭借巨额的研究经费、丰厚的薪资待遇、自由的学术环境、国际的学术声誉、优越的地理位置、多彩的校园生活等吸引世界各地的卓越师资。同时，为保障卓越师资的持续性与竞争力，除提高待遇加大引人力度外，还注重通过提供宽松自由的学术氛围以及情感关怀来留人，以保证与其他院校间师资竞争的优势。

回顾世界一流大学的发展历程，师资的激烈竞争从未停止，大学之间一直将拥有卓越师资，保持师资的强大竞争力作为学校人才培养的制胜法器。19世纪，芝加哥大学的首任校长威廉姆·雷尼·哈伯（William Rainey Harper）曾用约翰·D. 洛克菲勒（John D. Rockefeller）数百万美元从东海岸的大学里聘用一流学者；哈佛大学曾利用工资及其他形式的报酬从其他学校中聘用资深教授，其曾从纽约大学聘用历史学界的超级明星尼尔·弗格森（Niall Ferguson），而该教授离开牛津大学仅两年而已；纽约大学为其提供高出剑桥大学数万元的工资、斯特恩商学院讲座教授职位、格林威治区的一套公寓，并且支付其往返英格兰（其夫人和孩子的居住地）的路费。[②] 斯坦福大学更不例外，其成立之初首任校长乔丹（David Starr Jordan）在任命新教师时就指出："斯坦福先生希望我能得到最好的教授，他不想要装饰或无所事事的教授。"[③] 目前，斯坦福大学的师资队伍包括20位诺贝尔奖得主、4位普利策奖获得者、29位麦克阿瑟奖获得者、3位美国国家人文奖章获得者、18位美国国家科学奖章获得者、2位美国国家技术奖获得者、5位沃尔夫基金奖获

---

① ［美］亨利·罗索夫斯基、伍淑文：《美国的大学何以出类拔萃》，《高教探索》1994年第3期。

② ［美］伯顿·A. 韦斯布罗德、杰弗里·P. 巴卢、伊夫琳·D. 阿希：《使命与财富——理解大学》，洪成文、燕凌译，学苑出版社2016年版，第48—49页。

③ The Stanford Faculty, http：//facts. stanford. edu/academics/faculty, 2017年1月5日。

校友资源与世界一流大学建设

得者、2位总统自由勋章获得者、287位美国人文与科学院院士（AAAS）、163位美国国家科学院院士（NAS）、107位美国国家工程院院士（NAE）、66位美国国家医学科学院院士、29位美国国家教育研究院会员、48位美国哲学学会会员（APS）、2位菲尔兹奖获得者、6位Koret基金奖获得者和1位美国国家艺术勋章获得者，① 可见斯坦福大学师资的强大竞争力。

与此同时，世界一流大学师资的激烈竞争要求师资中必须荟萃一批知名大师。大师或为学术领域的导师，或为艺术领域的灵魂，也或为管理的标杆，是在理论与实践领域取得超越时代与区域性重大成就的人，贡献主要体现为理论贡献、方法贡献与实践贡献。② 大师的重要性不言而喻，梅贻琦先生在担任清华校长就职演说时就指出，一个大学之所以为大学，全在于有没有好教授，继而提出"所谓大学者，非谓有大楼之谓也，有大师之谓也"③。哈佛大学前校长科南特（James Bryant Conant）也曾提出："大学者，大师荟萃之地也。如果一所大学聘任的终身教授是世界上最优秀的，那么这所大学必定是最优秀的大学。"④ 所以说好的大学都把吸引和培养大师作为重要的人才培养目标，世界一流大学更不例外，其竞争力关键就是必须拥有大师，必须大师云集，必须大师荟萃。如剑桥大学曾有伊拉斯谟（Erasmus of Rotterdam）、吉尔伯特（William Gilbert）、巴罗（Isaac Barrow）、牛顿（Isaac Newton）、马尔萨斯（Thomas Robert Malthus）、哈密顿（William Rowan Hamilton）、罗素（Bertrand Russell）、维特根斯坦（Ludwig Wittgenstein）、爱丁顿（Arthur Eddington）、霍普金斯（Frederick Gowland Hopkins）等知名大师，还有现代最伟大的物理学大师斯蒂芬·威廉·霍金（Stephen Wil-

---

① The Stanford Faculty, http：//facts. stanford. edu/academics/faculty, 2017年1月5日。
② 蓝劲松：《何谓大师——兼论大师贡献之所在》，《清华大学教育研究》2007年第3期。
③ 梅贻琦：《就职演说》，载刘述礼、黄延复编《梅贻琦教育论著选》，人民教育出版社1993年版，第10页。
④ 王英杰、刘宝存：《世界一流大学的形成与发展》，山西教育出版社2008年版，第358页。

liam Hawking)。正是这些知名大师的聚集，才使得剑桥大学享有世界学术声誉，吸引世界各地无数优秀学子来此学习深造。

世界一流大学师资的激烈竞争不仅形成对于卓越师资旷日持久的争夺、引进和培养，还产生了师资的高水平国际化，使得师资不仅来源于本校、本地、本国的一流大学，更来源于世界其他各国的一流大学。这样不仅有利于避免学术近亲繁殖的危险，而且能够促进不同文化的碰撞与融合，产生新的思维火花，为学术创新增添文化方面的活力。哈佛大学作为世界无数学子最为向往和追求的高等学府之一，师资来源院校分布多样，高水平国际化特征十分明显。截至2016年，该校278名正职教授（Professor）分别来自哈佛大学、麻省理工学院、加州大学伯克利分校、芝加哥大学、耶鲁大学、斯坦福大学、普林斯顿大学、宾夕法尼亚大学、剑桥大学、加州大学洛杉矶分校等一批世界一流大学，如图3-1所示。同时，通过对现任哈佛大学教授们的任职经历进行统计，我们发现，除了在哈佛大学获得教授称号的173人之外，还有其他105名来自美国、英国、德国、荷兰等地的56所世界顶尖学术殿堂的教授被招聘至哈佛大学任教。[①] 可见，师资的高水平国际化不仅是世界一流大学高水平国际化的重要组成，更是世界一流大学师资激烈竞争的必然结果。

三 物质资源的高消耗

任何组织的运行与发展，都要进行物质资源的消耗。世界一流大学作为卓杰人才培养与进行知识创新的学术组织，其运行与发展更加需要进行物质资源的消耗，而且是高消耗，具体表现为巨额的经费和精良的设施。

（一）巨额的经费

"毋庸置疑，大学作为一种资源依赖型组织需要充足的资源才能得以运行和发展，充裕的办学经费是最为关键的资源，正如美国波士顿学

[①] 朱枫：《世界顶尖大学的中流砥柱：谁能当哈佛教授？》，2016年9月1日，http://www.zuihaodaxue.com/news/20160901-273.html，2016年11月18日。

校友资源与世界一流大学建设

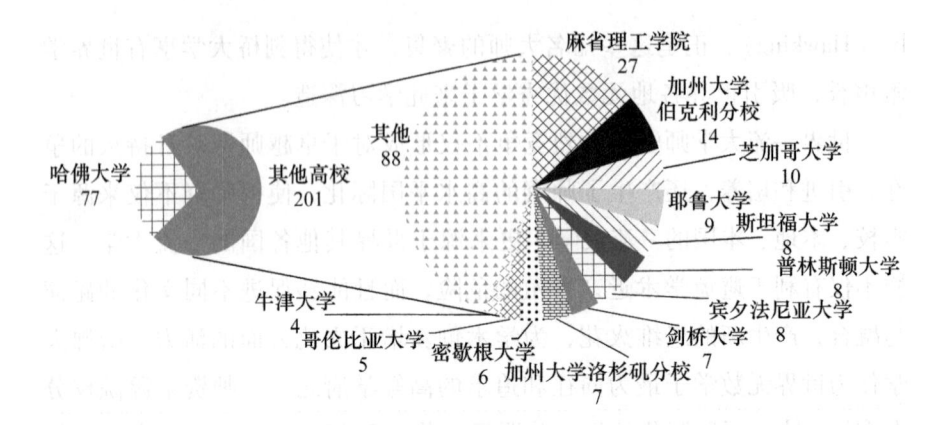

图 3-1 哈佛大学教授的博士毕业院校分布（人数）

注：统计对象是哈佛大学官方网站上有简历公示的正职教授，统计内容是正职教授的博士毕业院校，本图仅展示毕业人数多于 4 人（含）的院校。

数据来源：软科数据库，http：//www.zuihaodaxue.com/news/20160901-273.html。

院菲利普·G. 阿特巴赫教授指出：且不说一流大学需要持续而充分的公共财政拨款的支持，即便是研究型大学如果没有雄厚的资金，要想维持其研究型大学的地位都是极为困难的事。[1] 然则对于世界一流的大学来说，更是需要巨额的经费才能满足其巨大的资源消耗。"[2] 没有巨额的经费支撑，就无法吸引一流的师资，无法同竞争院校进行一流生源的争夺，无法进行一流学科的建设，无法购买研究所需的先进实验设备、仪器和材料。只有拥有巨额的经费，世界一流的大学才能获得更宽敞的教学空间、更优良的教学设施、更人性化的教学服务、更先进的教学手段、更高端的科研设备、更深入的调查研究、更详细的科研计划、更综合的科研组织。[3]

以几所世界一流大学的财政支出为例，哈佛大学 2015 年的财政支

---

[1] 眭依凡：《世界一流大学建设的六要素》，《探索与争鸣》2016 年第 7 期。
[2] 何志伟：《巨资是世界一流大学建设的必要而非充要条件》，《教育与教学研究》2017 年第 6 期。
[3] 王英杰、刘宝存：《世界一流大学的形成与发展》，山西教育出版社 2008 年版，第 297 页。

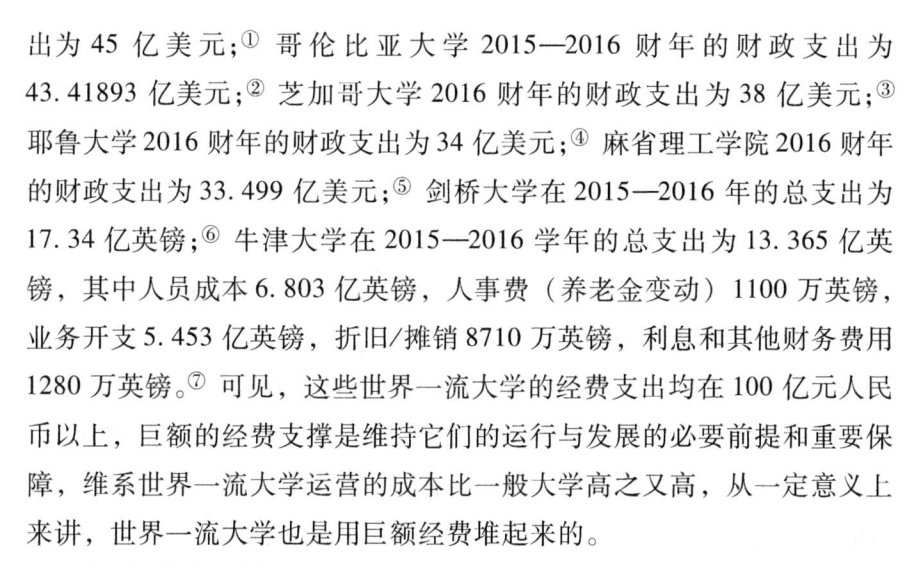

出为45亿美元;① 哥伦比亚大学2015—2016财年的财政支出为43.41893亿美元;② 芝加哥大学2016财年的财政支出为38亿美元;③ 耶鲁大学2016财年的财政支出为34亿美元;④ 麻省理工学院2016财年的财政支出为33.499亿美元;⑤ 剑桥大学在2015—2016年的总支出为17.34亿英镑;⑥ 牛津大学在2015—2016学年的总支出为13.365亿英镑,其中人员成本6.803亿英镑,人事费(养老金变动)1100万英镑,业务开支5.453亿英镑,折旧/摊销8710万英镑,利息和其他财务费用1280万英镑。⑦ 可见,这些世界一流大学的经费支出均在100亿元人民币以上,巨额的经费支撑是维持它们的运行与发展的必要前提和重要保障,维系世界一流大学运营的成本比一般大学高之又高,从一定意义上来讲,世界一流大学也是用巨额经费堆起来的。

(二) 精良的设施

世界一流大学作为一种研究型大学,进行知识创新是其重要职能。但这种一流知识如何产生呢？除了充裕的"人""财"两种重要资源外,还拥有"物"的资源,即精良的设施,包括先进的实验室、仪器、图书馆和资料室等。

纵观世界一流大学的研究设施,往往是该领域内卓越、顶尖与一流的代言。如加州大学伯克利分校的劳伦斯伯克利国家实验室(Lawrence

---

① Harvard at a Glance, http://www.harvard.edu/about-harvard/harvard-glance, 2017年9月4日。

② Columbia University Financial Reports, http://101.96.10.64/finance.columbia.edu/files/gateway/content/reports/financials2016.pdf, 2017年9月4日。

③ Financial Results for Fiscal Year 2016, http://annualreport.uchicago.edu/page/financial-results-fiscal-year-2016, 2017年9月4日。

④ 2015 – 2016 Financial Report, https://your.yale.edu/sites/default/files/2015 – 2016-yale-financial-report.pdf, 2017年9月4日。

⑤ MIT FACTS, http://web.mit.edu/facts/financial.html, 2017年9月4日。

⑥ Reports and Financial Statements for the Year Ended 31 July 2016, http://www.admin.cam.ac.uk/reporter/2016-17/weekly/6448/section4.shtml, 2017年9月4日。

⑦ Finance and funding, https://www.ox.ac.uk/about/organisation/finance-and-funding?wssl=1, 2017年5月3日,转引自何志伟《巨资是世界一流大学建设的必要而非充要条件》,《教育与教学研究》2017年第6期。

校友资源与世界一流大学建设

Berkeley National Laboratory，LBNL)、劳伦斯科学馆（Lawrence Hall of Science，LHS)、劳伦斯利弗莫尔国家实验室（Lawrence Livermore National Laboratory，LLNL）。LBNL被称为"卓越"的代名词，已拥有13位诺贝尔奖获得者、15位国家科学奖获得者、1位国家技术创新奖获得者，现有3304名职员，2014财年总花费为7.85亿美元，每年为当地做出7亿美元的经济贡献。[①] LBNL的设施能够为科学家提供全球最先进的资源，每年约有10000名研究人员使用这些设施。其中高级光源（Advanced Light Source，ALS）作为世界上最先进的X射线和紫外线光源之一，用于从高级材料到蛋白质晶体学和3D生物成像的科学研究，ALS的资源可供世界各地的合格用户使用，每年能够吸引到2000多名研究人员和学生，还有分子铸造厂（Molecular Foundry）、科学网络部——能源科学网络（Scientific Networking Division—Energy Sciences Network，ESnet）、国家能源研究科学计算中心（National Energy Research Scientific Computing Center，NERSC）、联合基因组研究所（Joint Genome Institute），都属于全世界范围内该领域最精良的研究设施。[②] LHS是美国唯一的科学教育中心，也是公共科学博物馆和K-12教育研究中心，提供实践性科学展览、发现性实验室、展示性天文馆、课后辅导班、夏令营、家庭工作坊、学校项目和教师教育等。[③] LLNL被认为是"地球上最聪明的一平方英里"，它的物质资产包括：主要场地共有497个设施（670万平方英尺），占地面积820英亩；一般场地300216个设施（40万平方英尺），占地面积7000英亩；设备总价值60亿美元。[④] 正是基于这些精良设施，LLNL才拥有世界一流的项目和能力，60多年来通过科技致力于维护世界的安全。事实上，诸如此类的精良

[①] About the Lab, http://www.lbl.gov/about/, 2017年9月29日。

[②] National User Facilities, http://www.lbl.gov/programs/national-user-facilities/, 2017年9月29日。

[③] Lawrence Hall of Science, http://www.berkeley.edu/search? q = Lawrence, 2017年9月29日。

[④] About, https://www.llnl.gov/about, 2017年9月29日。

第三章 校友资源与世界一流大学建设的关系

设施在世界一流大学数不胜数，如斯坦福大学的 SLAC 国家加速器实验室（SLAC National Accelerator Laboratory）和胡佛研究所（Hoover Institution）、普林斯顿大学的微/纳米制造实验室（Micro/Nano Fabrication Laboratory，MNFL）、麻省理工学院的林肯实验室（Lincoln Laboratory）、芝加哥大学的恩里克·费米研究所（Enrico Fermi Institute，EFI）和詹姆斯·弗兰克研究所（James Franck Institute）、宾夕法尼亚大学的沃顿商学院（The Wharton School）、加州理工学院的超级望远镜和天文台以及喷气推进实验室、剑桥大学的卡文迪什实验室（The Cavendish Laboratory）等。除此之外，诸多世界一流大学的图书馆、资料室、博物馆等也都配有精良的设施，以满足师生等研究者们进行知识创新时所需要的物质资源。

第二节　世界一流大学校友资源的优质性

哈佛、耶鲁、牛津、剑桥、斯坦福等世界一流大学办学成功的一个重要标志就是毕业生质量高，校友的社会表现、成功率、业绩、竞争力、社会地位等优于一般大学，校友资源的优质性突出。"正如衡量一个工厂的生产水平高低是根据其产品的质量，衡量一所学校办得好与不好，最重要方面就是看毕业生的质量、校友在社会的表现、校友的成功率、校友的业绩、校友的社会地位等才是这所学校办学质量的标志。学校尤其是高等学校，虽然有培养人才、科学研究和社会服务三大职能，但最重要的是培养人才，培养出来的人才就是毕业生，也就是看这些校友以后在社会上的表现如何，这是学校办学成功与否最为重要的一个标志。"[①] 世界一流大学校友资源的优质性主要包括校友智力资源形成的高水平人才库，校友财力资源呈现出实力雄厚的校友捐赠，校友文化资源表现为卓越的校友文化。

---

① 何志伟：《世界一流大学建设校友支持不可或缺——访我国著名教育家潘懋元先生》，《中国高等教育》2017 年第 13/14 期。

校友资源与世界一流大学建设

一 高水平的人才库

世界一流大学作为培养卓杰人才的组织，培养了各行业领域内无数杰出的校友，这些杰出校友拥有宝贵的智力资源，将这些智力资源进行有效利用可以形成高水平的人才库，为大学的发展提供源源不断的智力支持。以哈佛大学为例，它之所以世界一流，就是因为哈佛大学拥有高水平的人才库，这个高水平的人才库源于哈佛大学在社会诸多领域行业内的卓杰校友，以及这些卓杰校友所贡献的聪明才智，它们充分填补了哈佛大学发展所需的各种人才资源和智力资源。思想家爱默生（Ralph Waldo Emerson）说："真正的哈佛在哪里？真正的哈佛是看不见的，摸不着的，而是在追求真理四处漂泊的校友身上，集中反映在大学里面最优秀的员工身上，反映在最杰出的校友之上。"[①] 截至目前，哈佛大学诺贝尔奖获得者 48 位，普利策奖获得者 48 位，活跃的校友总数约为 371000 人，其中超过 279000 人在美国，大约 59000 人分布于世界上其他 202 个国家和地区。[②]

高水平的人才库是世界一流大学校友资源优质性的首要体现。1969年，耶鲁的一位历史学教授出了一本书，将美国历史上政治、法律、医学、神学、工商金融、慈善、科技工程、文学艺术、教育等各界著名人士按其毕业学校进行统计分析，共列出了 80 多个表格，最后总结出三个表：本科学院、研究生院（包括职业研究生院）、大学中校友在所有表格中出现的频度。[③] 根据校友在本科学院 85 个分项中的统计发现（见表 3-4），各领域高水平人才在前十名出现次数最多的高校依次为哈佛大学、耶鲁大学、普林斯顿大学、哥伦比亚大学、密歇根大学等世

[①] 罗海鸥：《回归大学之道，引领民族未来》，2015 年 5 月 15 日，http://www.eduthinker.com/archives/1025，2016 年 10 月 11 日。

[②] 哈佛大学官网/About Harvard/Harvard at a Glance，http://www.harvard.edu/about-harvard/harvard-glance，2017 年 9 月 4 日。

[③] 舸昕编著：《从哈佛到斯坦福：美国著名大学今昔纵横谈》，东方出版社 1999 年版，第 144 页。

第三章 校友资源与世界一流大学建设的关系

界一流大学。根据校友在研究生院和职业学院90个分项中的排名统计（见表3-5），各领域高水平人才位居前列的院校依次为哈佛大学、哥伦比亚大学、耶鲁大学、芝加哥大学和密歇根大学等世界一流大学。根据校友在大学"净人数"111个分项中的排名总计（见表3-6），哈佛大学、耶鲁大学、哥伦比亚大学、普林斯顿大学、密歇根大学和宾夕法尼亚大学等世界一流大学的校友在各领域高水平人才中优势明显。

表3-4　校友在本科学院85个分项中的排名统计（1865—1965年）

大学	第一	第二	第三	第四	第五	前十名出现次数
哈佛大学	40—5*	20—2	3—2	3—1	2—2	83
耶鲁大学	25—2	20—5	4—3	8—3	0—1	80
普林斯顿大学	2—1	6—4	23—5	5—5	5—1	68
哥伦比亚大学	2—0	2—3	5—3	5—5	9—6	58
密歇根大学	1—0	3—1	1—3	5—4	4—3	49
宾夕法尼亚大学	1—1	0—2	3—0	3—2	2—3	43
加利福尼亚大学	1—0	4—1	3—1	4—2	2—2	40
芝加哥大学	0—1	1—3	2—0	1—2	2—0	32
康奈尔大学	0—0	0—0	3—2	4—2	3—1	30
威斯康星大学	0—0	0—0	1—0	2—2	1—2	30
麻省理工学院	1—1	1—1	2—2	2—2	0—3	26
达特茅斯学院	0—0	0—0	0—1	2—1	3—6	24
明尼苏达大学	0—0	1—0	0—1	0—2	2—2	20
伊利诺伊大学	1—0	0—0	0—1	1—0	3—0	17
纽约大学	0—0	0—1	0—1	0—0	0—1	12
斯坦福大学	0—0	0—0	0—1	0—3	0—1	15
威廉斯大学	0—0	0—0	0—0	1—2	0—3	13

注："—"前面的数字代表独占名次，"—"后面的数字代表并列名次。40—5即为哈佛在85项排名中，有40项为独占鳌头，5项与其他学校并列第一。

数据来源：舸昕编著：《从哈佛到斯坦福：美国著名大学今昔纵横谈》，东方出版社1999年版，第146页。

表3-5 校友在研究生院和职业学院90个分项中的排名统计（1865—1965年）

大学	第一	第二	第三	第四	第五	前十名出现次数
哈佛大学	57—5	16—1	3—2	1—3	1—1	89
哥伦比亚大学	6—1	20—2	13—5	8—4	5—0	78
耶鲁大学	1—3	6—5	16—5	9—5	6—3	82
芝加哥大学	4—3	4—0	9—1	6—5	6—3	58
密歇根大学	0—0	3—2	3—4	8—2	8—1	57
加利福尼亚大学	7—0	8—2	0—1	1—3	2—2	45
普林斯顿大学	0—1	0—2	1—2	7—2	2—2	50
宾夕法尼亚大学	1—1	1—0	5—5	3—4	1—1	42
威斯康星大学	0—0	0—1	6—0	3—3	4—2	39
康奈尔大学	0—0	1—1	0—1	1—2	2—2	39
霍普金斯大学	2—0	4—0	1—2	2—3	3—0	31
麻省理工学院	3—0	2—0	2—1	2—1	1—1	18
明尼苏达大学	0—0	2—1	0—0	0—0	0—1	18
斯坦福大学	0—0	0—0	0—1	1—1	2—1	18
伊利诺伊大学	0—1	0—0	0—0	0—1	0—0	17
纽约大学	0—0	0—1	0—0	0—2	1—1	16
西北大学	0—0	0—0	0—0	0—0	0—0	9
得克萨斯大学	0—0	0—0	0—0	0—0	0—0	6
俄亥俄州立大学	0—0	0—0	0—0	0—0	0—0	2

数据来源：舸昕编著：《从哈佛到斯坦福：美国著名大学今昔纵横谈》，东方出版社1999年版，第147页。

表3-6 校友在大学"净人数"111个分项中的排名统计（1865—1965年）

大学	第一	第二	第三	第四	第五	前十名出现次数
哈佛大学	76—1	19—1	4—1	4—1	2—1	111
耶鲁大学	8—0	42—6	11—1	10—4	4—5	106
哥伦比亚大学	5—1	9—3	19—4	11—5	10—4	96
普林斯顿大学	1—0	3—2	17—2	16—6	8—3	81
密歇根大学	0—0	1—0	4—1	12—1	13—4	74
宾夕法尼亚大学	2—0	2—2	4—1	3—3	3—3	58

续表

大学	第一	第二	第三	第四	第五	前十名出现次数
加利福尼亚大学	7—0	7—2	4—0	3—4	3—0	57
芝加哥大学	3—2	3—0	11—1	5—1	7—0	57
康奈尔大学	0—0	2—1	2—2	3—2	3—3	52
威斯康星大学	0—0	0—0	5—0	4—1	3—3	50
霍普金斯大学	0—0	5—0	0—0	2—1	1—1	28
麻省理工学院	5—0	1—0	3—1	1—3	3—3	27
伊利诺伊大学	0—0	0—1	0—0	1—0	2—0	25
斯坦福大学	0—0	0—0	0—0	1—2	2—2	24
明尼苏达大学	0—0	0—1	0—0	0—1	1—0	18
纽约大学	0—0	1—0	0—0	0—0	0—3	19
达特茅斯学院	0—0	0—0	0—0	0—1	2—2	17
弗吉尼亚大学	0—0	0—0	0—0	0—1	2—2	15
西北大学	0—0	0—0	0—0	0—1	1—0	6
威廉斯大学	0—0	0—0	0—0	0—0	0—2	9
俄亥俄州立大学	0—0	0—0	0—0	0—0	0—0	5
得克萨斯大学	0—0	0—1	0—0	0—0	0—1	6
北卡罗来纳大学	0—0	0—0	0—0	0—0	0—1	5

数据来源：舸昕编著：《从哈佛到斯坦福：美国著名大学今昔纵横谈》，东方出版社1999年版，第148页。

二 实力雄厚的校友捐赠

校友捐赠包括经济捐赠和非经济捐赠，一般意义上人们所言的校友捐赠主要是校友的经济捐赠。校友捐赠是校友自愿支持母校的一种行为，反映了校友对母校的认同感、满意度、职业成就和创造财富的能力，[①] 这种自愿支持行为在世界一流大学建设中具有历史传统和现实诉求。大学

---

① 邓娅：《校友工作体制与大学筹资能力——国际比较的视野》，《北京大学教育评论》2012年第1期。

校友资源与世界一流大学建设

史上的一个不变的因素就是缺乏资金来源,无疑在中世纪和近代早期也是如此,而校友捐赠则可以成为重要的资金来源。① 校友捐赠在西方大学具有悠久的传统。大学自诞生之日起,就有受捐的传统,当时的校友捐赠主要包括土地、农田、庄园、建筑、圣俸、租金、现金等动产和不动产,正是这些捐赠和赏赐补充了早期大学或学院的财力之需,成为它们的财产之基。尽管校友捐赠属于大学的外部收入,但它对于大学的发展却十分关键,不仅是评价校友对母校忠诚度高低的重要体现,也是衡量学校人才培养质量的指标之一,因此世界各国大学都十分重视校友捐赠。

美国大学在建立之初深受欧洲大学的影响,哈佛学院、威廉玛丽学院、费城学院、新泽西学院、国王学院、罗得岛学院、皇后学院、达特茅斯学院等殖民地学院的运行发展离不开校友的慷慨捐赠。为了更好地吸引校友捐赠,这些学院很早就成立校友会,以便调动校友捐赠的积极性。进入到工业化时期,美国的财富积累急剧增加,据统计19世纪70年代美国只有100个百万富翁,1892年已经有4047个百万富翁,到1916年,财产过百万的富翁超过了40000人。② 加之《赠地学院法案》的影响,院校数量、学生与教师人数、课程种类、图书馆藏书量、学位授予量也迅速增加,不能自给自足的大学机构更加需要校友的捐赠,校友除了传统的学院捐赠外,还通过捐赠扩建与新建了一批研究型大学。第二次世界大战结束后,美国正式进入高等教育大众化时期,这一时期校友捐赠总额继续呈现增长趋势,税率政策的调整更提高了校友们捐赠的积极性,捐赠总额1949—1950年为6000万美元,到1975—1976年为5.88亿美元。③ 此后,美国高等教育进入多元化时期,大学接受的

---

① [瑞士] 瓦尔特·吕埃格总主编、[比] 希尔德·德·里德-西蒙斯主编:《欧洲大学史 近代早期的欧洲大学(1500—1800)》第二卷,贺国庆等译,河北大学出版社2008年版,第198页。
② [美] 奥利维尔·聪茨(Olivier Zunz):《美国慈善史》,杨敏译,上海财经大学出版社2016年版,第1页。
③ [美] 亚瑟·科恩:《美国高等教育通史》,李子江译,北京大学出版社2010年版,第239页。

第三章 校友资源与世界一流大学建设的关系

捐赠资金来源更加多样,来自校友捐赠总额也更加庞大。密歇根大学发展办公室行政服务部副主任格林达·梅尔基奥尔(Gerlinda S. Melchiori)说:"美国高等教育的慈善捐助在1987年达到85亿美元,校友捐赠在这个总额中贡献了主要部分,这就可以理解为什么很多学校希望保持甚至增加校友捐赠的收入。"[1]

根据美国教育援助委员会(Council for Aid to Education,CAE)的最新调查统计(见表3-7),2011—2016年,美国高等教育自愿支持的总额(the Voluntary Support of Education,VSE)从303亿美元增加到410亿美元,增加超过100亿美元。校友捐赠则从2011年的78亿美元增加至2016年的99.3亿美元,虽然相比2015年的108.5亿美元减少了9.2亿美元,但是2011年至2016年校友捐赠的总体趋势仍保持增长态势。通过对校友捐赠与非校友个人、企业、基金会和其他组织捐赠的比较可以发现,历年来校友捐赠都位居第二,仅次于基金会,捐赠所占比重均保持在20%以上,这足以说明校友捐赠是美国高等教育自愿支持来源的重要组成部分。

从具体大学来看,世界一流大学的校友捐赠无论是在捐赠的数量上还是质量上相较于一般大学而言都可谓是"实力雄厚"。早在1870年,耶鲁大学教授威廉·格雷厄姆·萨姆纳(William Graham Sumner)就提出了一个新观点:毕业生对母校的教育是要承担义务的,可能也愿意做点什么。[2] 有研究也表明校友捐赠水平与其第一毕业院校高度相关,而且更倾向于捐赠精英高校。[3] 在20世纪中期,世界一流大学的校友捐赠优势较于一般大学,已经非常明显。根据1954年的调查,哈佛大学各类校友捐赠高达123.3448万美元,耶鲁大学亦超过百万美元,位居

---

[1] Gerlinda S. Melchiori, *Alumni Research: Methods and Applications*, San Francisco: Jossey-Bass, 1988, p. 1.

[2] Jr Ernest T. Stewart, "Alumni Support and Annual Giving", *The Annals of the American Academy of Political and Social Science*, Vol. 301, No. 1, September 1955, pp. 123–138.

[3] C. T. Clotfelter, "Alumni Giving to Elite Private Colleges and Universities", *Economics of Education Review*, Vol. 22, No. 2, April 2003, pp. 109–120.

表 3-7 2011—2016 年美国高等教育自愿支持来源分布 （单位：百万美元；%）

	2011年	2012年	2013年	2014年	2015年	2016年
校友	7800 (25.7)	7700 (24.8)	9000 (26.6)	9850 (26.3)	10850 (26.9)	9930 (24.2)
非校友个人	5650 (18.6)	5825 (18.8)	6200 (18.3)	6500 (17.4)	8000 (19.9)	7520 (18.3)
企业	5020 (16.6)	5250 (16.9)	5100 (15.1)	5750 (15.4)	5750 (14.3)	6600 (16.1)
基金会	8675 (28.6)	9150 (29.5)	10000 (29.6)	11200 (29.9)	11600 (28.8)	12450 (30.4)
其他组织	3155① (10.4)	3075② (9.9)	3500③ (10.4)	4150 (11.1)	4100 (10.2)	4500 (11.0)
总计	30300	31000	33800	37450	40300	41000

注：以上数据根据美国教育援助委员会（Council for Aid to Education，CAE）数据库数据整理，参见：http://www.cae.org/，百分比不等于 100（由于四舍五入）。特别说明：在 CAE 报告中，2011 年、2012 年和 2013 年"Religious Organizations"和"Other Organizations"两个字段的数据分开统计，然而 2014 年、2015 年和 2016 年的 CAE 报告则将两个字段合并为一个字段"Other Organizations"进行统计。因此，为确保整个表格中数据的统一性，此表的字段"其他组织" = "Religious Organizations" + "Other Organizations"。

第二，其次是圣母大学、哥伦比亚大学、普林斯顿大学、达特茅斯学院等一流大学，哈佛大学有 30402 名校友参与捐赠，位居首位，其后依次为耶鲁大学、俄亥俄州大学、普林斯顿大学、达特茅斯学院、宾夕法尼亚大学、康奈尔大学和纽约大学等世界一流大学。④ 进入 21 世纪，校友捐赠仍持续增加，而且实力更加雄厚。如斯坦福大学校友约翰·阿里拉加（John Arrillaga）在 2006 年捐赠 1 亿美元用于支持母校的建设，

---

① 3155（10.4%）= 305（1.0%）+ 2850（9.4%）。
② 3075（9.9%）= 275（0.9%）+ 2800（9.0%）。
③ 3500（10.4%）= 300（0.9%）+ 3200（9.5%）。
④ Jr Ernest T. Stewart, "Alumni Support and Annual Giving", *The Annals of the American Academy of Political and Social Science*, Vol. 301, No. 1, September 1955, pp. 123-138.

2013年再次捐赠1.51亿美元用于支持母校的发展。①

根据2016年美国国内各大学校友捐赠的统计分析，发现排名前20的大学基本以世界一流大学为主（见表3-8），哈佛大学以6.13134659亿美元的校友捐赠额雄踞首位，康奈尔大学、宾夕法尼亚大学、耶鲁大学和斯坦福大学等世界一流大学紧随其后，而且排名前10的大学校友捐赠额均突破1亿美元。尽管普林斯顿大学的校友捐赠为79141512万美元，但校友捐赠率却高达44.80%，位居世界一流大学首位，其他的诸如芝加哥大学、麻省理工学院、杜克大学等世界一流大学的校友捐赠率也高达20%以上。

表3-8　　　　　　2016年美国大学校友捐赠排名20强

序号	学校名称	学校性质	捐赠金额（百万美元）	捐赠率（%）
1	哈佛大学	私立	613.134659	17.90
2	康奈尔大学	私立	308.654670	17.50
3	宾夕法尼亚大学	私立	224.396386	24.50
4	耶鲁大学	私立	193.156408	23.40
5	斯坦福大学	私立	153.866292	25.80
6	圣母大学	私立	147.947219	35.80
7	密歇根大学	公立	143.531900	9.50
8	芝加哥大学	私立	142.427015	22.30
9	麻省理工学院	私立	122.023929	23.20
10	西北大学	私立	109.463982	14.90
11	威斯康星大学（麦迪逊）	公立	108.828870	9.00
12	杜克大学	私立	99.216007	28.30
13	得州农工大学	公立	97.465521	21.00
14	南加利福尼亚大学	私立	96.784848	26.20
15	加州大学伯克利分校	公立	95.699932	7.60

---

① Council for Aid to Education, "The Voluntary Support of Education", 2014, p.4.

续表

序号	学校名称	学校性质	捐赠金额（百万美元）	捐赠率（%）
16	哥伦比亚大学	私立	94.090286	12.10
17	达特茅斯学院	私立	89.025015	41.90
18	得克萨斯大学奥斯汀分校	公立	87.018572	10.70
19	普林斯顿大学	私立	79.141512	44.80
20	洛杉矶加州大学	公立	78.200642	8.00

注：以上数据根据美国教育援助委员会（Council for Aid to Education，CAE）数据库数据整理，http://www.cae.org/。

除校友捐赠金额数量庞大，潜力巨大之外，世界一流大学校友捐赠的实力雄厚还体现在捐赠率占比上的明显优势。根据2016年美国总筹款金额最多的20所大学进行横向比较发现（见表3-9），校友捐赠额较多的哈佛大学、康奈尔大学、宾夕法尼亚大学、耶鲁大学、斯坦福大学、芝加哥大学、密歇根大学、麻省理工学院等院校均是世界一流大学，办学性质以私立大学为主。其中哈佛大学独秀一枝，以11.9亿美元的总筹款金额和6.1亿美元的校友捐赠遥遥领先其他大学，所以哈佛大学经常被人们称为最富有的大学。在这些世界一流大学中，康奈尔大学以52.47%的捐赠占比位居第一，哈佛大学以51.52%紧随其后，宾夕法尼亚大学、耶鲁大学、芝加哥大学、密歇根大学和圣母大学等校的校友捐赠占比也都保持在30%以上。这种高占比的校友捐赠成为世界一流大学物质资源的重要组成部分，为学术研究提供了坚实的资金基础，保证了人才培养、师资建设、学科发展的顺利进行。校友捐赠不仅为世界一流大学提高了声誉，还形成了一种良好的校友捐赠文化氛围，进一步保障了世界一流大学校友捐赠的良性循环和有效发展。

表3-9　2016年美国筹款金额最多高校校友捐赠占比

序号	学校名称	学校性质	总筹款金额（百万美元）	校友捐赠额（百万美元）	校友捐赠占比（%）
1	哈佛大学	私立	1190.00	613.134659	51.52
2	斯坦福大学	私立	951.15	153.866292	16.18
3	南加利福尼亚大学	私立	666.64	96.784848	14.52
4	约翰霍普金斯大学	私立	657.29	33.451284	5.09
5	旧金山加州大学	公立	595.94	5.097835	0.86
6	康奈尔大学	私立	588.26	308.654670	52.47
7	哥伦比亚大学	私立	584.81	94.090286	16.09
8	宾夕法尼亚大学	私立	542.85	224.396386	41.34
9	华盛顿大学	公立	541.44	72.760771	13.44
10	耶鲁大学	私立	519.15	193.156408	37.21
11	杜克大学	私立	506.44	99.216007	19.59
12	洛杉矶加州大学	公立	498.80	78.200642	15.68
13	纽约大学	私立	461.15	54.539007	11.83
14	芝加哥大学	私立	443.30	142.427015	32.13
15	密歇根大学	公立	433.78	143.531900	33.09
16	麻省理工学院	私立	419.75	122.023929	29.07
17	西北大学	私立	401.68	109.463982	27.25
18	俄亥俄州立大学	公立	386.11	70.752777	18.32
19	圣母大学	私立	371.76	147.947219	39.80
20	印第安纳大学	公立	360.94	47.590275	13.19

注：以上数据根据美国教育援助委员会（Council for Aid to Education，CAE）数据库数据整理，参见：http://www.cae.org/，百分比按四舍五入计算。

三 卓越的校友文化

世界一流大学的校园里到处充盈着浓郁的校友文化的气息，同时形成了自己独有的特色，如密歇根大学重联系创生的校友文化，哈佛大学重全程分享的校友文化，普林斯顿大学重班级基础的校友文化，[①] 它们

---

① 顾建民、罗志敏：《美国一流大学校友文化特色撷谈》，《高等工程教育研究》2013年第5期。

校友资源与世界一流大学建设

是这些世界一流大学在文化上之为世界一流的重要组成部分。具体说来,校友文化中含有物质、精神、行为、制度等文化因子,这些文化因子合力发挥作用,对在校学生的行为和精神产生影响和熏陶,使他们慢慢感悟和体会这样一种文化氛围。日积月累,这些文化因子产生的效用就会形成校友文化场域,使得越来越多的校友反哺学校,实现文化上的收益。世界一流大学拥有卓越的校友文化,它是世界一流大学积极有效开展校友工作的润滑剂。卓越的校友文化往往能让校友倍感母校的温暖,满足离校后被关怀、关心与关爱的需求,更愿意积极主动地与母校保持联系,更容易吸引校友选择支持世界一流大学。这种卓越的校友文化主要外显为健全的校友会组织机构,数量多且高素养的校友工作者和多样化的校友服务项目三个方面。

(一) 健全的校友会组织机构

校友会作为沟通衔接校友与学校关系的重要组织,其职能应以提供有质量的服务进而促进校友与学校的可持续发展为核心。[①] 世界一流大学的校友会已有几百年的发展史,自 1821 年威廉姆斯学院在美国成立第一个校友会后,[②] 哥伦比亚大学(1825)、普林斯顿大学(1826)、哈佛大学(1840)、加州大学伯克利分校(1872)、斯坦福大学(1892)、密歇根大学(1897)、耶鲁大学(1971)等一批院校相继成立校友会,经过几个世纪的发展,这些世界一流大学的校友会组织机构都已非常完善,其目标定位、管理机制、规章制度、文化环境等都非常成熟。校友会不仅成为这些学校校友工作有效开展的主阵地,也成为跟踪校友发展、服务校友发展、支持校友发展的重要平台,通过实现校友的可持续发展进而推动学校的可持续发展,已经形成"校友+学校"可持续发展的良性循环系统。[③] 以 1826 年成立的普林斯顿大学校友会为例,校友会成立的目的是"为促进学院的利益和毕业生的友好交

[①] 何志伟:《面向 2030 年的校友研究展望》,《中国社会科学报》2016 年 8 月 4 日第 4 版。
[②] American Alumni Council, *Hand Book of Alumni Work*, London: FB & c Ltd., 2015, p. 11.
[③] 何志伟:《面向 2030 年的校友研究展望》,《中国社会科学报》2016 年 8 月 4 日第 4 版。

第三章　校友资源与世界一流大学建设的关系

流",第一任会长为美国第四任总统詹姆斯·麦迪逊(James Madison),时至今日普林斯顿大学已有超过9万名本科生和研究生校友会员。① 普林斯顿大学校友会的事务主要由理事会进行统筹与管理,理事会的使命非常明确:在互惠互利的基础上,尽可能多地邀请校友参与大学发展,同时支持促进大学目标的校友行动。② 校友理事会的组织机构主要以委员会的形式建制,下设执行委员会(Executive Committee)、常务委员会(Standing Committees)和专门委员会(Special Committees)三大委员会,其中常务委员会包括校友学术项目委员会(Committee on Academic Programs for Alumni, CAPA)、校友关系&交流委员会(Alumni Relations & Communications Committee, ARC)、职业委员会(Careers Committee)、班级事务委员会(Class Affairs Committee)、社区服务委员会(Committee on Community Service)、普林斯顿社区委员会(Princetoniana Committee)、普林斯顿学校面试委员会(Princeton Schools Committee, PSC)、地区校友会委员会(Committee on Regional Associations, CORA)、聚会委员会(Committee on Reunions)、技术咨询委员会(Technology Advisory Committee)、志愿者管理(Volunteer Stewardship),专门委员会包括女性校友活动委员会(Committee on Alumnae Initiatives)、普林斯顿服务奖委员会(Committee on Awards for Service to Princeton)、校友受托人提名委员会(Committee to Nominate Alumni Trustees, CTNAT)、提名委员会(Committee on Nominations)、普林斯顿种族关系奖(The Princeton Prize in Race Relations)。③ 与此同时,普林斯顿大学为了更好地满足不同种族、性别和特定兴趣校友人群的需要,还特别建立了一些校友会的附属组织,如普林斯顿亚裔美国人校友会(Asian American Alumni Association of Princeton, A4P)、普林斯顿黑人校友会(Associa-

---

① About Us, http://alumni.princeton.edu/about/, 2017年8月10日。

② Joint Mission Statement of the Executive Committee of the Alumni Council and the Trustee Committeeon Alumni Affairs [PDF], http://alumni.princeton.edu/volunteer/committees/about/AlumniJointStatement2002.pdf, 2017年8月10日。

③ Alumni Council Committees, http://alumni.princeton.edu/volunteer/committees/, 2017年8月10日。

tion of Black Princeton Alumni，ABPA)、普林斯顿拉丁裔校友会（Association of Latino Princeton Alumni，ALPA)、聚会基金/普林斯顿双性恋、变性人、男（女）同性恋校友会（Fund for Reunion / Princeton Bisexual，Transgender, Gay and Lesbian Alumni，BTGALA)。① 此外，普林斯顿大学还通过建立班级、年级、全球160多个地区校友会等形式来健全校友会组织机构，与校友们保持紧密联系。

（二）数量多且高素养的校友工作者

众所周知，世界一流大学校友会组织机构的成立时间普遍较早，组织机构的设置也已非常完善，组织机构内外的校友工作者不仅数量众多，而且拥有很高的职业素养，这些校友工作者主要以专职和兼职的形式开展工作，其中兼职校友工作者又主要以志愿者的身份进行工作。

校友工作者数量众多是世界一流大学校友工作高效完成的前提。校友工作是一项非常复杂并具有挑战性的工作，面对校友人数的规模性，校友需求的多样性，校友事务的复杂性，需要非常大数量的工作者来完成这项工作，所以诸多世界一流大学的专兼职校友工作者总人数多达数百人甚至上千人。如密歇根大学通过70多名校友工作者和1000多名校友志愿者与当前和未来的密歇根校友之间培养终身关系，② 康奈尔大学的校友事务管理团队也有大约80名工作者，其主要目标是让校友、家长和朋友参与康奈尔，还有5000多名志愿者服务于课堂、地区俱乐部、竞选委员会等组织机构。③

校友工作者高素养是世界一流大学校友工作高质量完成的保障。考虑到校友工作的复杂性，为应对挑战，世界一流大学经常为校友工作者开展提高素养的培训、交流与学习，志愿者也配发专业的志愿工作手册、操作指南、工作表及其他工具，旨在提升校友工作的质量和水平。

---

① Affiliated Groups，http：//alumni. princeton. edu/communities/affiliatedgroups/，2017年8月10日。
② About Us，http：//alumni. umich. edu/about-us/，2017年8月10日。
③ Information & Staff：Office of Alumni Affairs，https：//www. alumni. cornell. edu/about/a-affairs. cfm，2017年8月10日。

第三章 校友资源与世界一流大学建设的关系

以宾夕法尼亚大学为例，该校的校友志愿者工具包括《Penn校友聚会志愿者工具》《共同利益集团指南》《区域俱乐部工具》和《班级领导指南》。[①] 所以，世界一流大学的校友工作者一般都拥有做好校友工作的坚定职业理想与信念，熟练的校友工作知识，精湛的校友工作技能，良好的校友工作行为习惯，能够应对来自世界各地、职业分布遍及各行业领域、种族与信仰不一、兴趣爱好多样的校友群体。此外，世界一流大学校友工作者的高素养还能够推动校友工作的专业化发展，提升大学的综合治理水平与治理能力。

（三）多样化的校友服务项目

世界一流大学校友工作专业化的一个非常重要表现就是通过提供多样化的校友服务项目，实现校友自身发展的需求，满足校友继续教育的需要，使得校友的全面发展与终身学习都与母校发生关系，保持联系。以芝加哥大学为校友提供的服务项目为例，涉及网络、课程、保险、咨询等诸多方面，涵盖俱乐部、校园体验、在线社区等线上线下多种实现路径，共计6个大类23个子项目，真正保证校友服务项目达到针对性、精准化和丰富性，确保多样化校友服务项目的有效实施，如表3-10所示。

表3-10 芝加哥大学校友服务项目一览[②]

类别	项目	备注
网络服务	校友录	寻找失去联系的校友
	芝加哥大学社区在线（UCCO）	在线资源：校友录、俱乐部和团体列表、校友活动、校友论坛
	校友活动	查找并注册所在地区的校友活动
	校友的校园体验	在线体验大学生活（免费课程、研讨会、联系其他校友等）

[①] Volunteer Tools, http://www.alumni.upenn.edu/s/1587/gid2/16/interior.aspx?sid=1587&gid=2&pgid=383, 2017年8月10日。

[②] Alumni Benefits, https://alumniandfriends.uchicago.edu/alumni-association/alumni-benefits, 2017年8月10日。

续表

类别	项目	备注
职业生涯项目	校友职业生涯计划月度网络研讨会	提供有关职业发展的网络研讨会
	校友职业规划工作委员会	校友会在社区在线主办的求职资源
校园特权	图书馆资源	图书借阅、研究数据库和刊物的查阅
	体育设施	体育场馆、娱乐设施、体育产品、体育课程的开放
	电子邮件转发	发送到"@uchicago.edu"的邮件可自动转发到校友当前的邮件账户
	校友卡	校友的身份证明（通过邮件申请）
住宿和俱乐部	Quadrangle 俱乐部	提供食宿、会议、活动、娱乐场地以及同其他大学俱乐部的互惠特权
	Penn 俱乐部	举办社交和网络活动，会员们有权在世界各地使用许多其他私人俱乐部
	俱乐部宿舍	校友负担得起的精品连锁酒店
校友保险项目	汽车、家庭和租赁者保险	居住在同一住户的校友和家庭成员可获特惠折扣
	健康保险	暂时或长期需要投保的人员（失业者、自营职业者、应届毕业生）
	人寿保险	长期保护、高利率、功能强大（覆盖面可达5000万美元）
	长期护理	保护资产免受严重侵蚀的保险
	旅行保险	出国旅行的个人或团体（旅行医疗或旅行保护）
	年金	长期保证固定利率的保守投资者
	特殊事件责任	用于持续数小时至长达10天的活动（覆盖范围为200万美元）
	宠物险	提供简单可定制的狗和猫保险计划
	咨询服务	有执照的保险专业人员免费回答问题并提供定制指导
私立学院529计划	预付学费计划	锁定当前的学费率、防止学费上涨

资料来源：https://alumniandfriends.uchicago.edu/alumni-association/alumni-benefits。

第三节　校友资源与世界一流大学建设之关系的讨论

世界一流大学是竞争而产生的，一流也是相对于一般而言的。作为肩负卓杰人才培养和知识创新崇高使命的世界一流大学，它的建设仅依赖一般社会资源已然不能满足其人才、经费和文化方面的需求，各种优质资源才是它们的首选。校友们形成高水平的人才库、实力雄厚的财力资源和卓越的文化资源作为校友资源的主要内容，最能够为世界一流大学建设提供有力支撑。通过分析两者的关系可以发现，校友资源的构件与世界一流大学建设要素之间息息相关，校友资源的质量能够成为世界一流大学建设水平的衡量标准，培育优质校友资源已然成为世界一流大学建设的有效路径。

一　校友资源的构件与世界一流大学建设要素息息相关

校友资源是校友所拥有的各种资源总和，构件主要包括智力资源、财力资源和文化资源。世界一流大学肩负培养卓杰人才与创新知识的崇高使命，与一般大学相比，它的学术层次更高，建设的标准要求更高，因此在要素的数量和质量方面自然就提出了更高要求，即需要高水平的人才资源、雄厚的物质资源和一流的文化资源。然而这些要素恰为校友资源的构件，属于优质校友资源不可或缺的组成部分，可见两者间存在一种必然的联系。

从世界一流大学建设所需的人才资源要素来看，需要顶尖的卓杰人才，特别是需要吸引到世界范围内最为卓越的师资和优秀生源，这些卓越师资势必涌现出一批大师，优秀生源势必提高学生的整体质量。通过卓杰人才的智力资源，才能使世界一流大学建设在激烈的人才竞争中立于不败之地，可以说拥有高水平的人才库是世界一流大学建设最为核心与关键的要素。事实上，校友的智力资源实为宝贵的人才资源，他们不

校友资源与世界一流大学建设

仅可以成为世界一流大学建设所需的卓越师资,也可以在世界一流大学建设中通过自己的智力贡献成为学校改革发展的中坚力量和推动学校治理水平及能力提升的第三方力量。可见,校友的智力贡献成为世界一流大学建设所需高水平人才资源的重要力量。

从世界一流大学建设所需的财力资源要素来看,世界一流大学一直是一个高耗费物质资源的组织,它的运行和发展需要雄厚的经费支持,往往高达数百亿人民币,而且很多研究产出不可能即刻见效,更多是一种长期投资。这样的特性注定了它不仅不能自给自足,而且其建设本就需要一个相对较长的周期,需要源源不断地充裕经费来支持它,维持它对于物质资源的高消耗,使得整个建设过程充满竞争和挑战。对于校友资源来说,校友的各种捐赠是社会资源中最可持续开发和依赖的资源之源,能够源源不断地为世界一流大学建设提供财力上的支持,改善办学条件,吸引优秀师生,提升办学水平和质量。基于此,校友的财富贡献可以成为世界一流大学建设所需物质高消耗的重要补充。

从世界一流大学建设所需的文化资源要素来看,在文化资源需求方面,大学因自身组织特性的原因,本质上就是一个文化共同体。世界一流大学更不例外,它不但是一个文化共同体,而且还是一个蕴含深厚文化底蕴的文化共同体,它的建设更加需要一种卓越文化资源的支持。校友作为一所学校的名片,他们的言语行动代表着学校的精神风貌,他们对于母校的归属感和凝聚力以及表现出的感恩意识和奉献精神必定影响着校内师生和校外人士对于学校的品评,长此以往直接关系到一所学校声誉的好坏。在世界一流大学的建设中,校友们的积极表现所形成的好的品评必然成为世界一流大学深厚文化底蕴的重要组成部分,使得世界一流大学建设拥有一流的文化支撑。

由此可见,从校友资源与世界一流大学建设两者关系的讨论来看,它们相互间关系密切。校友资源在世界一流大学建设中发挥着重要作用,成为世界一流大学建设不可或缺的资源,世界一流大学建设不仅需要资源,更加需要这种优质资源的支持。基于此,世界一流大学建设在使用校友资源时就决定了它的高层次性,这种高层次性必然造成作为优质资源的杰出校友被激烈争夺,通过获取优质校友资源来提供世界一流大学建设所需之智力资源、财力资源和文化资源。在这种竞争氛围下,越是世界一流大学,或是越想建设成世界一流大学的大学,则越是需要杰出校友的支持,它们对于校友资源,特别是优质校友资源的依赖就会更多一些、更高一点、更加自觉,这也符合世界一流大学建设对于一个国家和民族进步的重要性,使得它的建设具有更高的意义和价值。

二 校友资源的质量与世界一流大学建设水平密切相关

一般而言,校友资源的质量越高,特别是优质校友资源越丰富,意味着学校的人才培养质量越高,说明学校的办学水平越好。换言之,学校越是卓越,校友资源的质量可能就会越高,校友资源的优质与否很大程度上取决于学校人才培养质量的高低、办学水平的好坏、学校的优秀程度。一所办学水平很低的学校即使拥有毕业生,也很难说毕业生都是它的校友资源,更不用说优质校友资源。资源具有价值效应,只有校友资源发挥应有的价值,才能对这所学校有价值,学校的办学质量才会更好,培养的人才才能更加优秀,而这些优秀人才的培养必然推进学校的卓越。斯坦福大学前校长约翰·汉尼斯(John Hennessy)认为,创建一流大学,是一个国家在世界舞台上全面崛起的根本前提,综合国力的竞争主要是科技创新和人才创新,其核心之一就是世界一流大学的竞争,而衡量卓越大学的要素之一就是校友资源的获得与支持。[①]

根据世界大学学术排名与校友指标排名的比较也可说明校友资源的质量与世界一流大学建设水平密切相关。透过上海交通大学软科世界大学学术排名(Shanghai Ranking's Academic Ranking of World Universities,ARWU)2017 年的统计数据发现,排名前 10 位的大学与校友指标(获诺贝尔奖和菲尔兹奖的校友折合数,权重 10%)的排名基本保持一致

---

① 孙尧:《发展共同体:学校与校友的双赢价值格局》,2017 年 6 月 15 日,http://www.tsinghua.org.cn/publish/alumni/4000380/11421711.html,2017 年 11 月 18 日。

(见表3-11),均为全球顶尖的私立和公立研究型大学,如哈佛大学、剑桥大学、麻省理工学院和加州大学伯克利分校等欧美世界一流大学。尽管存在斯坦福大学世界学术排名第2位和校友指标排名第12位这样的差异化现象,但就整个世界大学校友指标排名而言,斯坦福大学的排名依然位居前列。

表3-11 软科世界大学校友指标排名2017

学校	地区	世界学术排名	校友指标排名[①]	备注(校友指标得分)
哈佛大学	美国	1	1	100.0
斯坦福大学	美国	2	12	44.5
剑桥大学	英国	3	2	81.4
麻省理工学院	美国	4	3	68.7
加州大学伯克利分校	美国	5	4	64.4
普林斯顿大学	美国	6	7	54.4
牛津大学	英国	7	8	50.8
哥伦比亚大学	美国	8	5	62.8
加州理工学院	美国	9	9	50.5
芝加哥大学	美国	10	6	59.2

数据来源:http://www.zuihaodaxue.com/ARWU2017.html。

同样,对于一所建设世界一流大学的院校来说,已经培养的校友中必然拥有一批能够进行知识创新的卓杰人才,能够改变人类生产生活方式的杰出人才,能够推动人类文明进步的领导人才。这些人具备多方面

[①] 校友指标排名是指一所大学的校友获得的诺贝尔奖和菲尔兹奖的数量。校友是指在一所大学获得学士、硕士或博士学位的人。为了更客观地反映一所大学的学术表现,对不同年代的获奖校友赋予不同的权重,每回推十年权重递减10%,如2001—2010年毕业的获奖校友的权重为100%,1991—2000年的权重为90%,1911—1920年的权重为10%。最后计算1911年以来的获奖折合数。如果一个校友在一所学校获得两个或以上学位,只计算最近的一次。详见软科世界大学学术排名2017/排名方法:http://www.zuihaodaxue.com/ARWU-Methodology-2017.html。

第三章 校友资源与世界一流大学建设的关系

特质：批判质疑的精神，能够不断进行创新；强烈的使命感与责任感，能够进行各种担当；卓越的领导能力，能够胜任各种挑战；很强的跨文化理解力，能够对各种文化差异和冲突有正确的理解，进行正常的沟通与交流；宽广的国际化视野，能够在各种竞争中把握机会和争取主动。如果不能有效使用这些优质校友资源，将是巨大的资源浪费，必然造成世界一流大学建设水平的落后。

三 培育优质校友资源是世界一流大学建设的有效路径

一所学校若要很好地使用校友资源，首先需要解决的问题就是拥有校友资源，如果没有校友资源，何谈使用校友资源。校友资源不等于毕业生，培养了毕业生并不等于拥有校友资源。校友资源是一所学校所培养的对母校有感情的、对社会有价值作用的有才、有识、有权、有钱之人，这种资源多数作为一种潜在资源存在，需要进行科学有效的培育。这种培育形式的基础就是高度重视校友资源，只有重视校友资源的学校才会不断进行自身的反思、完善与改善，进而有效使用校友资源。这种自我反思、完善与改善的集中体现就是学校更加重视人才培养质量的提高，其核心环节就是重视对于学生的培养，做到"以生为本"，以培养更多的卓杰人才作为未来不断向社会扩散的新的优质校友资源，真正实现优质校友资源在数量和质量上的不断积累与发展。继而通过服务校友水平的提升，让校友把自己的母校视为可以终身追忆的心灵故乡。除此之外，从更广的意义上而言，重视校友资源可以促进与提升大学的治理水平和治理能力，而不是一提到校友资源仅仅关注校外毕业生这一个层面，对大学之内的整体治理水平和治理能力漠不关心，只顾招生毕业，至于人才培养的中间环节以及学生对学校的体验感与满意度如何都置之不理。这样即使一所学校培养了无数的学子，也不会形成优质的校友资源，更不可能依赖优质校友资源进行世界一流大学建设。

众所周知，欧美国家坐拥众多世界一流大学，尤其是美国，许多

校友资源与世界一流大学建设

私立世界一流大学可谓称得上是校友大学。为何称为校友大学？因为它们都是非常重视校友资源的大学，这些学校在建设世界一流大学的发展历程中，得益于各领域诸多校友的支持与帮助。普林斯顿大学如今是一所众所周知的世界一流大学，在20世纪后期推进世界一流大学建设的过程中，就特别重视校友资源。最为经典的例子就是对于校友约翰·纳什（John Forbes Nash, Jr.）的重视，在纳什患有精神分裂症的情况下，依旧没有抛弃而是给予他母校的关怀，提供学校账号、设立生活补助、发动募捐，尽可能提供给纳什适宜的环境以支持他的研究，纳什最终因博弈论在1994年荣获诺贝尔经济学奖。同样，哈佛大学不仅因培养了无数杰出校友而声誉卓著，更因校友间的团结，抱团形成强大凝聚力产生的优质校友资源而声名大振。如1933年，哈佛大学校友富兰克林·德兰诺·罗斯福（Franklin Delano Roosevelt）就任美国总统之后，哈佛大学得到很多研究项目，诸多哈佛校友也借此得势，霎时成为很多部门的权要，正如一个哈佛教授不无炫耀地说：有一段时间，在每个周五从波士顿开往华盛顿的特快列车上，你简直就可以召开哈佛的教授会议。[①] 用外校人的话说，是像虱子一样挤在一起，称他们为"哈佛黑手党"[②]。

时至今日，世界一流大学的时空概念也不再是在校生的大学，它的边界已经突破，校友成为大学的重要组成，所以大学的毕业生都是这个大家庭的分子成员。这也使得这些学校的校友活动极为频繁，每年都有校友返校日，同时拥有庞大的校友会组织机构和完善的校友通信信息体系，凡有重大的活动都会通知到每位校友，尽可能做到校友都能关注、参与和支持大学的发展。此外，欧美世界一流大学的校友工作已经迈入专业化的发展阶段，相关的政策法规条例也非常成熟，校友工作已然常

[①] 舸昕编著：《从哈佛到斯坦福：美国著名大学今昔纵横谈》，东方出版社1999年版，第32—33页。

[②] 舸昕编著：《从哈佛到斯坦福：美国著名大学今昔纵横谈》，东方出版社1999年版，第4页。

态化，积极有效地保障了校友与母校终身互动与联系的实现。正因如此，我国在推进世界一流大学建设之际，必须培育优质的校友资源，进而促进学校对人才培养质量的重视，形成校友资源支持大学发展的长效机制，以便开辟新的世界一流大学建设路径。

第四章

校友资源之于世界一流大学建设的影响

　　大学是由人组成的组织，是培养人的场所，人既是大学的活水源流，又是大学的目的。一代代大学生毕业走出校门后，对于母校他们又有了一个新的身份——校友。世界一流大学拥有一流的校友，他们活跃于世界各地及各个领域，肩负着对母校智力支持、财富支持和文化支持的重要职责。卓杰校友是世界一流大学的名片，大学因这些杰出人才而声誉卓著；卓杰校友也是世界一流大学发展的重要保障，对母校的科学研究、人才培养和社会服务等方方面面提供资源支持。在美国，校友就被誉为"造就了常青藤名校"，是"大学取之不尽的金矿"。[①] 而今我国世界一流大学建设如火如荼，《统筹推进世界一流大学和一流学科建设总体方案》中也将"争取社会资源、扩大办学力量、拓宽资金渠道"作为实现目标的关键突破点，校友资源作为一种宝贵的社会资源，世界一流大学建设愈发需要这种资源的支持。校友通过师资、智库、捐赠、志愿服务、声誉传播、榜样激励等参与方式与大学发展紧密相连，成为世界一流大学建设不可或缺的力量，对世界一流大学的建设产生了重要影响。本章从影响要素及影响机制两个方面讨论校友资源之于世界一流大学建设的影响。

---

① 罗志敏：《世界一流大学建设需要培育"支持型校友"》，《光明日报》2015年12月1日第14版。

第四章　校友资源之于世界一流大学建设的影响

第一节　校友资源之于世界一流大学建设的智力贡献

高层次人才本身就是世界一流大学建设最为需要的智力资源，而卓杰校友恰为各领域的高层次人才。他们或以卓越师资的方式，通过贡献自己的学识学养提升学校师资队伍的水平；他们或成为学校改革发展的高级智囊，通过丰富的实践经验为学校发展把脉问诊，使得学校坚持正确的办学理念；他们或作为影响学校治理的第三方力量，通过优化大学内部治理结构，实现治理体系和治理能力现代化，密切大学与外部的联系，提高大学声誉，提升大学的国际影响力。总之，校友的智力支持能够转化为大学发展所需之人才库、知识资源库，成为世界一流大学建设不可缺少的智力资源。

一　优秀教师的重要来源

哈佛大学前校长科南特（James Bryant Conant）曾说："大学的荣誉不在于它的校舍和人数，而在它一代一代教师的质量。一个学校要站得住，教师一定要出色。"[1] 由此可以作出一个基本判断：优秀教师队伍是建设世界一流大学的关键。只有优秀的教师，才能吸引优秀的学生，建成一流的学科，最终培养出卓杰人才，创造出一流知识，做出伟大贡献，推动人类社会的进步。同样，一所学校若想提升在全球高等教育领域的战略地位和表现，建成世界一流大学，作为其重要评价标准之一的教师队伍的卓越性不容忽视。但何谓优秀教师？优秀教师的标准和来源是什么？老子《道德经》第二十七章中有对"师资"一语的解说之词："善人者，不善人之师；不善人者，善人之资。"[2]"师"者学习之榜样，"资"者借鉴之材

---

[1] 陶爱珠主编：《世界一流大学研究——透视、借鉴、开创》，上海交通大学出版社1993年版，第9页。

[2] 老子：《道德经》，徐澍、刘浩注译，安徽人民出版社1990年版，第76页。

校友资源与世界一流大学建设

料,然不论榜样还是借鉴都必是有供他人所学之长处,优秀教师更应如此,不仅是拥有丰富经历的人才,更应是各领域的卓杰人才。

世界一流大学的校友分布在不同领域,拥有不同背景,从事不同职业,许多人已然是各自领域的佼佼者,是卓杰人才,同时因为学缘关系,他们的集聚,可以称为一定意义上优秀教师的最有效集合。第一,卓杰校友往往是拥有全球视野、国际眼光、人类进步使命的世界一流人才,又吸收了本土文化与外来文化的融合之力,具备较高的个人素养,同时善于国际合作,能够在激烈的国际竞争中处于有利之地。第二,他们熟悉国际化的教学体制和内容,可以协助母校引进先进的教材,配合母校根据国际学科发展的最新成果更新教学内容和教学方法,促进校内创新人才的培养。第三,他们可以成为学科和教师队伍建设的生力军,可以为母校科学研究进入国际前沿提供广阔的通道,担当领导本学科进入国际先进水平的学术带头人。以卓杰校友为核心组建起的优秀教师队伍,辐射大学发展的方方面面,为世界一流大学建设的人才培养注入了源源不断的活力,提出了更高的要求,对知识创造产生了强大的推动力,产学研结合紧密度提高,知识运用于生产的力度、深度和广度提升,更好地为服务社会做出贡献,对世界一流大学建设进程的推进作用可想而知。

世界一流大学也是断然不会忽略这类优质的资源。现实中很多世界一流大学都把吸引卓杰校友作为优秀教师的重要来源,特别热衷于吸引各领域的卓杰校友担当全职或兼职教师,这样就能将校友中最聪慧的头脑汇聚一堂,通过这种多元组合和相互启发,催生不同的思维方式,碰撞出智慧的火花。美国第 27 任总统威廉·霍华德·塔夫脱(William Howard Taft)卸任后,就回到母校耶鲁大学法学院任教,成为母校的优秀教师。哈佛大学政府系 1997 年有 51 名教授,在政治学的四个主要领域(美国政治学、政治理论、比较政治学、国际关系)都是执牛耳之辈,在这些教授的博士毕业学校中,有 18 人来自哈佛。[1] 教师队伍中

---

① 舸昕编著:《从哈佛到斯坦福:美国著名大学今昔纵横谈》,东方出版社 1999 年版,第 67 页。

第四章　校友资源之于世界一流大学建设的影响

校友所占比例超过 1/3，成为政府系的重要师资力量。截至 2016 年，哈佛大学 278 名正职教授（Professor）中有 77 位是哈佛大学培养的校友。① 很多高校还陆续推出了很多非常成熟又极具特点的校友导师项目，充实优秀教师的力量。研究表明校友导师项目中正式与非正式相结合的辅导，对于学生在职业转型、个人成长和"现实生活"等方面的领导力发展具有明显促进作用。② 以宾夕法尼亚大学医学院的校友导师项目为例，医学院的校友能够为当前医学专业的学生、家庭人员和应届毕业生提供宝贵的资源，有超过 600 名来自不同背景的校友参加了这个项目，校友导师与学生通过导师数据库—成为导师—寻找导师—在线网络—评价—问题 6 个环节的互动完成该项目。③

优质校友资源的善用，甚至能使部分学科焕然一新，跃升全球顶尖。麻省理工学院在建设世界一流大学的征途中，创业教育由默默无闻到全球知名，主要源于麻省理工学院有一项特殊的职责，就是培育能够在这个业已变化的环境中担任领导的工程师、管理者和科学家。④ 这些工程师、管理者和科学家成为未来校友企业家的重要来源，也成为麻省理工学院创业教育优秀教师的重要组成部分，不断传播着麻省理工学院的创业能量，使得麻省理工学院在行动、制造、设计与建设方面的激情持续增长，极大地开阔了麻省理工学院创业教育的视野。根据 1997 年最新研究表明，麻省理工学院的毕业生创办或合作创办了 4000 多家公司，雇用 110 多万名员工，全球年销售额达 2320 亿美元。⑤ 到 2015 年 12 月 9

---

① 朱枫：《世界顶尖大学的中流砥柱：谁能当哈佛教授?》，2016 年 9 月 1 日，http://www.zuihaodaxue.com/news/20160901-273.html，2016 年 11 月 18 日。

② Kerry L. Priest, Sarah Donley, "Developing Leadership for Life: Outcomes from a Collegiate Student-Alumni Mentoring Program", *Journal of Leadership Education*, Vol. 13, No. 3, 2014, pp. 107–117.

③ Alumni Mentorship Program, http://www.alumni.upenn.edu/s/1587/psom/index.aspx?sid=1587&gid=2&pgid=5937，2017 年 9 月 19 日。

④ [美] 查尔斯·维斯特：《麻省理工学院如何追求卓越》，蓝劲松主译，北京大学出版社 2013 年版，第 77 页。

⑤ [美] 查尔斯·维斯特：《麻省理工学院如何追求卓越》，蓝劲松主译，北京大学出版社 2013 年版，第 171 页。

校友资源与世界一流大学建设

日发布的报告指出：截至 2014 年，麻省理工学院的校友已经创办了 30200 家活跃企业，从业人员约 460 万人，产生大约 1.9 万亿美元的年收入。[1] 通过比较不难发现，在近 20 年的时间里，麻省理工学院校友创办的企业数、从业人员数和年产值均产生了数倍的增长，校友的创业教育可谓十分成功。究竟原因何在？在于麻省理工学院的校友企业家越来越多地参与到母校的创业课程与创业计划竞赛中，培养了学生的创业意识和创业精神，拓宽了学生的创业视野，促使麻省理工学院在创业教育领域一直保持全球领先。正如校长拉斐尔·赖夫（L. Rafael Reif）说："在我们持续培养学生自然创造力和活力的同时，看到我们的校友拥有传播麻省理工学院能量为世界做善事的潜力，这是鼓舞人心的。"[2]

总而言之，在世界一流大学的优秀教师队伍中，有很多是本校培养的卓杰校友，这些卓杰校友转变为母校全职或兼职的教师，通过贡献自己高水平的人才库为母校的发展提供智力支持。还有很多学校在各种庆典时乐于展示自己培养出的各行业卓杰人才，并邀请他们回校或做学术讲座，或宣传演讲，或担任导师……最终将他们转变为学校直接或间接的师资力量，以充实学校的教师队伍，进而吸引到更多卓杰校友以教师身份支持母校的发展。哈佛大学、耶鲁大学、哥伦比亚大学、剑桥大学、斯坦福大学等学校之所以世界一流，不仅因其培养了各领域的无数卓杰校友，更在于它们尽可能将这些卓杰校友纳为本校教师，使得学校拥有世界上最优秀的教师，不断吸引世界各地的有识之士前来学习深造，逐渐形成一个良性循环发展的有机体。

二 学校改革发展的高级智囊

智囊，古有门客、谋士、军师之称谓，随着现代社会竞争的多元

---

[1] Rob Matheson. New report outlines MIT's global entrepreneurial impact, 2015 年 12 月 9 日, http://news.mit.edu/2015/report-entrepreneurial-impact-1209, 2016 年 12 月 15 日。

[2] Rob Matheson. New report outlines MIT's global entrepreneurial impact, 2015 年 12 月 9 日, http://news.mit.edu/2015/report-entrepreneurial-impact-1209, 2016 年 12 月 15 日。

第四章 校友资源之于世界一流大学建设的影响

化,管理内容的丰富化,组织形式的复杂化,智囊的力量更加不容忽视。几乎每所高校都在努力打造自己的智囊团,管理学上称之为"外脑",形成高级智囊力量,通过这种力量确保学校的改革发展之路沿着正确方向前行。

世界一流大学在建设过程之中,不可避免受到外部因素的干预和影响,偶尔会出现改革发展方向的偏航。然而在这些关键节点上,校友们总能站出来,给予学校改革发展方面的忠诚意见,及时调整使得学校继续保持正确的办学方向。以19—20世纪初麻省理工学院与哈佛大学的合并与收购风波为例,尽管当时麻省理工学院面临财务危机、教学内容狭隘、教学设施紧缺、缺乏扩张空间等压力和挑战,但是在面对哈佛伸出的橄榄枝时很多校友坚持认为麻省理工学院应该保持引以为傲的独立。"当时校友们纵情高唱自己编写的歌词以表达对于合并的愤怒情绪,'大红加上灰色配不成深红,理工学院继续前进。我们对哈佛一毛不拔,理工学院继续前进。'1876年的毕业生高举'76级的骨气——独立'的大幅标语阔步前进进行游行,表达了他们对于两校合并的反对。同时校友调查也显示超过90%的校友认为麻省理工学院应该坚持独立,在最后的投票环节中校友们以2035:834的票数比再次否决了麻省理工学院与哈佛的'婚事'。"[1] 正是由于校友们的强烈反对,迫使麻省理工学院的领导者调整学校的发展方向,最终放弃同哈佛的合并,才使得今天世界上多出了一所世界一流的理工大学。

校友们不仅帮助麻省理工学院保持了独立,也帮助麻省理工学院明确了它的使命与责任,曾任麻省理工学院校友会主席的1876届知名校友约翰·里皮·弗里曼(John Ripley Freeman)就指出:"如果麻省理工的学生想要在美国公司高层中占据一席之地,他们必须接受技术教育之外的东西。在对校友们的演讲中,弗里曼详细阐明自己的观点,他用了一个非常令人深思的比喻。哈佛已经设置了大量纯科学和应用科学专

---

[1] 邰承远、刘玲编著:《麻省理工学院》,湖南教育出版社1992年版,第41—43页。

业，如果麻省理工依旧原地踏步，那么最终麻省理工培养的将是工业的'下士'，而非'上尉'。"① 麻省理工学院的校友通过创建传递新理念的公司来推动世界的进步，最近的一项研究估计，截至2014年，麻省理工学院的校友已经建立了超过30000家活跃的公司，创造了460万个就业机会，年收入约为1.9万亿美元，相当于世界第十大经济体。② 实现了前校长理查德·科克伯恩·麦克洛林（Richard Cockburn Maclaurin）在校友宴会上的慷慨陈词："我们的学院肯定不会倒退，它已经成了国宝，将来也还是这样，而且会成为更大的国宝。"③ 事实证明，麻省理工学院确实实现了自己的诺言，不仅成为国宝，而且成为世界的瑰宝，更成为世界一流大学中的一员。

学校改革发展方向的掌舵往往需要对大学独立、大学使命、大学责任的守持，然而守之不易，持之更难。密歇根大学校友会前秘书威尔福雷德·B. 肖（Wilfred B. Shaw）曾言："美国大学有些最明智和最进步的运动都是校友发起的——校友的兴趣和智力的支持是我们大学和学院力量的一个最伟大的来源。我们的责任和特权就是使这种支持以各种可能的方式被刺激，同时保证，这种支持是通过各种方式和渠道最大限度地有利于大学。"④ 比如1919年的耶鲁大学重组事件。耶鲁大学重组始于校友对于学校运行方式的不满，特别是对学校保守管理的不断诟病，加之耶鲁在财务上对于校友贡献的依赖，使得校友的话语权越来越有分量，聘请有影响力的知名校友成立大学发展规划校友委员会（Alumni Committee on a Plan for University Development）以为学校的改革发展提供咨询意见。1917年秋校友委员会调查发现：大学的账目和财务（包括工资）、管理机构和其他部门、入学考试和现行制度成效、本科生课程

---

① [美]戴维·凯泽主编：《麻省理工学院的成长历程：决策时刻》，王孙禺、雷环、张志辉译，清华大学出版社2015年版，第50—51页。
② About MIT, http://web.mit.edu/aboutmit/, 2016年11月21日。
③ 郜承远、刘玲编著：《麻省理工学院》，湖南教育出版社1992年版，第46—47页。
④ Wilfred B. Shaw, Edwin r. Embree, Arthur H. Upham, E. Bird Johnson, *Handbook of Alumni Work*, The Association of Alumni Secretaries, 1919, p. 17; 转引自陈璞《美国大学校友会的历史研究》，博士学位论文，北京师范大学，2012年。

第四章 校友资源之于世界一流大学建设的影响

目的和特色都存在问题。① 1918 年 11 月 22 日《耶鲁校友周刊》(*Yale Alumni Weekly*) 编辑埃德温·奥维亚特 (Edwin Oviatt) 的发文助推了校友们的诸多不满,他提出学校的一切都应组合成一个紧密联系的整体,形成统一部门和综合规划;耶鲁智力拱门的基石耶鲁研究生院一直被忽视;耶鲁必须改善同公立学校的关系;必须拥有良好的教学;教学内容应该更难,大学生活应该更具竞争性;废除选课制;谢菲尔德科学学院 (Sheffield Scientific School) 的课程不应被美国教育专员 (U. S. Commissioner of Education) 列为二等课程;谢菲尔德科学学院变为耶鲁的一部分。② 基于这些问题,校友委员会代表提交了关于大学重组的建议,这些建议在 1919 年 2 月 22 日的耶鲁校友日被校友们公开讨论,内容包括:校长全权负责学校的教育(这就剥夺了荣誉校长在这个重要领域的大部分权力);谢菲尔德科学学院应该成为大学的一部分;所有工作多年的教职员工应由学校而不是特定的学院任命;教职工在学院的系内组织;耶鲁学院应该成为开展人文学科的本科生学院,而谢菲尔德科学学院则服务于科学研究;谢菲尔德科学学院和耶鲁学院联合组织的大学新生第一年制 (a combined freshman year) 应组成一个初级学院,院长和教职员工由学院自己任命;执行委员会由谢菲尔德科学学院、耶鲁学院和大一新生组建;通过支付高薪而不是扩大教师人数来提高教学效率;本科生选取规定课程为他们的最终职业做好准备;任命一名学监负责纪律和本科生的其他问题;大学理事会应当被扩大和振兴;成立新的社团委员会;谢菲尔德科学学院和耶鲁学院实行统一入学要求,废除拉丁语作为入学要求。③ 1919 年 3 月 8 日,教育政策委员会 (The Committee on Educational Policy) 提交给校长及同僚类似

---

① Brooks Mather Kelly, *Yale: A History*, New Haven and London: Yale University Press, 1974, p. 357.

② Brooks Mather Kelly, *Yale: A History*, New Haven and London: Yale University Press, 1974, pp. 357 – 358.

③ Brooks Mather Kelly, *Yale: A History*, New Haven and London: Yale University Press, 1974, pp. 360 – 361.

校友资源与世界一流大学建设

的重组报告,董事会批准草案并下发给教师和校友传阅,进行小幅度的修改后于3月17日正式执行。[①] 校友参与耶鲁大学1919年重组计划这一重要的改革举措,打破了耶鲁大学长久以来存在的院系隔阂,为耶鲁大学真正做到整体发展奠定了制度基础,校友开始在大学管理中发挥重要作用,为耶鲁大学走向开放创新创造了条件。[②]

三 影响学校治理的第三方力量

大学治理现代化是如今十分热门的话题,其中,治理体系是核心要素,治理能力是检验治理体系合理与完善的重要标志。制度主义的演进使得人们更加关注制度方面的目标,社会科学里的制度包含的内容似乎更加广泛,不仅有程序性的规则、规范,还有道德认知等符号系统。随着全球化进程的推进,制度在大学治理上表现出一种新的形式:规制,即力求将组织与文化融合起来,覆盖高校各个方面,获得不同程度效力的协同。如果说可见的章程、董事会等机构设置、志愿者队伍都是治理的重要形式,那么在以大学精神为核心的信仰基础上所形成的第三方力量则是构成学校治理的题中应有之义。

第三方力量对于世界一流大学的建设影响深远,以外部理事的个人贡献为例:技术和职业意见、从长远的角度考虑问题、成为内部论争的仲裁人、成为指出缺点的朋友、大学治理的技术方面、洞察环境、任命校长。[③] 基于此,世界一流大学的高层治理者一般都由各领域的卓杰人才联合组成,特别是具有决定权的董事会成员。事实上,许多大学也会为校友保留一些董事会空位,有时由校友会来选择这些董事会席位,有时通过治理者选举或选择的方式进行,校友董事具有政策制定、决定办

---

① Brooks Mather Kelly, *Yale: A History*, New Haven and London: Yale University Press, 1974, pp. 362–364.
② 张金辉:《耶鲁大学办学史研究》,中央编译出版社2009年版,第96页。
③ [英]迈克尔·夏托克:《成功大学的管理之道》,范怡红主译,北京大学出版社2006年版,第115—118页。

第四章　校友资源之于世界一流大学建设的影响

学大方向、代表校友利益和大学最高利益的职责。[①] 也正因为各行业的卓杰校友在世界一流大学的高层治理中扮演着重要角色，才使得世界一流大学的治理层拥有充裕的高水平人才。以哈佛大学现任13名高层董事会成员为例（见表4-1），这些董事会成员大部分一如既往地源于各领域的卓杰校友，拥有丰富的业务知识和治理经验，堪称全球顶尖的智囊团队，帮助哈佛大学适应时代的变化与致力于未来的卓越，进而实现学校的繁荣发展。此外，哈佛大学章程规定哈佛的董事会结构由董事会（the Corporation）和监事会（the Board of Overseers）两个理事会互动组成，确保哈佛大学使命的完成。哈佛大学董事会成立于1650年，被誉为西半球最古老的董事会，负责大学的学术、财政、物质资源以及所有福祉。哈佛大学早期董事会成员包括校长在内总计7名，在2010年12月理事会通过了治理改革的核心扩张计划，在两至三年时间从7名成员扩大到13名成员，旨在提高大学集体的治理水平，增强董事会关注大学长期战略和优先事项的治理能力，并满足于成立之时更大更复杂的机构需求与现实挑战，如听证、会晤、各种方案和计划的讨论、大学预算、重大投资项目、养老开支、学费及其他事宜的批准。现任董事会成员13人，其中校友10人，非校友3人。哈佛大学监事会成立于1642年，是两个理事会中较大的一个，目前包括32[②]名成员、校长和财务

[①] Charles H. Webb, *Handbook for Alumni Administration*, Arizona: Oryx Press, 1995, p. 27.
[②] 哈佛大学监事会成员名单（统计时间截至2017年9月17日，详见https://www.harvard.edu/about-harvard/harvards-leadership/board-overseers）：Scott A. Abell (2012—2018)、Michael Brown (2014—2020)、Susan L. Carney (2013—2019)、P. Lindsay Chase-Lansdale (2016—2022)、R. Martin Chávez (2015—2021)、Paul L. Choi (2017—2023)、Mariano-Florentino "Tino" Cuéllar (2017—2023)、Darienne B. Driver (2017—2023)、Fernande R. V. Duffly (2015—2021)、Christopher B. Field (2013—2019)、Helena Buonanno Foulkes (2016—2022)、Brian Greene (2015—2021)、Carla Harris (2017—2023)、James E. K. Hildreth (2014—2020)、Ketanji Brown Jackson (2016—2022)、James E. Johnson (2012—2018)、Beth Y. Karlan (2015—2021)、Deanna Lee (2013—2019)、Jane Lubchenco (2014—2020)、Michael M. Lynton (2012—2020)、Tracy P. Palandjian (2012—2018)、Sanjay H. Patel (2013—2019)、Swati A. Piramal (2012—2018)、Alejandro Ramírez Magaña (2016—2022)、Lesley Friedman Rosenthal (2014—2020)、Kathryn A. Taylor (2012—2018)、Leslie P. Tolbert (2017—2023)、Kent Walker (2016—2022)、John Silvanus Wilson, Jr. (2015—2021)、Gwill E. York (2013—2019)、Drew Gilpin Faust、Paul J. Finnegan。

主管，全部从哈佛大学的学位持有者即校友中遴选产生。监事会成员任期6年，每年轮换5位监事，由哈佛校友协会（Harvard Alumni Association）依次对历届校友代表的票选结果提名充任。① 监事会源于英国传统的保留，与董事会相互补充，用艾略特校长的话说就是：当董事会操之过急时，监事会起车闸的作用；当董事会过于保守或惰性太强时，监事会将给予它所需的刺激。②

表4-1　　　　　　　　　哈佛大学董事会成员一览

序号	姓名	部分任职经历	备注
1	德鲁·吉尔平·福斯特（Drew Gilpin Faust）	拉德克利夫高等研究院首任院长、哈佛大学第28任校长	
2	劳伦斯·贝考（Lawrence S. Bacow）	麻省理工学院校长、塔夫茨大学校长	校友
3	詹姆斯·布雷耶（James W. Breyer）	Accel Partners的管理合伙人和投资顾问、Breyer Capital的创始人兼首席执行官、西方风险投资家协会的前任主席	校友
4	陈纳德（Kenneth I. Chenault）	美国运通公司常任董事长兼首席执行官、美国国家科学基金会等众多非营利组织的董事会或咨询委员会成员	校友
5	保罗·J. 芬尼根（Paul J. Finnegan）	芝加哥全球事务委员会主任、哈佛校友会前任主席（2006—2007）	校友
6	苏珊·格雷厄姆（Susan L. Graham）	哈佛监事会成员（2001—2007）和校长遴选委员会成员（2006—2007）、加州大学伯克利分校软件开发和高性能计算机领域领衔专家	校友
7	威廉·李（William F. Lee）	哈佛监事会成员（2002—2008）、联邦等多个咨询委员会成员	校友
8	杰西卡·图赫曼·马修斯（Jessica Tuchman Mathews）	世界资源研究所首任副总裁（1982—1993）和研究主任（1982—1988）、全球事务副国务卿、卡内基国际和平基金会主席	

---

① 郭为藩：《转变中的大学：传统、议题与前景》，北京大学出版社2006年版，第80页。
② 舸昕编著：《从哈佛到斯坦福：美国著名大学今昔纵横谈》，东方出版社1999年版，第76页。

第四章 校友资源之于世界一流大学建设的影响

续表

序号	姓名	部分任职经历	备注
9	凯伦·戈登·米尔斯 (Karen Gordon Mills)	美国小型企业管理局的管理员、哈佛商学院和哈佛肯尼迪政府学院的高级研究员、MMP集团总裁	校友
10	约瑟夫·奥唐奈 (Joseph J. O'Donnell)	波士顿烹饪集团首席执行官兼董事长、食品服务行业全国领导者中心董事长、哈佛最活跃的校友志愿者之一	校友
11	大卫·鲁本斯坦 (David M. Rubenstein)	Carlyle集团联合首席执行官、大卫全球顾问委员会创始人	校友
12	雪莉·蒂尔曼 (Shirley M. Tilghman)	美国细胞生物学学会会长、普林斯顿大学校长（2001—2013）	校友
13	西奥多·维尔斯 (Theodore V. Wells, Jr.)	Paul, Weiss, Rifkind, Wharton & Garrison LLP诉讼部门共同主席	校友

资料来源：根据哈佛大学董事会网站整理，详见 President and Fellows (HarvardCorporation), https://www.harvard.edu/about-harvard/harvards-leadership/president-and-fellows-harvard-corporation, 2017年9月17日。

校友基于学缘身份，作为影响学校治理的第三方力量，大多是通过多种任职身份的方式来完成，更多地体现为一种自愿性和倡导性。普林斯顿大学的董事会就是从毕业班选取一名校友董事，低年级与高年级学生被授权选举这名为期4年的校友董事，校友董事享有与大学其他董事相同的权利与义务。[①] 然而随着全球化竞争的加剧，国际化、开放性程度的提升，加之欧美世界一流大学的治理模式多为董事会领导下的校长负责制，董事会成员多为学校的校友代表。校友们通过在大学董事会的任职来影响大学政策、项目和管理实践等，他们更了解象牙塔的内外环境，他们参与学校管理，可以使学校的决策、发展规划和大政方针切合社会发展的需要，使大学在社会进步中更好地发挥作用。[②] 这也促使校

[①] "Princeton Gives Trustee Posts To New Alumni", *Chronicle of Higher Education*, No.17, 1969, p.6.

[②] 周雁：《耶鲁大学史》，上海交通大学出版社2012年版，第85页。

校友资源与世界一流大学建设

友作为影响学校治理第三方力量的作用在不断加强,比如校友在哥伦比亚大学董事会结构的完善中就扮演着非常重要的角色,该校的最高管理权和决定权掌握在24[1]名董事会成员手中,包括校长的选举、所有教师和高级行政任命的监督、预算的监督、基金的监督和大学财产的保护。[2] 最为关键之处在于所有董事均为哥伦比亚大学的校友,而且是居于各领域的卓杰校友。哥伦比亚大学校内的立法机构参议院,总计108个投票席位,其中教师63名、学生24名、研究人员6名、行政职员2名、图书馆员2名、校友2名、高级管理人员(包括校长)9名。校友们仍然能够影响到学校的政策制定,包括教育项目和优先事项、预算、学术自由和终身教职、研究安排、图书馆、信息技术、哥伦比亚大学的外部关系、学生不端性行为、政治示威规则,以及教师、学术和研究者的福利。剑桥大学的内部治理结构亦是如此,校友影响学校治理多方面表现。剑桥大学主要由摄政院(the Regent House[3])、评议会(the Senate)、理事会(the Council)、教师总委员会(the General Board of the Faculties[4])和审查委员会(the Board of Scrutiny)治理。摄政院是学校的立法与选举机构,目前成员3800余名,包括学校管理者、学院院长和学院院士(Heads and Fellows of Colleges),主要职能是制定和修改大

---

[1] 董事成员名单(统计时间截至2017年9月17日,详见http://secretary.columbia.edu/trustees-columbia-university):Jonathan D. Schiller、A' Lelia Bundles、Lisa Carnoy、Noam Gottesman、Jonathan Lavine、Claire Shipman、Rolando T. Acosta、Armen A. Avanessians、Andrew F. Barth、Lee C. Bollinger、Abigail Black Elbaum、Kenneth Forde、Mark T. Gallogly、Joseph A. Greenaway, Jr.、James Harden、Wanda M. Holland Greene、Marc Holliday、Benjamin Horowitz、Charles Li、Lu Li、Paul J. Maddon、Alexander Navab、Kyriakos Tsakopoulos。

[2] The Trustees of Columbia University, http://secretary.columbia.edu/trustees-columbia-university, 2017年9月17日。

[3] 有研究者将"Regent House"译为"董事会",参见郭为藩《转变中的大学:传统、议题与前景》,北京大学出版社2006年版,第81页;也有研究者将"Regent House"译为"高级教职员会议",参见梁丽娟编著《剑桥大学》,湖南教育出版社1990年版,第64页。

[4] 有研究者将"the General Board of Faculties"译为"总学科理事会",参见刘亮《剑桥大学史》,上海交通大学出版社2012年版,第64页;也有研究者将"General Board of the Faculties"译为"学部总委员会",参见梁丽娟编著《剑桥大学》,湖南教育出版社1990年版,第66页;还有研究者将"the General Board of the Faculties"译为"大学学术评议会",参见郭为藩《转变中的大学:传统、议题与前景》,北京大学出版社2006年版,第87页。

第四章 校友资源之于世界一流大学建设的影响

学的管理规定；评议会是学校的最高权力机构，它由剑桥大学所有文科硕士（MA）或其他更高学位持有者和摄政院所有现任成员构成，主要职能是校长、高级事务长（the High Steward）和高层管理人员的选举；理事会是剑桥的主要行政与决策机构，全面负责行政管理、大学使命确定、战略规划、资源管理，处理大学与学院之间的关系，理事会包括16名学术成员、4名外部成员和3名学生成员，副校长（Vice-Chancellor[①]）是理事会主席，下设多个常设委员会，包括财务委员会（the Finance Committee）和规划与资源委员会（the Planning and Resources Committee）；教师总委员会负责保持高水平的教学与研究；审查委员会负责大学治理的监督，成员包括学监、副学监和8名摄政院成员。[②]

校友力量也能对学校校长的遴选产生影响。大学校长作为大学的最高行政长官，是带领一所学校前行的引航人，人们对于其角色期待自然很高。事实上，很多大学之所以建成世界一流，就是因为它们的校长能够审时度势，运筹帷幄，抓住机会引领学校走向卓越。现在回顾这些校长，会发现他们的伟大，也发现他们拥有仰之弥高的特质，他们都能开一代风气之先，树一世名校之典，让后人无限怀念。查尔斯·埃利奥特（Charles William Eliot）执掌哈佛大学帅印40年，使得哈佛大学成功实现了从传统大学向现代大学的华丽转身。康普顿执政麻省理工学院19年，把麻省理工学院办成了一所世界瞩目的一流研究型大学。还有很多著名校长，如罗伯特·M. 赫钦斯（Robert M. Hutchins）之于芝加哥大学、克拉克·克尔（Clark Kerr）之于加州大学、詹姆士·罗兰·安吉尔（James Rowland Angell）之于耶鲁大学、珀金斯（James A. Perkins）之于康奈尔大学、伍德罗·威尔逊（Woodrow Wilson）之于普林斯顿大学……

[①] "Chancellor"指校长，该职位是象征性的，并不实际管理大学事务；"Pro-Chancellor"指副校长，在剑桥大学里也是一个象征性的职位，多是荣誉性的；"Vice-Chancellor"经常被译作副校长，但实际上是真正管理剑桥大学事务的人。参见刘亮《剑桥大学史》，上海交通大学出版社2012年版，第54页。

[②] Governance, http://www.cam.ac.uk/about-the-university/how-the-university-and-colleges-work/governance, 2017年9月17日。

校友资源与世界一流大学建设

校长对于建成世界一流大学如此重要，那么校长的遴选就变得格外重要。校长遴选碰到的首要问题就是谁来遴选，即遴选委员会的组成问题。美国大学校长遴选委员会通常有四种形式[①]，其中以由学校各组成单位选出的代表组成遴选委员会的形式最为普遍，又称单一遴选委员会，这种委员会包括了校董、教授、职员、学生、校友、社区的代表。[②] 美国顶尖私立大学波士顿大学 1970 年校长遴选委员会的 21 位成员中有两位校友参加。[③] 声誉卓著的私立大学莱斯大学在 1984—1985年遴选校长的过程中，其遴选委员会成员总数 12 人中也有两位校友代表参加，如表 4-2 所示。同样，在亚洲的世界一流大学中，由教职工、学生、校友联合选举校长的模式，类似于普选的性质，主要见于日本的东京大学和早稻田大学。[④]

表 4-2　　　　1984—1985 年莱斯大学校长遴选委员会成员　　　　单位：人

成员构成	人数
教授代表	3
学生代表	2
校友代表	2
遴选委员会主席	1
校董事会会长	1[⑤]
校董事	3

数据来源：黄俊杰：《大学校长遴选：理念与实务》，北京大学出版社 2006 年版，第 106—107 页。

---

① 四种形式分别为：1. 由学校校董会本身组成遴选委员会。2. 由学校各组成单位选出的代表组成遴选委员会，又称单一遴选委员会。3. 同时成立两个委员会，一个是寻找委员会，负责找人；另一个是鉴定委员会，负责选人。4. 由校董会中的委员会再加上教授、学生及其他代表组成咨询委员会，协助遴选工作。参见黄俊杰《大学校长遴选：理念与实务》，北京大学出版社 2006 年版，第 121 页。
② 黄俊杰：《大学校长遴选：理念与实务》，北京大学出版社 2006 年版，第 120—121 页。
③ 黄俊杰：《大学校长遴选：理念与实务》，北京大学出版社 2006 年版，第 139—140 页。
④ 钟秉林、周海涛：《世界一流大学的校长选聘机制及其启示——世界一流大学校长管理比较研究》，《国家教育行政学院学报》2011 年第 8 期。
⑤ 校董事会会长不参与投票。

第四章 校友资源之于世界一流大学建设的影响

校友参与大学校长遴选有直接参与和间接参与两种方式。直接参与就是校友群体通过选举校友代表参与校长遴选委员会以影响大学校长的遴选。一方面，校友曾经就学于母校，对于母校的人才培养模式、管理制度和大学文化等有深刻的理解，知道何种校长更为适合引领自己的母校向前发展。另一方面，大学校长的遴选结果也将影响校友群体的切身利益。对于母校来说，校友群体拥有诸多需求，这些需求包括希望大学提供免费或优惠的资源（使用学校图书馆、健身场所、体育馆等资源），期望母校的声誉不断提高，得到母校或校友会的支持、帮助与关心（提供发展信息、技术支持、校友活动等），子女获得教育优惠政策，校友权益得到保障等。间接参与就是校友仅为母校的校长遴选提供些许意见或建议，如凯利安间接参与杜克大学校长的遴选。

"1948年，杜克大学董事会寻找新校长。董事会主席史密斯给杜克校友、当时任麻省理工学院副校长的凯利安写信求教，问他成功的大学校长应该具备什么条件。凯利安虽说是副校长，但由于正校长坎普顿忙于战时政府的科学研究大计，他实际上是学校具体事务的主管。凯利安对母校十分关心，认真地回了信，罗列了大学校长的条件：第一，他必须具有出色的行政管理才能；第二，他必须对公共关系非常敏感，并且能够将学校的目标、理念清晰地表达出来；第三，他必须是这所学校标准和理念的象征；第四，他必须有保持高标准的勇气；第五，他必须理解研究与教学相辅相成的关系，不能偏废一方；第六，他应该对公共服务具有主动的兴趣；第七，他必须能够处理财务，能够开源节流，将有限的资源用在最关键的地方；第八，他应该具备毅力、耐力，对目标锲而不舍；第九，他必须关心并愿意帮助他人"。[①]

除此之外，校友作为影响学校治理的第三方力量，还通过志愿服务的方式进行。世界一流大学的建设离不开志愿服务的支持，它们往往拥有一支非常优秀的志愿者队伍，其中最为重要的人员来源就是校友。校

---

① 舸昕：《漫步美国大学——美国著名大学今昔纵横谈（续编）》，哈尔滨工业大学出版社2000年版，第277—278页。

C 校友资源与世界一流大学建设

友的志愿行为主要包括招生面试、新生指导、信息服务、游说等。特别是招生面试，常春藤盟校素有校友参与的传统，效果显著，形式多样，对招生也颇有帮助，以普林斯顿大学2008年的招生为例，有21000名学生申请该校，校友对其中的99%进行了面试。[①] 同时，普林斯顿大学PSC（Princeton Schools Committee）通过ASCs（Alumni Schools Committees）支持和协助来自世界各地的校友面试官，帮助他们确保提供给申请者和普林斯顿始终如一的高质量服务，PSC与招生办公室合作旨在为当地ASC的行动制定标准、行动指南和方针政策，同时向ASC主席及其成员提供信息和建议之类的支持。[②] 为了确保志愿者队伍的服务质量和水平，对登记在册的校友志愿人士实行专业的信息化管理。以康奈尔大学为例，康奈尔校友招生大使网络（Cornell Alumni Admissions Ambassador Network，CAAAN）就是一个由超过12000名优秀的康奈尔校友所组建的团队，旨在作为热心大使为全美50个州和全球至少50个国家的潜力学生与家庭提供优质服务。这些校友大使对于康奈尔大学的入学招生工作十分重要，因为他们分别与新生申请者、学院介绍会的工作者、入读学生招待会的主办者见面，CAAAN成员不仅需要分享他们关于康奈尔的经验和信息，而且每年也要对数以千计考生的个性化招生过程提供帮助。

优秀志愿者队伍之中还包括一部分善于游说的校友，这些校友既游说家人、邻居、朋友，也游说同事、领导甚至各级管理中的有权之士。事实上，在高等教育市场的激烈竞争中，越来越呼吁校友通过政治支持、志愿服务、慈善捐赠等多种方式支持母校发展。[③] 特别是获取有权之士的政治支持，也是志愿者队伍一种非常流行的游说方式，是取得地方和州政府以及国会议员对母校发展进行支持的重要手段，以争取其他

---

① Piper Fogg, "How Colleges Use Alumni to Recruit Students", *Chronicle of Higher Education*, No. 34, May 2008, pp. B13 – B14.

② Princeton Schools Committee, http://alumni.princeton.edu/volunteer/committees/psc/, 2017年8月12日。

③ David J. Weerts, Justin M. Ronca, "Profiles of Supportive Alumni: Donors, Volunteers, and Those Who 'Do It All'", *International Journal of Educational Advancement*, Vol. 7, No. 1, June 2007, pp. 20 – 34.

议员们在考虑拨款问题或是政策制定等方面时能将天平向母校倾斜。根据戴维·韦尔茨（David J. Weerts）等人的研究，志愿者队伍的政治支持除了游说方式外，还包括联系立法者、州长办公室、当地政客、服务于政治行动小组。[①]

第二节　校友资源之于世界一流大学建设的财富贡献

美国教育行政专家罗森庭格曾言："学校经费如同教育的脊椎。"[②] 办学经费是一所大学实现人才培养、科学研究和社会服务职能的基本保障，没有充裕的办学经费，大学组织的运行就会停滞，更无从谈起履行好高层次人才培养与知识创新的职能。世界一流大学的特征之一就是物质资源的高消耗，主要意指其需要巨额的办学经费。所以有研究者称：拥有巨额经费是世界一流大学建设的必要条件，有了巨额经费的支撑，不一定建成世界一流大学，但是离开了巨额经费的支撑，一定不能建成世界一流大学。校友对母校的财富贡献主要是通过捐赠实现，而校友捐赠最直接的结果就是充盈办学经费，改善办学条件，从而吸引优秀师生，提升教师水平及生源质量。

一　充盈办学经费，改善办学条件

回顾欧美世界一流大学建设的历史，发现世界一流大学在遇到经费瓶颈之时都曾得到校友的慷慨捐赠，特别是私立性质的世界一流大学，办学经费主要源于校友捐赠的鼎力支持，可以说校友捐赠是建设世界一

---

① David J. Weerts, Alberto F. Cabrera, Thomas Sanford, "Beyond Giving: Political Advocacy and Volunteer Behaviors of Public University Alumni", *Research in Higher Education*, No. 51, 2010, pp. 346–365.

② 范先佐：《筹资兴教——教育投资体制改革的理论与实践问题研究》，华中师范大学出版社1999年版，第1页；转引自蔡保田《当前我国国民小学教育经费的实际问题》，《台湾国立政治大学学报》1970年第23期。

校友资源与世界一流大学建设

流大学所需经费的"活水源头"。耶鲁大学早期发展遇到经费困难,不得不向校友求助,1827 年成立了校友协会(society of alumni),在协会的帮助下筹集了著名的森特姆·米利亚基金,以此促进耶鲁大学的运行与发展。[①] 又如麻省理工学院,1949—1950 年度,校友捐赠只占学校年度总开支的 21%,到 1999—2000 年度,就达到 42%,校友捐赠已经成为学校收入最重要的支柱。[②] 同样以办学规模不大的普林斯顿大学为例,1948 年普林斯顿大学的校友年度捐赠就达 25 万美元之高,在教师工资大幅增长办学经费短缺的情况下,校友又增加了 25 万美元的年度捐赠,以至于之后的年度捐赠均保持在至少 50 万美元的水平上,到 20 世纪 50 年代已经超过 90 万美元。[③] 时至今日,普林斯顿大学的年度捐赠总额已经突破 7000 万美元大关,在 2016—2017 年度捐赠运动中筹集约 749 万美元,有 56.8% 的本科生校友参与捐赠,这对于普林斯顿大学一年数十亿美元的办学经费而言是非常重要的补充。[④] 由此可见,普林斯顿大学之所以能够建成世界一流大学,原因之一便是校友捐赠所带来的充裕办学经费,使得普林斯顿拥有强大的经费支撑以保障其卓杰人才培养与知识创新所需的巨额花费。

随着历史的发展,世界一流大学校友捐赠的形式与内容也在不断创新。耶鲁大学为了办学经费的增加,非常注重校友捐赠形式的革新。自 1890 年开始,耶鲁首创校友年度捐赠的形式,在第一次这类募捐中有 385 名校友共赠款 11 万美元,30 年后这种捐赠者扩大 8000 人,每年赠款约 50 万美元,到了 20 世纪中期这种捐款每年达 100 万美元。[⑤] 其中,

---

① 陈宏薇编著:《耶鲁大学》,湖南教育出版社 1990 年版,第 23 页。
② 邹晓东、吕旭峰:《校友情结:美国高校捐赠的主要动因》,《比较教育研究》2010 年第 7 期。
③ Jr Ernest T. Stewart, "Alumni Support and Annual Giving", *The Annals of the American Academy of Political and Social Science*, Vol. 301, No. 1, 1995, pp. 123 – 137.
④ Annual Giving, "Princeton's Annual Giving Campaign Raises Record-setting $74.9 Million", 2017 年 7 月 6 日, http://giving.princeton.edu/news/2017/07/princetons-annual-giving-campaign-raises-record-setting-75-million, 2017 年 9 月 24 日。
⑤ 陈学飞:《美国高等教育发展史》,四川大学出版社 1989 年版,第 134 页。

第四章 校友资源之于世界一流大学建设的影响

在1917—1918年耶鲁如果没有校友捐赠的50万美元将出现25万美元的财政赤字,在1918—1919年有30万美元的财政赤字,校友捐赠超过65.5万美元。① 正是校友们这种源源不断的捐赠,才使得耶鲁大学拥有充足的经费力量在世界一流大学的征途上不断前进。

校友对母校的财富贡献除直接的充盈办学经费外,改善学校的办学条件也是极其重要的一个方面,这亦为校友捐赠的一种表现形式,并且一直以来都备受重视。校友捐赠在世界一流大学建设之中对于办学条件的改善,主要包括校园的建设、教学设施的添加、实验设备的更新等,最终形成物理空间规模与设施数量的增加。美国世界一流大学校友捐赠对于办学条件的改善始于殖民地时期。例如,1642年哈佛第一届获得文学学士学位的7个毕业生中的2个购买并赠予了母校一块小的土地,现在是温德勒图书馆(Windener Library)占用的土地的一部分,这是哈佛最早的一笔校友捐赠;1645年哈佛的第一位文学硕士约翰·巴克莱(John Buekley)和一位管事为哈佛捐献了一座花园;1672年哈佛第一班的毕业生乔治·唐宁(George Downin)为哈佛的一个新楼建立捐出5英镑;1699年校友威廉·斯道藤(William Stoughton)捐出1000英镑修建以他的名字命名的宿舍……② 普林斯顿大学(新泽西学院)于1826年在拿索楼(Nassau Hall)成立了校友会,1832年就预捐10万美元(实际捐赠5万美元),用以建立新的天文望远镜和引进3名新教授。③ 1899年耶鲁大学在高等教育大额捐赠上开创了崭新的局面,在1901年的200周年纪念活动时通过呼吁校友就筹集到近200万美元用于投资新建筑和其他项目,同样1904年哈佛学院通过非正式的、松散

---

① Brooks Mather Kelly, *Yale: A History*, New Haven and London: Yale University Press, 1974, p. 355.

② Stover, Webster Schultz, *Alumni Stimulation by the American College President. / New York*, Bureau of Publications, Teachers College, Columbia University, 1930, New York: AMS Press, 1972, p. 4;转引自陈璞《美国大学校友会的历史研究》,博士学位论文,北京师范大学,2012年。

③ American Alumni Council, *Hand Book of Alumni Work*, London: FB &c Ltd., 2015, p. 11.

校友资源与世界一流大学建设

组织活动吸引校友捐赠了近250万美元。[1] 校友捐赠也被证明是补充图书馆资源的良好来源,特别是对学术性图书馆资源的丰富。哈佛大学韦德纳图书馆(Widener Library)作为全球知名的图书馆,20世纪初校友哈里·埃尔金斯·韦德纳(Harry Elkins Widener)捐赠200万美元和3500册珍贵书籍奠定了其资源实力雄厚的基础,充分改善了图书馆的条件,同时开启了其他大学图书馆的类似学习。[2]

到20世纪上半期,美国高等教育规模急剧扩张的现实促使很多大学再次面临办学条件改善的问题,无奈面对经费不足的事实,此时的校友捐赠在改善办学条件方面再次发挥了重要作用。耶鲁大学在校长詹姆士·罗兰·安吉尔(James Rowland Angell)的任期内,校友爱德华·S.哈克尼斯(Edward S. Harkness)于1930年1月3日出资1572万美元来建设、装备7座崭新的方形庭院即住宿学院。而在此之前,哈克尼斯家族已经为耶鲁捐赠了将近1000万美元的资金,用于学院、特别是医学院的建设。[3] 同时还有斯特林(Sterling)家族的慷慨解囊而建成的斯特林化学实验室、斯特林医药馆、斯特林动力所、斯特林纪念图书馆、斯特林法学楼、斯特林神学方形建筑、斯特林塔和斯特林研究生大楼。[4] 由此可见,正是校友们的帮助才使得耶鲁大学的办学条件得到极大改善,为其建立一流的研究型大学提供了完善的基础设施。此外,在校长阿尔弗雷德·惠特尼·格里斯沃尔德(Alfred Whitney Griswold)任期内,在校友们的帮助下耗资7500万美元建造了26座建筑物,[5] 极大地改善了办学条件,使得耶鲁的教师及学生进行教学、研究和学术争鸣有

---

[1] Bruce A. Kimball, "'Democratizing'" Fundraising at Elite Universities: The Discursive Legitimation of Mass Giving at Yale and Harvard, 1890–1920", *History of Education Quarterly*, Vol. 55, No. 2, May 2015, pp. 164–189.

[2] Anne Marie Casey, Michael Lorenzen, "Untapped Potential: Seeking Library Donors among Alumni of Distance Learning Programs", *Journal of Library Administration*, No. 05/06, 2010, pp. 85–96.

[3] 张金辉:《耶鲁大学办学史研究》,中央编译出版社2009年版,第106页。

[4] 张金辉:《耶鲁大学办学史研究》,中央编译出版社2009年版,第105页。

[5] 张金辉:《耶鲁大学办学史研究》,中央编译出版社2009年版,第122页。

第四章　校友资源之于世界一流大学建设的影响

充足的物理空间,从而为耶鲁大学迈向世界一流大学奠定了坚实的物质基础。麻省理工学院也不例外,第二次世界大战后正是得益于1915届校友马歇尔·B.多尔顿为负责人的募捐运动,才能修建查尔斯·海顿纪念图书馆、斯隆金属加工实验室、约翰·汤姆森·多伦斯实验室、克雷斯奇大礼堂和小教堂以及贝克宿舍。同时,通过校友捐赠还使麻省理工学院买下了河滨饭店作为宿舍用,①才使得麻省理工学院用于教学和研究日渐捉襟见肘的办学条件得到非常大的改善。

总而言之,迈入世界一流大学的校园,关于校友符号的基础设施随处可见,或土地、或教学楼、或图书馆、或实验室……正是源于持续不断的校友捐赠,才能充盈办学经费,改善办学条件,支撑这些大学不断发展,奠定它们今天世界一流的地位。

二 吸引优秀师生,提升教师水平及生源质量

哈佛大学前校长劳伦斯·H.萨莫斯(Lawrece H. Summers)认为:"从长远来说,实际上只有一件事情对于最优大学至关重要,那就是拥有最具创造力的、学术上最勤奋的和最聪慧的教师。如果一所大学能够发现最佳青年学者并且将他们吸引到大学中工作,如果它找到了最佳学者,那么最优秀的学生就会接踵而至,科研经费也会接踵而至。总之,任何其他事情都不会比致力于获得最佳人才更重要。"②事实上,萨莫斯指出了世界一流大学建设最为关键的环节就是吸引优秀师生,它是世界一流大学建设的核心要素。对于世界一流大学建设而言,没有一流的教师,就不可能吸引到一流的学生,也不可能建成一流的学科,世界一流大学建设就如同空中楼阁、水中月、镜中花无从谈起,所以教师水平及生源质量的高低是一所大学能否建成世界一流大学的基石。

纵览世界一流大学的发展历程,很容易发现校友捐赠对于教师水平

---

① 郜承远、刘玲编著:《麻省理工学院》,湖南教育出版社1992年版,第94页。
② [美]劳伦斯·H.萨莫斯:《21世纪大学面临的挑战——在北京大学的演讲》,《中国大学教学》2002年第Z2期。

校友资源与世界一流大学建设

的提升发挥了重要作用。通过校友捐赠的支持，一方面能够提供给本校教师继续学习深造的机会；另一方面也可以引进一批优秀教师。除此之外，世界一流大学建设中教师结构的优化也成为校友捐赠的主要领域，这类捐赠经常用于设立卓杰校友的讲座、短期讲学、担任客座教授或兼职教授的费用，通过这种间接的形式优化教师队伍结构，提升世界一流大学建设所需教师的整体发展水平。哈佛大学在刚成立之时，教师队伍水平的提升就得益于诸多校友捐赠所设立的讲座和教授资助。如1751年哈佛著名校友保罗·达德利（Paul Dudley）遗嘱留下133镑6先令8便士，达德利非常小心地确保这笔钱款用于支持大学保持传统，他的遗嘱约定这笔钱的利息用来筹建一个年度讲座，这个讲座在连续的四年每年开展，直到这笔钱用光，达德利宣称这个讲座的意图是要证实公理会的整体的正确性；1760年，亨利·福莱特（Henry Flynt）遗赠11镑5先令给需要的学者，他还捐出70斯特灵给四位助教；1762年，斯蒂芬·斯沃（Stephen Sewall）捐出13镑6先令8便士给希伯来语教授。[①]

世界一流大学在建设过程中，也希望将世界各地的优秀生源尽收囊中，于是纷纷抛出丰厚奖学金、优越的学习环境等来吸引这些优秀学生。事实上，校友捐赠促进学生质量的提高开始于生源选择，贯穿于整个培养过程。为了能够准确地了解生源的质量状况，很多世界一流大学都是通过校友出资培训志愿者和委托海内外的优秀校友代为面试，以掌握申请者的言语表达能力、理性批判能力、社会服务能力……同时，校友也注重通过自身的财富贡献吸引不同国家、不同种族和不同民族的优秀学生去母校就读，对于贫困的优秀学生更是积极予以帮助，以保证这部分学生能够安心顺利地完成学业。早在1903年，耶鲁大学在芝加哥的校友会就设立了有固定金额的校友奖学金，使贫困的耶鲁学生都能顺

---

① Stover, Webster Schultz, *Alumni Stimulation by the American College President. / New York, Bureau of Publications, Teachers College, Columbia University, 1930, New York: AMS Press, 1972, p.4*; 转引自陈璞《美国大学校友会的历史研究》，博士学位论文，北京师范大学，2012年。

第四章 校友资源之于世界一流大学建设的影响

利毕业,正如耶鲁校长欧文·米勒所言:"我们可以估计这些才华横溢的学生会在什么地方出现,他们可能来自农场或贫民窟,他们的父母可能极其富有,也可能一贫如洗,但耶鲁有责任发现他们,无论他们现在何处,是男是女,是哪一种族,哪种肤色,哪国公民。"[①] 时至今日,这种固定金额的校友奖学金已成为耶鲁的一大传统,也正是因为校友的财富贡献,才保证了耶鲁不断吸引到优秀生源。

事实上,校友通过捐赠设立卓杰教授席位、提供奖学金等方式吸引优秀师生,提升教师水平及生源质量,但就捐赠本身而言其作用还是通过办学条件的改善为教师水平及生源质量的提升创造各种条件。在1936年,哈佛大学校友卢修斯·利陶尔(Lucius N. Littauer)捐赠2000万美元,用于建立公共管理学院(The Graduate School of Public Administration)以拓展本科生教育,[②] 提升哈佛大学的教学研究能力,吸引优秀师生。麻省理工学院为提升教师水平及生源质量,校友专门捐资成立了"MIT卓越基金"(Fund for Excellence in MIT),用于提升教学学术水平以吸引优秀师生。威斯康星大学的校友为促进母校教师水平及生源质量的提升,成立了"威斯康星校友研究基金",正是源于该基金的持续资助(见表4-3),使得威斯康星大学的科学研究迈上了新的台阶,20世纪中期顺利步入了美国研究型大学的行列。在2007年,哥伦比亚大学92岁校友约翰·克鲁格(John Kluge)一次捐赠4亿美元给母校,创造了哥伦比亚大学校友个人捐赠有史以来的最高纪录,而且规定这笔捐款通过建立一种长效机制的奖学金,专门用于鼓励本科生和研究生的多样性发展,以吸引更多优秀师生。显然,约翰·克鲁格的大额捐赠对于哥伦比亚大学教师水平及生源质量的提升意义重大,正如他所说:"我想帮助确保哥伦比亚永远是一个拥有最优秀和最聪明年轻人的地方,在这里他们能够发展自己的才智,过他们自己的生活,回馈我们的社区,我们的国家和我们的世界。然而,由于哥伦比亚大学的捐赠基金并没有其他著名大学

---

① 非非:《耶鲁的故事》,中国广播电视出版社2006年版,第45页。
② 徐来群:《哈佛大学史》,上海交通大学出版社2012年版,第234页。

校友资源与世界一流大学建设

那么大,所以实现这一目标还需得到许多其他哥伦比亚校友和朋友的支持。因此,我邀请大家和我一起致力于改变那些将成为我们社会卓杰领袖的非凡学生的生活。这是我能给后代带来影响的一种方式,希望能激励其他人和我一起努力。"[1] 诸如此类的校友财富贡献还有欧洲一些大学设立的各种校友奖学金,如牛津大学校友设立的丰富奖项(Scholarships、Prizes、Special Funds、Collections、Libraries&Grants)[2] 等,都在吸引优秀师生,提升教师水平及生源质量方面发挥了举足轻重的作用。

表4-3　　　　　　威斯康星大学—麦迪逊的变化

	1949—1950 年	1973—1974 年
学生总数(人)	17717	34388
本科生(人)	14817	25126
研究生(人)	2900	9262
教师总数(人)	719	2094
课程总数	2840	7669
总收入(千美元)	27800	326384[a]
校友研究基金赠款(美元)	536428	4000000[b]

注：a. 1972 年数字。
b. 校友研究基金麦迪逊和密尔沃基校园研究生院的赠款。
数据来源：舸昕编著：《漫步美国大学——美国著名大学今昔纵横谈(续编)》,哈尔滨工业大学出版社2000年版,第90页。

第三节　校友资源之于世界一流
　　　　大学建设的文化贡献

大学是"以文化人"之所,是"明明德"的教化之地,文化的传承、

---

[1] John Kluge, "CC 37, Pledges $400 Million for Financial Aid", 2007 年 4 月 11 日, http://www.columbia.edu/cu/news/07/04-new/kluge.html, 2017 年 9 月 24 日。
[2] 曹汉斌：《牛津大学自治史研究》,新华出版社2006年版,第277页。

第四章　校友资源之于世界一流大学建设的影响

创新、发展一直以来都是大学发展的重要内容。故而，大学是一个文化机构。[①] 世界一流大学也不例外，它的发展离不开文化的浸润，校友作为大学文化的一个窗口，以校园建筑、校友逸事、校庆活动作为补充能够促进大学文化的繁荣。特别是以卓杰校友为核心的相关物质、精神和行为表现，不仅能够扩大学校的声誉，更能树立榜样激励在校的学生，这样的文化支持对于世界一流大学建设而言意义非凡。众所周知，声誉是一所大学经过长久积淀所形成的学术影响力、社会影响力等符号资本的外在表现，也是一所大学办学质量的综合反映，越是世界一流大学，它的办学声誉就会越好，办学质量也会越高。事实上，卓杰校友对母校的文化贡献主要就在于对母校声誉的扩大和作为在校生的精神楷模。牛津、剑桥、哈佛、耶鲁等一批世界一流名校，它们的声誉至今领先世界，就是因为它们培养的卓杰校友通过知识创新为其赢得了学术声誉，通过推动社会进步为其赢得了社会声誉，卓杰校友的所作所为时刻激励着无数在校学子，这样的楷模力量自然成为世界一流大学建设不可或缺的文化资源。

一　卓杰校友具有扩大学校声誉的作用

大学的声誉主要包括学术声誉和社会声誉，学术声誉简言之就是学术影响力，同样，社会声誉简言之即为社会影响力。这种影响力关系到人们对于一所学校办学水平、治校能力和育人质量的认同，每逢各种大学声誉排行榜的发布，总能引起学校和社会的激烈讨论与广泛关注。

学术声誉是一所大学通过知识创新，为人类增加知识贡献而产生的学术影响力，是一所大学科学研究水平的综合反映。正是源于卓越的科学研究，世界一流大学才能够长久把持各研究领域的话语权，获得崇高的学术声誉。学术声誉也成为评价一所大学是否一流的指标，如世界四大最具影响力的全球性大学排名榜——上海软科的世界大学学术排名（Academic Ranking of World Universities，ARWU）、美国新闻与世界报道（U. S. News & World Report）、QS 和泰晤士高等教育（THE）的世界大学

[①] 谢维和：《大学是一个文化机构》，《光明日报》2014 年 10 月 20 日第 7 版。

校友资源与世界一流大学建设

排名,都将学术声誉作为排名的重要指标体系。上海软科本身就是世界大学学术排名,自不必多言。在 U.S. News 的世界大学排名中,学术声誉权重为 25%(全球学术声誉 12.5% 和区域学术声誉 12.5%)。[①] 在 QS 的世界大学排名中,学术声誉权重为 40%。[②] 在 THE 的世界大学排名中,学术声誉权重为 33%(教学声誉 15% 和研究声誉 18%)。[③] 由此可见,学术声誉在量化考核世界一流大学地位中的重要性。所以世界一流大学建设,必须重视学术声誉的扩大,即重视科学研究,科学研究能力决定了世界一流大学的学术水平。

世界一流大学建设中学术声誉的扩大主要是通过校友学术研究的探索与发现,进而实现学术领域的突破与创新,最终产生改变人类生产生活方式并推动人类社会进步的研究成果。剑桥大学之所以成为公认的世界一流大学,主要因为在其发展过程中,有类似于牛顿(Isaac Newton)这样的卓杰校友作出的伟大学术发现及其对人类和社会进步的突出贡献。正如亚历山大·蒲柏(Alexander Pope)为牛顿写下的墓志铭:自然与自然的规律隐藏在黑暗中;上帝说,诞生吧,牛顿!于是一片光明。[④](Nature and nature's laws lay hid in night; God said "Let Newton be" and all was light[⑤])可见牛顿在人类发展史中的贡献,对剑桥学术声誉的扩大。同样,人们之所以对哈佛大学的学术声誉高度认可,一个重要原因就是对哈佛培养的无数卓杰校友在知识创新上的尊崇。如实用主义哲学家及机能心理学的先驱威廉·詹姆斯(William James)、社会系统论创始人切斯

[①] Robert Morse, Alexis Krivian, Andrew Jackwin, "How U. S. News Calculated the Best Global UniversitiesRankings", 2016 年 10 月 24 日, http://www.usnews.com/education/best-global-universities/articles/methodology, 2016 年 11 月 12 日。

[②] Laura Bridgestock, "World University Ranking Methodologies Compared", 2016 年 9 月 19 日, http://www.topuniversities.com/university-rankings-articles/world-university-rankings/world-university-ranking-methodologies-compared, 2016 年 11 月 12 日。

[③] World University Rankings 2016 – 2017 methodology, 2016 年 9 月 5 日, https://www.timeshighereducation.com/world-university-rankings/methodology-world-university-rankings-2016-2017, 2016 年 11 月 12 日。

[④] [美] 麦克·哈特(Michael H. Hart):《影响人类历史进程的 100 名人排行榜》,赵梅、韦伟、姬虹译,海南出版社 2014 年版,第 7 页。

[⑤] Isaac Newton, https://en.wikipedia.org/wiki/Isaac_Newton, 2016 年 11 月 12 日。

第四章 校友资源之于世界一流大学建设的影响

特·巴纳德(Chester Irving Barnard)、提出激素治癌并于1996年获诺贝尔生理学和医学奖的哈金斯(Charles Brenton Huggins)、科学社会学创始人默顿(R. K. Merton)、著名经济学家保罗·安东尼·萨缪尔森(Paul Anthong Samuelson)等。也有许多作家、诗人、文学家、评论家,如拉尔夫·瓦尔多·爱默生(Ralph Waldo Emerson)、亨利·戴维·梭罗(Henry David Thoreau)、亨利·詹姆斯(Henry James)、艾略特(T. S. Eliot)、音乐家伦纳德·伯恩斯坦(Leonard Bernstein)、马友友等。我国近代一批卓杰的学术人才也有来自哈佛大学的校友,如语言学家赵元任、史学家陈寅恪、作家林语堂、科学家杨杏佛、气象学家竺可桢、人类学家李济、文学家梁实秋、建筑学家梁思成。

社会声誉是一所大学产生的社会影响力,这种影响力是一种潜移默化的约定俗成,依靠无数校友的努力奋斗和历史积淀才能实现。一所大学的一代代校友如同蒲公英的种子随风飘舞,最终可能散布于世界各地,实现这所大学社会声誉的传播,对校外的无数人士产生影响。以耶鲁大学校友于1901年创办的雅礼协会①(Yale-China Association)为例,它是约翰·劳伦斯·瑟斯顿(John Lawrence Thurston)、亚瑟·威廉姆斯(Arthur Williams)、沃伦·席比义(Warren B. Seabury)、布劳内尔·盖吉(Brownell Gage)、爱德华·胡美(Edward H. Hume)等耶鲁校友为完成"耶鲁领导世界人类教育进步"的使命,最终选择落户我国长沙并传播"耶鲁精神"的社团组织。他们没有选择服务于已经有基础的海外传教机构,而是设计建立一个纯粹耶鲁大学的延伸组织,一个能够反映母校价值观、传统和活力的组织。② 因为这些初生之犊的毕业生深知耶鲁在培养领袖方面有着两百年的历史,确信无疑耶鲁大学和它的毕业生能够使工作团成功而提供资源、人员和敬业精神,正如沃伦·席比义(Warren B. Seabury)写道:"不容置疑,这两支巨大的力量将团

---

① 雅礼是"Yale"(耶鲁)一词的译音,取之《论语·述而》:"子所雅言,《诗》《书》、执礼,皆雅言也"之意。
② 周雁:《耶鲁大学史》,上海交通大学出版社2012年版,第155页。

校友资源与世界一流大学建设

结一起……在所在地发扬耶鲁精神和有母校为后盾，我们的生命将更坚强，这是我们的信念。"① 雅礼协会的诞生抛开其海外传教等目的之外，不仅有助于加深中美两国的教育交流，更有助于耶鲁大学社会声誉向世界的扩大。正是有了之前耶鲁大学校友创办雅礼协会的试验田，才有后续众所周知的雅礼中学（Yali High School）、雅礼学堂（College of Yale-in-China）、湘雅护理学院（Hsiang-ya Nursing School）、湘雅医院（Hsiang-ya Hospital）和湘雅医学院（Hsiang-ya Medical College）的创建。② 正是源于耶鲁大学校友的不懈努力，"耶鲁精神"对国人也产生深刻影响，使得耶鲁大学在我国乃至国际上声名鹊起，以至于学生志愿者运动的领导人约翰·莫特（John R. Mott）在访问了大约30个国家之后于1899年评价说："我不得不承认我曾经去过一个看不到美国国旗的国家，但是我还从未去过一个看不到耶鲁校旗的国家。"③

哈佛大学社会声誉的扩大也是凭借其卓杰校友的声誉，校友中任职过（正在任职）国家（地区）领导人已有32位④。除此之外，还有许多其他行业的精英人才。据统计在商业领域中美国500家最大财团2/3的决策者来自哈佛大学，如通用汽车公司CEO理查德·瓦格纳（Rich-

---

① John Longbrake：《中美往事耶鲁大学的中国情结》，http：//chinese. usembassy-china. org. cn/jl0401_ yale. html，2016年11月13日。

② Wikipedia，https：//en. wikipedia. org/wiki/Yale-China_ Association，2016年11月13日。

③ ［美］乔治·M. 马斯登：《美国大学之魂》（第二版），徐弢、程悦、张离海译，北京大学出版社2015年版，第17页。

④ 包括8位美国总统：约翰·亚当斯（John Adams）、约翰·昆西·亚当斯（John Quincy Adams）、拉瑟福德·海耶斯（Rutherford B. Hayes）、西奥多·罗斯福（Theodore Roosevelt）、富兰克林·德兰诺·罗斯福（Franklin Delano Roosevelt）、约翰·肯尼迪（John F. Kennedy）、乔治·布什（George W. Bush）、巴拉克·奥巴马（Barack Obama），1位美国副总统戈尔（Al Gore），2位美国首席大法官威廉·赖恩斯特（William Rehnquist）和约翰·罗伯茨（John Roberts），还有蒙古国总统查希亚·额勒贝格道尔吉（Tsakhiagiin Elbegdorj）、墨西哥总统米格尔·德拉马德里（Miguel de la Madrid）和费利佩·卡尔德龙·伊诺霍萨（Felipe Calderón Hinojosa）、哥斯达黎加总统何塞·玛丽亚·菲格雷斯（José María Figueres Olsen）、厄瓜多尔总统马瓦德（Jamil Mahuad）、玻利维亚总统爱德华多·罗德里格斯（Eduardo Rodriguez）、联合国秘书长潘基文、我国台湾地区领导人马英九、新加坡总理李显龙、智利总统塞巴斯蒂安（Sebastian Pinera）、巴基斯坦总理贝·布托（Benazir Bhutto）、加拿大总理皮埃尔·特鲁多（Pierre Trudeau）、希腊总理安德烈亚斯·帕潘德里欧（Andreas Papandreou）等。数据详见：哈佛大学官网/About Harvard/Harvard at a Glance，http：//www. harvard. edu/about-harvard/harvard-glance/honors/heads-state，2016年10月11日。

128

第四章 校友资源之于世界一流大学建设的影响

ard Wagoner)、IBM前主席兼首席执行官路易斯·郭士纳(Louis V. Gerstner)、运通集团首席执行官坎尼斯·席诺特(Kenneth Chenault)等。正因各领域的卓杰校友,哈佛的社会声誉才能不断扩大,吸引更多校外人员认可哈佛。

硅谷作为美国乃至全世界高科技产业人才的集聚地,是美国强大国际竞争力和综合实力的重要支撑,因此硅谷的声誉享誉全球。事实上,支撑硅谷全球声誉的基石就是以斯坦福大学为首的一批世界一流大学所培养的卓杰校友及其校友们所做出的突出贡献。根据1986年美国出版的一本画册统计,硅谷先驱者的学位主要源于斯坦福大学、加州大学伯克利分校、麻省理工学院、加州理工学院、哈佛大学等一批世界一流大学(见表4-4),这说明硅谷先驱者主要是这些世界一流大学培养的卓杰校友。这些卓杰校友不仅扩大了硅谷的声誉,而且扩大了母校在全球的声誉影响力。全国经济研究局1999年发布的一项研究对知名大学——如耶鲁大学、布莱恩·莫尔(Bryn Mawr)——和不知名大学——如德尼森(Denison)大学或者图雷恩(Tulane)大学——的学位进行了比较,证实了常春藤联盟的学位价位很高,它们的学位确实能够带来成功的职业开端和高薪工作。[①] 这也充分说明世界一流大学的声誉能够反作用于校友,增强校友的竞争力,进一步扩大学校的社会声誉,实现对学校发展所需的文化贡献。

表4-4　　　　　　硅谷先驱者的学位来源情况[a]　　　　　　单位:人

大学	学士	硕士/职业学位	博士	总计
斯坦福大学	9	13	9	31
加州大学伯克利分校	4[b]	2	3	9
麻省理工学院	2	1	6	9

---

① [美]理查德·鲁克:《高等教育公司:营利性大学的崛起》,于培文译,北京大学出版社2015年版,第145页。

校友资源与世界一流大学建设

续表

大学	学士	硕士/职业学位	博士	总计
加州理工学院	3	2	2	7
哈佛大学	1	6	0	7
莱斯大学	5	0	0	5
普林斯顿大学	3	0	1	4
康奈尔大学	3	0	0	3
耶鲁大学	1	1	0	2
纽约大学	0	2	0	2
其他	31（30）c	7（6）	7（7）	45
总计	62	34	28	124

注：a. 根据 Caddes, C., *Portraits of Success: Impressions of Silicon Valley Pioneers*, Tioga Publishing Company, Palo Alto, CA. 1986。

b. 苹果电脑的发明人沃兹聂克在发明了苹果电脑之后十年从加州大学伯克利分校获得学位。

c. 括号内数字是学校数。

资料来源：舸昕编著：《从哈佛到斯坦福：美国著名大学今昔纵横谈》，东方出版社1999年版，第426页。

二 卓杰校友是在校生的精神楷模

卓杰校友能够扩大母校的国内外声誉，以文化的形态潜移默化地影响学校的改革与发展。同样，他们动态的行为事迹或静态的建筑标志也能激励在校生，而且表彰成功校友的事迹和对学校发展有突出贡献的校友，能为在校学生树立榜样成为典范，还能使其他校友深切感受到母校对于他们的工作密切关注及给予肯定支持。① 世界一流大学建设中卓杰校友与母校进行互动行为的例子不胜枚举，校园中矗立的卓杰校友的建筑物也数不胜数，随着时间的沉淀，他们不断成为一批批在校生的精神楷模。这种精神楷模逐渐养成为一种行动、一种支持、一种示范、一种

---

① 李文峰：《大学校友关系管理之研究——以某私立大学为例》，硕士学位论文，南华大学，2016年。

第四章　校友资源之于世界一流大学建设的影响

学校传统，使得卓杰校友成为学校重要的组成部分和支持力量，最后演绎为学校的校友文化资源。这种校友文化资源的形成同样是世界一流大学一流文化元素的重要组成，因为它具有强大的示范和激励作用，对于学校人才培养质量产生的影响也最为显著和深远，这也是构成世界一流大学校友支持行为良性循环发展的主要原因所在。

现实生活中，以卓杰校友为原型的校园建筑、校友逸事和校庆活动比比皆是，这些均是与卓杰校友曾经或现在行为相关的一种表现，对于在校学生具有非常重要的榜样激励作用。在世界一流大学建设过程中，不同风格的建筑在校园中和谐共处体现了大学文化的开放与包容，同时这些具有深厚历史底蕴的校园建筑也被日益诠释为学校物质文化不可或缺的组成部分，学生在校园中的学习生活经历虽然仅有数载，但这样的建筑群落足以让他们终身铭记。在耶鲁大学校园内至今矗立着卓杰校友美国民族英雄内森·黑尔（Nathan Hale）的铜像，虽然两百多年过去了，人们依旧没有忘记他，校内至今传诵着他的名言："我唯一的憾事是只有一次生命献给我的祖国（I only regret that I have but one life to lose for my country）。"这位耶鲁的卓杰校友在两百多年的时间里以他曾经的行为作为一种永恒的示范和榜样，成为精神楷模激励着无数耶鲁学子发自内心热爱自己的母校和祖国，至今他仍是耶鲁大学和美国国民的骄傲。同样，竖立在哈佛校园中的约翰·哈佛纪念雕像（John Harvard Statue），虽有"纪念碑三谎言"之说，但在历年的毕业典礼中，不同人种及不同宗教信仰的哈佛人，都在约翰·哈佛纪念雕像前摘下帽子，擦拭他的鞋尖，并愉悦地唱着："美好的哈佛……光的先锋，爱的使者……"[1] 无论如何，他都是在校生的精神楷模。

可见，卓杰校友的校园建筑除了它的物理功能外，它产生的价值意义更为深远。这就不难理解为什么现在很多世界一流大学校园内拥有不计其数的卓杰校友的陈旧建筑物，虽已没有使用价值，但在学校的心中

---

[1] ［美］道格拉斯·山德－图奇：《哈佛大学人文建筑之旅》，陈家祯译，上海交通大学出版社2010年版，第35页。

校友资源与世界一流大学建设

仍是无价之宝,主要是它们时刻给予在校的学子们精神激励、榜样力量和行为示范,促使后面的学子能够以身作则,感恩母校、爱护母校和反哺母校。正如哈佛大学卓杰校友拉尔夫·瓦尔多·爱默生(Ralph Waldo Emerson)在出席哈佛学院创校两百周年的纪念会时提道:"经过了两百年的哈佛,校园中时时刻刻都飘荡着先人的灵魂。深幽的眼神窥视着与会的灵魂,一年又一年,当一届又一届的学生往前迈进,似乎有一长列的幽灵亦跟随着群众的脚步……那长串迂回的幽灵列车来自远方,跨越时空进入永恒。"① 由此可见,这些校园建筑不仅是卓杰校友记忆的组成和心灵故土,更是激励在校生的文化补品与精神食粮。不管是当下的在校生还是未来的在校生,徘徊在这样的校园中时,都会被这些饱经沧桑的卓杰校友建筑所蕴含的文化品格激励,它们所传递出的文化精神和价值内涵远远超过了这些建筑物本身,促使这些建筑物不仅体现价值观而且塑造价值观,使得整个校园的空气中似乎都弥漫着一种激励的精神和榜样的力量。与卓杰校友相关的校园建筑意义如此之大,致使世界一流大学在发展的征途上即使增加新的建筑,也不轻易改变旧的建筑。耶鲁大学就是如此,耶鲁各宿舍、各楼房建筑与大街小巷都不能改变风格,也不能改变颜色,许多建筑两百多年不变,耶鲁校方要装修一栋楼房,更不用说拆掉重盖一栋建筑了,稍微不小心,就会有校友起诉校方。②

在世界一流大学建设的过程中,也发生过很多脍炙人口的卓杰校友逸事,这些逸事经过宣传,同样激励着无数在校学子。著名的达特茅斯学院案不仅成就了卓杰校友丹尼尔·韦伯斯特(Daniel Webster)的神话,也为达特茅斯学院赢得了百年声誉,更奠定了其世界一流大学的声誉根基,至今仍是达特茅斯学院学子们津津乐道的校友逸事。后来,韦伯斯特被达特茅斯学院尊称为"再造之父",最主要就是他当年深情的演说辩词,最终成功保护了达特茅斯学院的权益,推动了美国私有制的

---

① [美]道格拉斯·山德-图奇:《哈佛大学人文建筑之旅》,陈家祯译,上海交通大学出版社2010年版,第1页。
② 陈志武:《校友为什么捐赠》,《南方周末》2012年5月27日。

第四章 校友资源之于世界一流大学建设的影响

发展。他的部分精彩演说辩词:

> 庭上,我不知他人如何感觉(环视他的敌对者,有些是达特茅斯学院的毕业生)。但对我而言,当我看到母校在四面楚歌之际,就如同恺撒在元老院的情况一般,一剑又一剑地向他砍来。我并非母校的得力助手,但深愿母校对我说:唉!你是我的儿子。①

据不同记载,他的演说持续了3—5个小时,在结束时,韦伯斯特声泪俱下地说:"先生们,我说过,这是一个小小的学院,但还是有人珍爱他。"("It is, Sir, as I have said, a small college, and yet there are those that love it.")据说连大法官马歇尔听到这里都动容了。② 事实上,卓杰校友韦伯斯特的逸事传递出一种校友爱校的励志精神,不断激励着后来的在校学子,鼓励校友应当为了母校的利益竭尽全力贡献自己的绵薄之力。这种激励对于在校生作为精神楷模,习得人生榜样,增强对母校的忠诚感具有重要的作用。

校庆活动在大部分高校司空见惯,基本每年都要举办。特别是逢五逢十或逢百的周年纪念日,学校尤为重视,通常大张旗鼓进行,甚至提前几年筹备,尽可能希望举办得有影响力,能被校友、学校和社会广泛认同。③ 但并非所有的高校都千篇一律,牛津大学就是个案。"对此,牛津大学副校长 W. D. Macmillan 的解释是:'由于历史悠久,建校之日已不可考,故此牛津大学未举办过校庆。'其实,真正的原因是对学术和对真理执着的追求,让牛津远离媒体宣传,拒绝铺张浪费的形式主义。"④ 对

---

① 林玉体:《西洋教育史专题研究论文集》,文景出版社1984年版,第230页。
② 舸昕编著:《漫步美国大学——美国著名大学今昔纵横谈(续编)》,哈尔滨工业大学出版社2000年版,第12—13页。
③ 何志伟:《校庆活动的关键在哪里》,2016年3月31日,http://mp.weixin.qq.com/s?__biz=MjM5MDU0NzczMA==&mid=419633491&idx=2&sn=4e53d80b0e4b180878fe0fc50b592ec2&mpshare=1&scene=23&srcid=0331GFl0KlMIFELUWX9we5Gb#rd,2016年8月18日。
④ 刘道玉:《中国大学校庆何以如此之滥》,《同舟共进》2011年第8期。

校友资源与世界一流大学建设

于举办校庆活动的学校来说,活动的主要内容之一就是各领域卓杰校友的展示,以便形成在校生的精神楷模,生成一种积极向上的校园文化。所以说校庆活动的关键在于培养卓杰校友对于在校生的精神楷模效应,培育在校生对母校的怀念之情、归属之情与感恩之情的校园文化,其背后含义多为一种精神的信念与力量,一种根植于无数准校友内心深处的母校情结,这样来看校庆活动更像一场丰盛的文化盛宴。大学本质上是一个文化共同体,文化乃大学之魂,没有文化浸润的大学如同行尸走肉,校庆活动不仅是对大学文化的传承,也是对与卓杰校友相关的物质文化、精神文化、行为文化和制度文化进行再认同,使其成为大学文化的重要组成部分。可见,校庆活动也重在卓杰校友对在校生的行为示范和榜样激励,而非有权有钱者的物质或身份炫耀,所以世界一流大学多倡导人文校庆、学术校庆、感恩校庆等。

事实上,校庆活动的启示作用在世界一流大学建设过程中一直潜移默化地产生着持久的文化影响。哈佛大学在制订300周年校庆活动计划时达成一致意见:"'此次校庆的关键在于精神,而非物质。如果可能的话,300年校庆应该是世界级伟大学者的一次重要聚会。'很快另外一些意见也纷纷浮出水面:'更应该强调大学的现在和未来的发展……而不是过去','应该展示给世人一所现代的、强调学术的大学'。"[①] 哈佛大学350周年校庆之际,还曾发生过非常著名的"两个总统之战"事件。也许正是源于这样伟大校庆活动的启示,卓杰校友们更注重身先示范,重学术、求真理成为每个哈佛学子的崇高使命,才能使一代代哈佛人在追求真理、探索新知识方面更具持久的生命力、无限的发展力和不竭的驱动力,也才有了今天世界一流的哈佛大学。显然,哈佛大学的卓杰校友们在校庆活动中的所为、所传递的精神、所产生的影响,不再囿于哈佛一校之内,它的启示意义如同它的精神和影响一样,这种精神楷模具有世界性。

---

① [美]莫顿·凯勒、菲利斯·凯勒:《哈佛走向现代:美国大学的崛起》,史静寰、钟周、赵琳译,清华大学出版社2007年版,第1—2页。

第五章

校友资源促进世界一流大学建设的案例研究

为了进一步证实校友资源具有促进世界一流大学发展建设的作用，本章选取国外已是世界一流大学的加州大学伯克利分校和国内正在建设世界一流大学的清华大学作为研究案例。两所大学不仅均为各自国内顶尖的公立研究型大学，而且在利用校友资源推动学校发展方面成效显著。如加州大学伯克利分校通过"共同体"思维将学生、学校和校友形成一个完整的社区，培养了校友回馈母校的"伯克利忠诚"。清华大学注重培养校友的清华情结，使得无数校友感恩反哺母校，支持母校建设世界一流大学。

第一节 案例：加州大学伯克利分校

加州大学系统拥有10个校区，即加州大学伯克利分校（UC Berkeley）、加州大学戴维斯分校（UC Davis）、加州大学欧文分校（UC Irvine）、加州大学洛杉矶分校（UCLA）、加州大学默塞德分校（UC Merced）、加州大学河滨分校（UC Riverside）、加州大学圣地亚哥分校（UC San Diego）、加州大学旧金山分校（UC San Francisco）、加州大学圣巴巴拉分校（UC Santa Barbara）、加州大学圣克鲁斯分校（UC Santa Cruz），其中加州大学伯克利分校是10个校区中历史最为悠久、实力最

校友资源与世界一流大学建设

为强盛、声望独占鳌头、影响遍及全球的大学,它的前身是始建于1868年的加利福尼亚大学(简称加州大学),经过20世纪50年代的大学改革,成为加州大学系统中的一员。

根据美国新闻与世界报道(U. S. News & World Report)的最新排名显示,加州大学伯克利分校在全球最佳大学排名中位居第四,在全美公立大学排名中连续17年[①]位居第一;入学新生的平均GPA为4.19,录取率为17.3%;2017年秋季注册学生总人数为41910(本科生30574,研究生11336),全职教职员数1522,学生与教师的比例为17∶1,人均数低于30的本科生班级比例为73%;现任教职员工中有7位诺贝尔奖获得者、4位普利策奖获得者、3位菲尔兹奖获得者、3位图灵奖获得者和15位美国国家科学奖获得者,31位麦克阿瑟研究员,125位斯隆研究员,239位美国人文与科学院院士(AAAS),139位美国国家科学院院士;拥有14个[②]学院(化学学院、教育研究院、工程学院、环境设计学院、哈斯商学院、信息学院、新闻学院、法学院、文理学院、自然资源学院、眼科学院、公共保健学院、Richard and Rhoda Goldman公共政策学院、社会福利学院),图书馆藏书1200万册,30位校友获诺贝尔奖,学生和校友赢得183枚奥运奖牌(金牌103枚、银牌47枚、铜牌33枚),获得各类体育赛事全国冠军87个,BAM/PFA(The UC Berkeley Art Museum and Pacific Film Archive)[③]的电影和视频采集16000个,本科生每年参与校外公共服务项目和计划5000个。[④]

[①] Berkeley ranked No.1 public university by US News, 2014年9月9日, http://news.berkeley.edu/2014/09/09/berkeley-ranked-1-public-university-by-us-news/, 2017年5月1日。

[②] Schools & Colleges, http://www.berkeley.edu/academics/schools-colleges, 2017年5月5日。

[③] 加州大学伯克利分校艺术博物馆和太平洋电影资料馆是美国公立研究型大学的领导者。加州大学伯克利分校的视觉艺术中心,其使命是激发想象力,通过艺术和电影激发批判性对话,吸引来自加州大学伯克利校区、海湾地区及其他地区的观众。每年BAMPFA提供超过20次艺术展览、450个电影节目和数十场表演,以及讲座、研讨会和巡演。详见About BAMP-FA, https://bampfa.org/about/about-bampfa, 2017年1月6日。

[④] By the numbers, http://www.berkeley.edu/about/bythenumbers, 2017年5月6日。

第五章 校友资源促进世界一流大学建设的案例研究

一 加州大学伯克利分校的卓杰校友资源

加州大学伯克利分校的人才培养质量高,校友资源丰富,已成为一种历史传统。早在1873年9月,在加州大学的第一批12位毕业生(他们自称为"《圣经》中的12信徒")中,就涌现出了联邦众议员、加州州长、市长、银行家和加州大学理事等,[①] 如评议员莱因斯坦、阿拉米达市市长弗兰克·奥蒂斯、国会众议员和加利福尼亚州州长詹姆斯·巴德、工程师教育家托马斯·伍德奥德、商业家克拉伦斯·韦特奠尔、律师内森·纽马克、数学教授乔治·爱德华兹、银行董事长翟金斯、教士弗兰克林·罗达、商业家埃比尼泽·斯科特、评议员乔治·安斯沃思、牧场主约翰·博尔顿。[②] 到20世纪20年代末,加州大学已经授予了四万多个学位,它的校友有四位荣任加利福尼亚州的州长,还有不少毕业生当选为美国参议院和众议院的议员,许多在加州大学获取学位的人在通都大邑位居要津,世界上不少地方也有加州大学的毕业生在那里服务,这些人使加州大学的声望远播。[③]

时至今日,加州大学伯克利分校培养的学术大师、政治精英、经济英才、文化翘楚等杰出人才数不胜数。如诺贝尔物理学奖获得者及美国第12任能源部长朱棣文、"东方居里夫人"吴健雄、诺贝尔化学奖获得者李远哲、国际知名数学家丘成桐、预应力之父林同炎、计量经济学之父劳伦斯·克莱因(Lawrence Robert Klein)、经济学家道格拉斯·诺思(Douglass Cecil North);任职过加利福尼亚州州长和最高法院首席大法官的厄尔·沃伦(Earl Warren)、美联储主席珍妮特·耶伦(Janet L. Yellen)、巴基斯坦总统佐勒菲卡尔·阿里·布托(Zulfikar Ali Bhutto)、哥斯达黎加总统米格尔·安赫尔·罗德里格斯·埃切维里亚

[①] 马万华:《从伯克利到北大清华——中美公立研究型大学建设与运行》,教育科学出版社2004年版,第125页。
[②] 德万:《加利福尼亚大学》,湖南教育出版社1986年版,第9页。
[③] 德万:《加利福尼亚大学》,湖南教育出版社1986年版,第29页。

（Miguel Ángel Rodríguez Echeverría）、著名外交家唐明照；Intel 创始人戈登·摩尔（Gordon Moore）和安迪·葛洛夫（Andy Grove）、苹果公司创始人斯蒂夫·盖瑞·沃兹尼亚克（Stephen Gary Wozniak）、Sun 微系统公司创始人威廉·纳尔逊·乔伊（William Nelson Joy）、鼠标发明者道格拉斯·恩格尔巴特（Douglas Carl Engelbart）、软银集团创始人孙正义、HTC 董事长王雪红、Google 前任 CEO 埃里克·施密特（Eric Emerson Schmidt）；美国第一任桂冠诗人罗伯特·佩恩·沃伦（Robert Penn Warren）、著名小说家杰克·伦敦（Jack London）、前 NBA 巨星贾森·基德（Jason Kidd）、世界著名游泳运动员娜塔莉·考芙琳（Natalie Coughlin）和米西·富兰克林（Missy Franklin）、著名影星格利高里·派克（Gregory Peck）、中国近代著名教育家蒋梦麟等。

二 "共同体"思维：校友资源与加州大学伯克利分校

加州大学伯克利分校设立专门机构大学发展与校友关系部（University Development and Alumni Relations，UDAR）负责处理校友和学校之间的事务。UDAR 之前的名称为大学关系部，主要利用通信、公共宣传和筹款的方式对加州大学伯克利分校加强支持和增进了解。目前，UDAR 负责集中筹款和捐赠者事宜，并通过与学校募捐者的咨询和合作来强化每个发展办公室的工作，还处理一系列重要活动和服务，包括事件、信息、管理、发展前景、捐赠物管理、数据库管理等。[①] UDAR 包括以下部门：信息管理提升办公室（Advancement Information Management）、市场宣传部（Marketing Communications）、规划与分析提升办公室（Advancement Planning and Analysis）、培训与外联提升办公室（Advancement Training and Outreach）、年度项目部（Annual Programs）、企业和基金关系团队（Corporate and Foundation Relations）、捐赠服务办公室（Donor and Gift Services）、对外关系办公室（External Relations）、财务管理办公室（Fi-

---

① University Development and Alumni Relations/Home，https：//udar.berkeley.edu/，2017 年 5 月 10 日。

第五章 校友资源促进世界一流大学建设的案例研究

nance and Administration)、信息技术办公室（Information Technology）、国际关系办公室（International Relations）、中等额度捐赠部（Leadership Gifts）、捐赠策划办公室（Office of Gift Planning）、大额捐赠部（Principal Gifts）、未来捐赠人员开发部（Prospect Development）、副校长办公室（Vice Chancellor's Office），[①] 具体的组织图如图5-1所示。

（一）学缘共同体

校友与大学的关系始于学缘关系，正如伯克利年度捐赠主管里谢尔·布莱克摩尔（Lishelle Blakemore）所说："校友和在校学生都是伯克利共同体的成员，现在的学生正在沿着校友的足迹求学前行，大多数校友选择支持学校事业。"[②] 所以伯克利的校友在支持母校发展时也自然延伸至人才培养的起点，即学生选拔，诸如招生宣传、一流生源游说、考生面试等。该方面事宜主要由校友通过与高中、社区学院和社区组织的联系，增加对潜在生源的吸引和培养，[③] 以此来满足学校优秀生源的需求和缓解外招的成本与压力。所以校友Jaime Benchimol说："我在伯克利的时间是我一生中最幸福的时光之一，伯克利能够改变学生的生活，因此作为校友我有责任支持母校，使它可以继续这样做。"[④]

除此之外，校友们希冀母校能够吸引全世界最优秀的学生，通过学缘关系的建立形成一种学缘共同体，使得学校培养出更多卓杰人才，更多引领世界和改变世界的人才，从而使得校友队伍更加卓越，这也正是伯克利的魅力使然。伯克利的魅力如校友艾尔莎·马索克（Elsa Massoc）所言：这是一个你能来和畅所欲言"我有一个想法"的地方，而

[①] University Development and Alumni Relations/Home, https://udar.berkeley.edu/, 2017年5月10日。

[②] ［美］罗伯特·A. 勃登斯基：《年度捐赠的革新——十项已取得成效的尝试》，丁力译，复旦大学出版社2013年版，第123页。

[③] Volunteer/YES Berkeley! Student Recruitment, https://alumni.berkeley.edu/volunteer/student-recruitment, 2017年5月15日。

[④] Berkeley Office of International Relations/Support Berkeley/Jaime Benchimol, https://international.berkeley.edu/giving-profile/jaime-benchimol, 2017年5月16日。

校友资源与世界一流大学建设

```
                        校长
                    NICHOLAS B.DIRKS
                           │
           ┌───────────────┼──────────────────┐
           │                                  │
       副校长                          执行副校长&教务长
   大学发展和校友关系                    CLAUDE M.STEELE
      JULIE HOOPER
    ┌──────┤
人事主管    │
KIM KINCANNON                          董事会
                                    UC Berkeley基金
执行助理副校长
MATTHEW WEINBERG
```

| 助理副校长
VACANT | 助理副校长
提升
IRENE KIM |

| 执行董事
UC BerkeleyBRAIN
LETILIGHT | 助理副校长
国际关系
DAVID JEU | 执行董事
财务&行政
LORAINE BINION |

| 执行董事
年度捐赠
LISHELLE BLAKEMORE | 执行董事
提升业务
ROSEMARY M.KIM |

| 执行董事
大额捐赠物
JENNY CUTTING | 执行董事
捐赠&捐赠物服务
NANCY LUBICH MCKINNEY |

| 执行董事
捐赠计划
KEVIN TCRILLY | 主任
未来发展
TERENCE KISSACK |

| 执行董事
企业与基金会
关系&大额捐赠
JEFF JACKANICZ | 主任助理
战略规划
MIHI AHN |

| 执行董事
对外关系&高级市场
联络
COLLEEN ROVETTI |

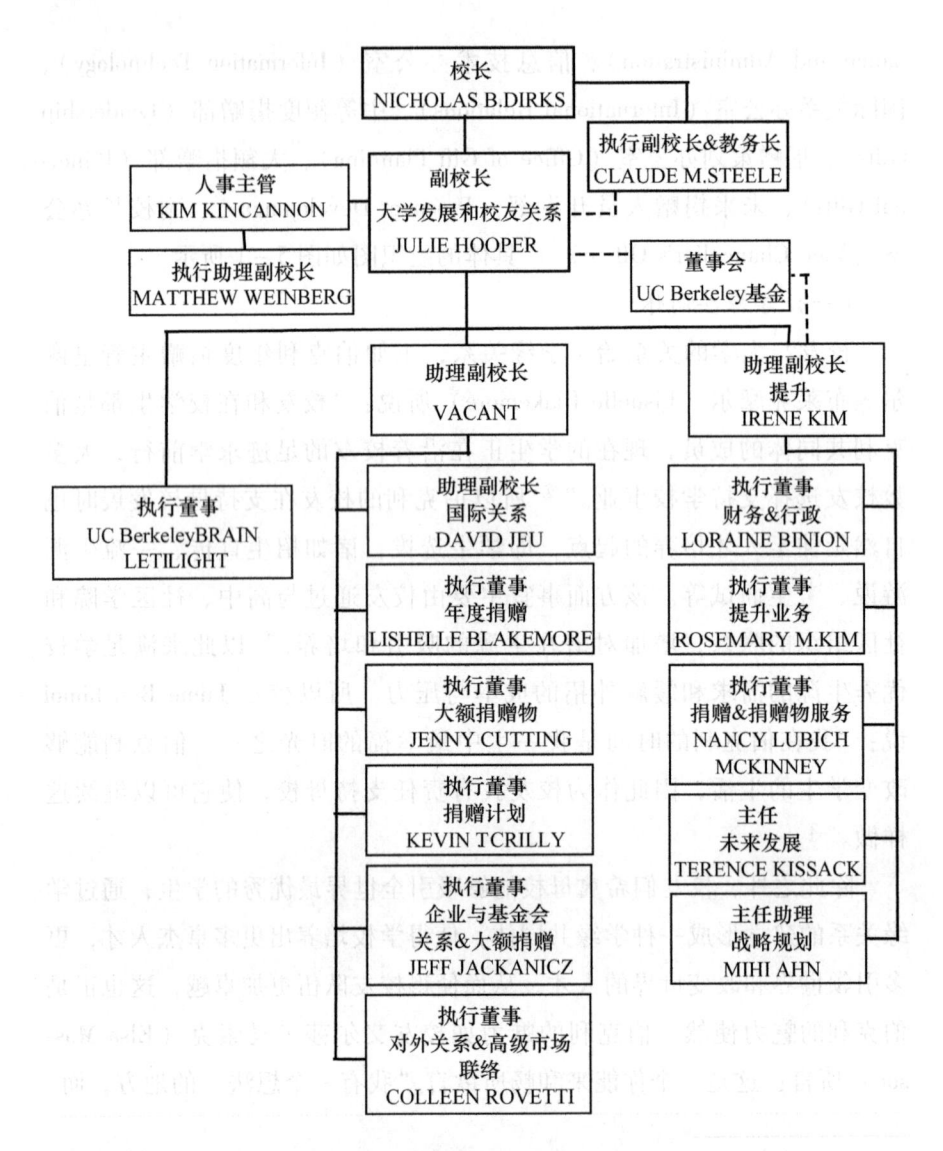

图 5-1 加州大学伯克利分校大学发展与校友关系组织（更新：2016 年 1 月 6 日）[①]

资料来源：BRAIN：Brain Research through Advancing Innovative Neurotechnologies。

[①] University Development and Alumni Relations, http://www.berkeley.edu/admin/pdf/udar.pdf, 2017 年 5 月 14 日。

第五章 校友资源促进世界一流大学建设的案例研究

且大家的反应是：让我们一起来努力尝试它。[①] 基于此，才有不计其数的校友回报学校，帮助学生，建立新的学缘关系。校友梅甘·格瑞斯（Megan Gritsch）指出：如果你能够帮助一个学生，你不仅在学校帮助了他们——也在余生中帮助了他们。[②] 也正是受到这种影响，很多校友与子女互为校友，甚至有的家庭几代人互为校友，伯克利显然成为这些校友的另一个重要之家。正如1977届校友唐·古特里（Don Guthrie）所言：伯克利是一个对我生活有重要影响的地方，并教会了我许多功课，我的希望是通过支持这所大学，让它继续对未来一代产生积极的影响。唐·古特里的祖母和母亲都是伯克利的校友，尽管20世纪70年代他就从伯克利毕业，但仍通过持续慷慨地捐赠与母校保持联系，在获得经济学和统计学双学位后，他定期支持这些项目以及大学图书馆，学校实际上是他在学期间的第二个家。[③]

（二）文化共同体

校友资源能够持续不断地支持伯克利的发展，在于受到的文化熏陶与浸润，特别是特色鲜明的伯克利传统文化对一届届学子的影响，使得校友对伯克利产生了一种强烈的归属感，自愿积极主动地奉献自己的力量来支持学校的发展。这些传统文化也是校友学习生涯痕迹的直接体现，多为一些摸得着看得见的实际存在，表现为校友们学习使用过的教室、图书馆、实验室、寝室、食堂、操场，甚至一草一木、一砖一瓦。伯克利传统文化的具体表现包括：颜色——蓝色与金黄（Blue and Gold）、斯坦福之斧（Stanford Axe）[④]、大型校级对抗赛（Big Game rally）、创始人

[①] Charitable Gift Annuity, https://planyourlegacy.berkeley.edu/donor-stories/elsa-massoc, 2017年5月17日。

[②] Charitable Gift Annuity, https://planyourlegacy.berkeley.edu/donor-stories/megan-gritsch, 2017年5月19日。

[③] Berkeley The Charter Hill Society/Member Stories/DON GUTHRIE'77, http://charterhill.berkeley.edu/member-stories.php, 2017年5月20日。

[④] 斯坦福之斧（Stanford Axe）：斯坦福与伯克利的"斧头大战"，这场为了荣誉而进行的体育比赛从1899年到现在已经持续了100多年，截至2016年已经比赛119场，斯坦福获胜63次，伯克利获胜45次，平局11次，获得斯坦福之斧的一方被认为是西海岸最好的大学。

石（Founders Rock）、大"C"（The Big "C"）、金熊（Golden Bears）、RRR 周（RRR week）、惠勒橡木树（Wheeler Oak）、路德维希喷泉（Ludwig's Fountain）、胜利之炮（Victory Cannon）、大二草坪（Sophomore Lawn）、满分球（4.0 ball）、精神之歌（Spirit songs）、黄色水仙花节（Daffodil festival）等，① 特别是"C"和宪章山协会（The Charter Hill Society）的文化。"C"是加州大学伯克利分校简称"Cal"的首字母，又称金"C"（字母颜色为金黄色）或"大C"。宪章山协会是一个特殊的慈善圈子，承认捐助者对加州大学伯克利分校的年度捐赠，捐助者向任何学院、部门或项目提供年度捐赠总额为 1000 美元或更多就能确立和维持协会的会员资格。② "C"和宪章山协会都是伯克利校园景观中最受人们钟爱的部分，也是伯克利立校之理念、强烈共同体意识和坚定不移精神的象征，③ 更是伯克利的历史见证、实力见证和办学理念见证。④ 故而，20 世纪初就有学生对伯克利的校园颂歌称赞道："我爱你，伯克利的山岗、零落的花和橡木树……"⑤

这些传统文化对优质生源也拥有巨大的吸引力，2016 级土木与环境工程专业的乔丹·吉尔斯（Jordan Gilles）说："当我参观伯克利时，我感受到了正能量与包容性，在其他任何我参观过的学校都没有这种感觉。与其他任何学校相比，伯克利的学生都充满热情，也乐意分享。"⑥ 同样，对在校生拥有感染力，能够培养他们感恩、包容与奉献的情怀。校友彼得·穆尼奥斯（Peter Muñoz）（1968 届毕业生，1970 届文学硕士，1975 届法学博士）和简·莱罗（Jane Leroe）（1968 届毕业生，

---

① Traditions of Berkeley, http://www.berkeley.edu/about/traditions, 2017 年 5 月 27 日。
② Berkeley The Charter Hill Society /FAQ/WHAT IS THE CHARTER HILL SOCIETY? http://charterhill.berkeley.edu/faq.php, 2017 年 5 月 27 日。
③ Berkeley The Charter Hill Society /Welcome, http://charterhill.berkeley.edu/, 2017 年 6 月 1 日。
④ 邬大光：《大学与建筑的随想》，《光明日报》2014 年 4 月 28 日第 16 版。
⑤ Berkeley The Charter Hill Society /Welcome, http://charterhill.berkeley.edu/, 2017 年 6 月 1 日。
⑥ Berkeley Visitor Services, http://visit.berkeley.edu/, 2017 年 6 月 4 日。

第五章　校友资源促进世界一流大学建设的案例研究

1971届法学博士)夫妇就把他们对伯克利的爱传递给了他们三个成年的孩子以及所有伯克利的校友,如同他们的父母一样,子女们也是伯克利积极的捐赠者和志愿者。简说:"伯克利就像我们家庭的一部分,没有一天我们不谈论它,甚至说'去伯克利吧!'可见它对我们生活的影响是多么的惊人。"[①] 这些校友逸事的宣传,能营造以校为荣的历史传统文化和尚学向上的励志文化,开阔学生视野、增长学生知识、发展学生兴趣、增强学习动力、获得人生榜样,使学生有强烈的归属感,把学校视为心灵的故乡。[②] 可见,也正是受之于这些传统文化的影响,校友才对母校自始至终感恩常在,各种资源的支持长存,校友对于学校的忠诚矢志不渝,日积月累形成了校友支持学校发展的马太效应,更生成了颇具特色的伯克利文化共同体。

(三) 发展共同体

校友利用其自身的资源在支持伯克利的同时,伯克利也给予校友自身发展的支持,两者间形成一种发展共同体模式。

1. 学校的发展

校友资源对于学校发展的支持主要体现在各领域校友通过智力贡献、财富贡献和文化贡献以直接或间接的方式来促进伯克利的发展,通过提升师资与生源质量,改善办学条件,扩大办学声誉,最终推动学校人才培养质量和科学研究水平的提升,以使伯克利继续保持卓越。

(1) 校友的志愿服务

志愿服务是志愿精神的表现形式。志愿精神是西方文化的原生性产物,志愿精神起源并发展于西方,从古希腊的共同体精神、宗教的"慈善"公益思想,到近代及现当代西方资产阶级的利他精神与公益理念,这些构成了志愿精神发展中的西方文化源流。[③] 志愿精神倡导自愿

---

① Berkeley The Charter Hill Society /Member Stories/PETER MUÑOZ' 68, M. A.' 70, J. D.' 75 AND JANE LEROE' 68, J. D.' 71, http://charterhill.berkeley.edu/member-stories.php, 2017年6月4日。
② 眭依凡:《理性捍卫大学》,北京大学出版社2013年版,第101页。
③ 陶倩:《当代中国志愿精神的培养研究》,上海人民出版社2013年版,第32页。

原则与博爱理念，是一种出于自觉的责任担当与无私奉献，目的是为人人享有更加民主与平等的各种权利，使这个社会更加进步更加团结更加友爱，因而志愿精神也成为人类社会文明进步不可或缺的组成部分。各国社会都鼓励民众奉献志愿精神，积极参加志愿服务，以便形成全民参与互惠性的志愿服务活动。所以，前联合国秘书长安南在2001年国际志愿者年启动仪式上的讲话指出："志愿者精神的核心是服务、团结的理想和共同使这个世界变得更加美好的信念。从这个意义上我们可以说，志愿者精神是联合国精神的最终体现。"① 随着志愿精神的发展，其不仅对民众的生活产生影响，而且一度影响到国家事务的发展，以至于第一次世界大战期间，赫伯特·胡佛大力弘扬志愿精神，并设法让慈善机构充分参与到"复合共和制"之中。② 此后，为了更好地推进志愿精神的发展，一些基金会也在制度上采取激励措施，如德鲁克基金会做的事之一就是每年挑选一个在解决某项社会问题上做出杰出成绩的志愿组织，给予奖励，并以其经验为楷模予以推广。③ 除此之外，随着志愿精神激励越来越多的志愿者投身于志愿服务，这种志愿行为不仅使被服务者受益，也为国家创造了一定的社会财富。"根据有些国家的测算，志愿者所创造的财富占本国国内生产总值的8%—14%。拿美国来说，志愿者每年创造价值2250亿美元的社会财富，相当于900万全职雇员一年的产出。在加拿大，每年有1/3的公民参加志愿服务，时间累计超过10亿小时，英国也有近1/2的公民每年提供超过10亿小时的志愿服务。"④

---

① 《联合国秘书长安南在2001国际志愿者年启动仪式上的讲话》，2001年9月18日，http://www.people.com.cn/GB/shizheng/252/6135/6139/20010918/563834.html，2017年6月10日。

② [美] 奥利维尔·聪茨（Olivier Zunz）：《美国慈善史》，杨敏译，上海财经大学出版社2016年版，第59页。

③ 资中筠：《财富的责任与资本主义演变：美国百年公益发展的启示》，上海三联书店2015年版，第331页。

④ 《联合国秘书长安南在2001国际志愿者年启动仪式上的讲话》，2001年9月18日，http://www.people.com.cn/GB/shizheng/252/6135/6139/20010918/563834.html，2017年6月10日。

第五章　校友资源促进世界一流大学建设的案例研究

伯克利拥有校友志愿服务的优良传统，在伯克利推进世界一流大学建设的过程中，通过志愿精神的弘扬带动了一批批学子和校友进行志愿服务，从校友活动、招生宣传到服务信息的提供。在20世纪初，加利福尼亚大学（加州大学伯克利分校的前身）第一次班级聚会的成功举行及之后的有效运行就得益于志愿者的积极支持，[①] 之后学生整体素质的提升也很好地证明了校友志愿服务的积极影响，能够确保伯克利的不断卓越和招收最合格的学生。目前，校友志愿服务主要通过伯克利俱乐部（活跃于当地的伯克利俱乐部）、区域联系（担任伯克利校友大使）、团聚委员会（参与班级活动）、学生支持（促成伯克利学子的成功）的方式进行，[②] 借助这种多元化的手段能够拓展校友间联系的频度，吸纳更多校友的参与。通过俱乐部与班级的活动以及校友大使的区域联系，也能够增加校友与伯克利的互动，进而强化校友与学校之间的凝聚力，形成校友支持伯克利发展的传统。校友志愿服务的初衷主要源于校友对伯克利在教育、研究和公共服务方面的持续卓越拥有激情，期待与同学重新联系并帮助他们与伯克利建立更深的关系，帮助伯克利的学生、教师和世界取得更大的成就。[③] 此外，校友志愿服务对伯克利的贡献主要是智力支持和声誉拓展，这部分校友不仅拥有丰富的智力资源，而且拥有卓著的社会声誉。一方面，部分校友积极竞争校友学者，以便增强学校师资队伍的力量，提升教师水平，如校友会公示的2016—2017校友学者，是来自13000名申请者激烈竞争的结果，包括25位TAAP学者和25位KASP学者以及650位TLA学者。[④] 另一方面，部分校友通过高级智囊的身份志愿服务学校的改革发展，同时与学校的科研机构和创业团队相合作，以创造更

[①] Charles H. Webb, *Handbook for Alumni Administration*, Arizona: Oryx Press, 1995, p.45.
[②] Berkeley Office of International Relations/International Alumni Network, https://international.berkeley.edu/international-alumni-network#, 2017年6月18日。
[③] Why Volunteer? https://reunions.berkeley.edu/volunteer/why, 2017年6月19日。
[④] 2016 - 2017 CAA Alumni Scholars, https://alumni.berkeley.edu/community/scholarships/2016-scholars, 2017年6月20日。

大的社会价值，如知名的 Sun 微系统公司、Intel 公司、Chiron 公司等，都是伯克利校友创办的企业，这些企业毋庸置疑提升了伯克利的社会声誉，增强了伯克利的世界竞争力。

(2) 校友的捐赠支持

校友捐赠是校友财力资源支持伯克利发展的主要形式，伯克利与校友们保持密切联系，仅专职筹款人员就有 220 名，捐款数额至 2014 年达到 1.84 亿美元。① 校友为何捐赠？校友本身被视为伯克利的财富，校友通过伯克利校友会（Cal Alumni Association，CAA）成为这所伟大大学的一部分，捐赠不仅能够支持 CAA 并与伯克利保持永久联系，也象征着校友作为世界上最好公立大学毕业生的成功。② 捐赠方式呈现出多元化特征，诸如网上捐赠、邮件捐赠、电话捐赠、基金捐赠、配套捐赠、证券转让、计划性捐赠等。③ 捐赠物种类也是非常多样，各年龄段校友也有所差异，具体如表 5-1 所示。

校友的捐赠支持在伯克利已经形成自己的特色，即校友协同家庭一起捐赠支持母校的发展，该方面一个非常有名的项目就是"伯克利忠诚"（Berkeley Loyal）。"伯克利忠诚"社群作为大学最坚定的支持者，其会员在维持大学的卓越中发挥了至关重要的作用。当捐助者在最近三个连续的财政年度中每一年都进行捐赠，就获得了伯克利忠诚的荣誉，被认为是在总年数中对伯克利给予了捐赠。目前有超过 25000 个捐赠家庭具备伯克利忠诚的资格，其中 48 个已经持续捐赠 50 年（或更久）。年复一年，这些忠诚的支持者在帮助学生和教师实现他们的梦想和改变世界方面扮演着重要的角色。④ 关于"伯克利忠诚"项目具体情况如表 5-2 所示。

---

① 韩萌：《"后危机时代"世界一流公立大学财政结构转型及启示——以加州大学伯克利分校为例》，《教育研究》2016 年第 5 期。
② Give/Why Give, https://alumni.berkeley.edu/give/why-give, 2017 年 6 月 22 日。
③ Give/How to Give, https://alumni.berkeley.edu/give/ways-give, 2017 年 6 月 23 日。
④ Berkeley Loyal/Welcome, http://loyal.berkeley.edu/index.php, 2017 年 7 月 3 日。

第五章　校友资源促进世界一流大学建设的案例研究

表 5-1　　　　　　　　　加州大学伯克利分校校友捐赠物分类

年龄	捐赠物类别
30—49 岁	遗产（Bequest）、现金（Cash）、私人持有证券（Privately Held Securities）、公开交易证券（Publically Traded Securities）、不动产（Real Estate）[①]
50—64 岁	遗产（Bequest）、现金（Cash）、延期年金慈善礼物（Deferred Charitable Gift Annuity）、私人持有证券（Privately Held Securities）、公开交易证券（Publically Traded Securities）、不动产（Real Estate）[②]
65 岁以上	廉价出售慈善（Charitable Bargain Sale）、慈善礼物年金（Charitable Gift Annuity）、慈善先行信托（Charitable Lead Trust）、慈善余额单一信托（Charitable Remainder Unitrust）、延期年金慈善礼物（Deferred Charitable Gift Annuity）、捐赠国向基金（Donor Advised Fund）、捐助指定基金（Donor Designated Fund）、个人退休账户慈善滚存（IRA Charitable Rollover）、终身礼物保险（Lifetime Gift of Insurance）、不动产（Real Estate）、保留生前财产（Retained Life Estate）、退休计划（Retirement Plan）、有形动产（Tangible Personal Property）[③]

资料来源：https：//planyourlegacy.berkeley.edu/gift-types。

表 5-2　　　　　　　　　　"伯克利忠诚"项目一览[④]

经常性的问题	内容
什么是"伯克利忠诚"？	"伯克利忠诚"是一个捐赠社群，群员为最近三个财政年度（7月1日至6月30日）向加州大学伯克利分校捐赠的捐赠者。当这一荣誉实现时，这些坚定的支持者被承认他们向伯克利捐赠的总年数是有效的。目前有超过24500个捐赠家庭具备"伯克利忠诚"的资格，其中46个已经持续捐赠50年（或更久）。这种经久不衰的慷慨捐赠经历了至少9位总统的政府、8位伯克利校长和11位诺贝尔奖教师；生物技术和开放源代码软件的诞生；马克·吐温论文存档的数字化；首批经过认证的有机餐厅的创建；50场美式足球对抗赛，包括1982年的比赛；以及完成或翻新的伯克利法学院（2008年"博尔堂"更名为"伯克利法学院"）、劳伦斯科学馆、泽勒巴克厅、唐中心、哈斯商学院、东亚图书馆、斯坦利音乐厅、布莱姆厅和李嘉诚中心

[①] Berkeley Office of Gift Planning/Gift Types/Gift Types Ages 30-49，https：//planyourlegacy.berkeley.edu/gift-types-30-49，2017 年 6 月 26 日。

[②] Berkeley Office of Gift Planning/Gift Types/Gift Types Ages 50-64，https：//planyourlegacy.berkeley.edu/gift-types-gift-types-ages-50-64，2017 年 6 月 27 日。

[③] Berkeley Office of Gift Planning/Gift Types/Gift Types Ages 65 Plus，https：//planyourlegacy.berkeley.edu/gift-types-ages-65-plus/gift-types-ages-65-plus，2017 年 7 月 1 日。

[④] Berkeley Loyal/Frequently Asked Questions，http：//loyal.berkeley.edu/faq.php，2017 年 7 月 5 日。

续表

经常性的问题	内容
会员级别是什么？	3年以上的捐赠；5年以上的捐赠；10年以上的捐赠；15年以上的捐赠；20年以上的捐赠；25年以上的捐赠；30年以上的捐赠；40年以上的捐赠；50年以上的捐赠
如何成为"伯克利忠诚"的会员？	通过在伯克利最近三个财政年度中的捐赠，您将自动成为"伯克利忠诚"的会员，这种特征是保持每年持续的捐赠，捐赠物可为任何规模和校园中的任何地方
为什么年度支持需要持续？	年度捐赠有助于保持校园及其项目运转发挥到卓越水平，我们越来越多地依赖于忠诚捐助者的承诺，通过他们慷慨的年度捐赠来保持和提高伯克利在教育、研究以及公共服务方面的卓越。"伯克利忠诚"的会员通过提供关键的持续支持，使我们的学生、教师和项目成为可能，从而体现了学校的校训："愿知识之光普照大地"（拉丁文：fiat lux）
我会得到什么样的认可？	"伯克利忠诚"的会员每年都会收到一封确认他们持续身份的信息和他们提供捐赠的年数。会员还会收到一个特殊的窗花，显示他们的会员等级和参与年份，以便他们能够自豪地展示他们对大学的承诺
如果我错过一年会怎么样？	如果您错过了一个财政年度，"伯克利忠诚"会员资格将会失效。会员需要连续三年支持才可恢复。届时您会被欢迎回归，包括您给伯克利捐赠的总年数
哪些捐赠物算？	您对伯克利任何学院、系或项目任何级别的年度捐款都将建立和维持您"伯克利忠诚"会员的资格，也是为了认可您一贯的年度支持
认捐算数吗？	"伯克利忠诚"认可捐赠者每年向大学的捐赠，虽然认捐不适用于会员，但对您的认捐做贡献计数
我如何与您联系？	如果您对您的捐赠或您的"伯克利忠诚"身份有任何疑问，请通过donorervices@berkeley.edu 或 510.642.1212 联系捐助服务

资料来源：http://loyal.berkeley.edu/faq.php。

也正因为"伯克利忠诚"带来的马太效应，形成了规模性的持续捐赠家庭支持自己母校的发展，2016—2017 会员年的最新统计数据显示（见图 5-2），持续捐赠 30—39 年的家庭数最多，高达 2227 个；50 年以上最少，48 个。这些捐赠家庭通过自身所有的资源多方面支持伯克利的发展，通过以下几个校友的亲身事例更能说明问题。

事例一：5 年以上持续捐赠的海蒙夫妇：保罗，2010 届毕业生；戴

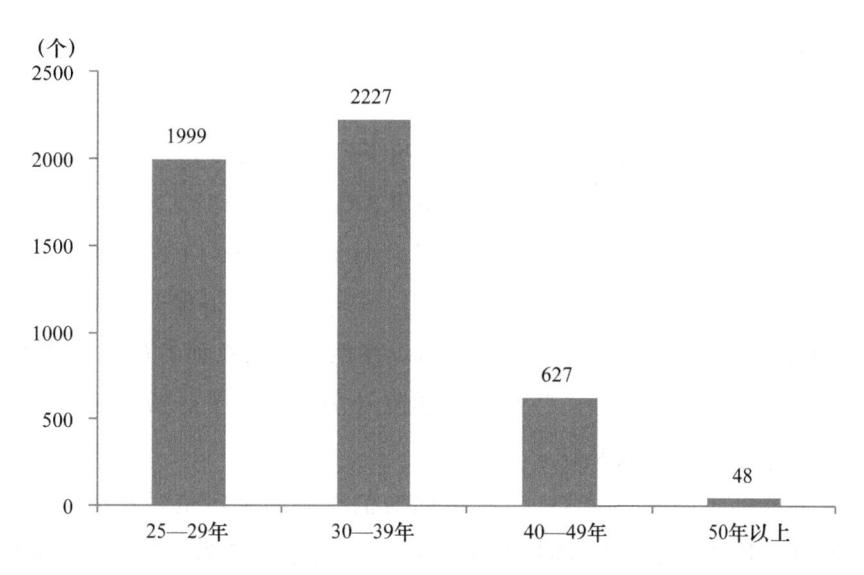

图 5-2　2016—2017 会员年加州大学伯克利分校持续捐赠家庭数统计

数据来源：http://loyal.berkeley.edu/sharing-the-light.php。

蒙德，2015 届毕业生（Paul and Diamond Haymon）①。

伯克利的本科毕业生海蒙夫妇亲身感悟到私人捐赠对学校的重要性，他们在加州呼叫中心工作时认识，在那里他们联系校友和家长，以争取他们对大学的支持。

保罗说："校友的捐赠会对现在的学生产生巨大的影响，作为学生呼叫工作者，我们通过筹款展现了我们对伯克利的承诺。现在我们是校友，我们继续通过捐赠来表现这一承诺。"

这对夫妇过去五年的慷慨捐赠主要致力于增加奖学金，保罗说："我们夫妇都来自低社会经济背景，如果没有慷慨捐赠者的奖学金，我们将面临更多的债务和更少的机会。"戴蒙德补充说："我们想让与我们有类似背景的学生能够负担得起进入伯克利的费用，同时拥有更多诸如出国学习的机会。"

---

① Berkeley Loyal/Sharing the Light/PAUL'10 AND DIAMOND'15 HAYMON，http://loyal.berkeley.edu/sharing-the-light.php，2017 年 7 月 10 日。

校友资源与世界一流大学建设

对于那些有兴趣和伯克利保持联系的人，海蒙夫妇建议他们给学校捐赠。戴蒙德说："我们说服他们进行捐赠以产生最大影响。"

事例二：10年以上持续捐赠的莎尔玛夫妇：阿密特，1984届毕业生，1988届理学硕士；安茱（Amit and Anju Sharma）[①]。

伯克利的校友莎尔玛夫妇现在虽有两个孩子——14岁的儿子萨米特（Sumeet）和16岁的女儿普丽扬卡（Priyanka），但他们仍将持续支持伯克利保持卓越视为特别重要之事。在他们对伯克利的众多捐赠中，已经设立了一个奖学金，并对工程学院（萨米特和普丽扬卡两人学习之地）定期给予年度基金。

对于莎尔玛夫妇而言，一贯地回馈伯克利的决定是轻松的。惠普（Hewlett-Packard，HP）项目经理安茱说："你必须认为它是一种在加州和美洲的未来投资，它是一个需要美国机构保护的贵重物，加之我们所生活的时代，我想不出一个更好的地方来支持。"

阿密特是伯克利的本科生、研究生、捐赠者和就读学子的父亲，多方面受益于伯克利的世界一流公立教育。尽管今天他在硅谷工作，但经常忆起他在伯克利获得的指导，并仍然感谢伯克利对他工作方法上的积极影响。

HP的研究与开发总监阿密特说："我仍旧认为教师是我的榜样，当我在工作中遇到困境时，我会回想我的老师们将如何处理这种情况。他们专注于最高价值。"

事例三：15年以上持续捐赠的玛丽恩·奥利特（Marion Ault）[②]。

玛丽恩·奥利特来自20世纪40年代的纳帕，通过灰狗巴士（Greyhound bus）有了伯克利的首次经历。她在伯克利的教育——心理学和经济学的学习——不仅给了她从事银行工作的信心，而且也诞生了

[①] Berkeley Loyal/Sharing the Light/AMIT' 84, M.S.' 88 AND ANJU SHARMA, http://loyal.berkeley.edu/sharing-the-light.php, 2017年7月11日。

[②] Berkeley Loyal/Sharing the Light/MARION M. AULT, http://loyal.berkeley.edu/sharing-the-light.php, 2017年7月15日。

第五章　校友资源促进世界一流大学建设的案例研究

一个多代家庭与伯克利校园的缘分。

她深情地回忆道："伯克利打开了我探索文化多样性和学习兴趣的眼睛，这实际上是我生命中最重要的事情。"并列举了20世纪60年代自由言论运动之前学校因卓越和行动主义而享有全球声誉。玛丽恩对伯克利的幸福回忆还包括Delta Zeta联谊会的承诺（一个令活跃女孩兴奋的家）和伯克利的日常学习。

作为一位捐赠者，她尤为支持学校图书馆，学生之时她在那里每周工作40小时。多年来，她在多次出行中返回校园，探望曾经的学习之家——她的儿子理查德（Richard）曾在伯克利学习新闻和划船，现在她的孙子约翰（John）是一个资深的环境科学研究者。她也与一群女同学多年保持联系，定期聚会，追忆他们与伯克利有意义的联系。

玛丽恩说："如果在美国西部发生任何事情，只要发生在伯克利，感觉就像我在那里生活过。"

事例四：40年以上持续捐赠的登普西夫妇：安，1960届毕业生；约翰，1960届毕业生（Ann and John Dempsay）[①]。

尽管登普西夫妇住在洛杉矶附近，但他们仍和伯克利校园保持密切的联系——毫不夸张地说，每次的伯克利主场足球赛事他们都北飞观看。他们甚至已经认识了球队的一些球员和他们的家人。

这对夫妇对伯克利体育的热爱已延伸到了整个大学。本科学习政治学的安回忆说："我们在我们的教育中得到非常多并受到极大的鼓励支持，身为校友回馈母校是理所当然的事。我的家人也总是乐善好施。"

在伯克利，安遇见了她的首任丈夫——已故的法学学士理查德·旺德（Richard Wonder）。她的第二任丈夫约翰，与她同在华盛顿州贝尔维尤市的高中就读，并在伯克利取得了犯罪学学位。总之，登普西夫妇一如既往地支持着学校的许多领域——大学图书馆和文学与科学学院，以及诸如网球、足球、划船类的运动项目。

---

① Berkeley Loyal/Sharing the Light/ANN'60 AND JOHN'60 DEMPSAY, http://loyal.berkeley.edu/sharing-the-light.php, 2017年7月17日。

约翰曾经是一位年轻的划船运动员,现已从包装纸管理岗退休。他说:"体育运动能够呈现出一个人的不同面,体育竞争是一种非常宝贵的经历,所以我们想继续支持伯克利有天赋的学生运动员。"安补充说:"通过捐赠所得之获超过以往做任何事情的收获。"

2. 校友的发展

伯克利对校友的发展也是给予全方位的关注,以满足校友归属的需要、自尊的需要和自我实现的需要。正如伯克利捐赠策划办公室执行董事、法学博士凯文·克里利(Kevin T. Crilly, J. D.)指出:在伯克利,我们以为世界提供最好最辉煌的世界一流教育而深感自豪;在捐赠策划办公室,我们以能帮助校友、朋友和支持者制作符合慈善、金融和遗产规划目标的捐赠策划而深感自豪;这源于我们团队每天所坚持的一套核心价值观念:精确性(Accuracy)、可达性(Accessibility)和透明性(Transparency)。[1]

准确性:我们的专业知识团队拥有90余年的财产和捐赠策划专业知识,能够为您提供指导、建议和实践支持,我们也在本网站上提供资源以帮助您了解许多可得选择。

可达性:您可以在您方便之时通过电话、电子邮件、邮政邮件或网站与我们取得联系,我们通常会在当天给您回复(始终在48小时内)。如果您在营业时间电话咨询,您将很可能立即与捐赠策划人员交流。

透明性:我们的目标是根据需要清楚地经常与您沟通。我们的努力是为您建立积极的捐赠策划经验。

(1)校友俱乐部

伯克利的校友俱乐部与非洲、亚太、欧洲、拉丁美洲、中东、北美地区的校友都在保持联系。目前,伯克利拥有超过22000名校友生活在美国之外,利用俱乐部与区域联系和35个国家建立了国际性的网络,通过广泛的活动和项目提供给校友、家长和朋友参与当地社区

---

[1] Berkeley Office of Gift Planning/About/Welcome from the executive director, https://planyourlegacy.berkeley.edu/about/welcome-director, 2017年7月18日。

第五章　校友资源促进世界一流大学建设的案例研究

的机会。① 所以说校友即使生活在国外，只要加入校友俱乐部，就能与伯克利建立国际联系，参加活动进行继续教育，满足自身发展的需要。以非洲校友项目为例，加州大学伯克利分校与其他五所大学合作，对来自撒哈拉以南的非洲校友的职业和生活轨迹进行了为期两年的追溯追踪研究，对于伯克利而言，这项研究对于非洲校友的彼此联系和聘请他们作为目前非洲学生的顾问与导师提供了一个前所未有的机会。②

（2）个性化与终身化的校友服务

伯克利为了更好地服务于校友，将个性化服务融于校友的工作生活之中。利用高级信息管理系统（Advancement Information Management，AIM）对校友数据进行分析处理，包括校友的职业变动、薪酬状况、兴趣爱好等，时刻掌握校友的最新动态。搭建专业化的团队开展校友工作，及时了解校友的需求以及校友对学校发展的建议。

以校友之家（Alumni House）为例，校友之家位于加州大学伯克利分校校园的中心，源于18000多名校友的慷慨捐赠，是举办小型和大型活动（会议、学术研讨、婚礼）功能多样的理想之地。拥有最现代的设计，四个独特的客房以及一个大型户外庭院，附近设有停车场和全套服务厨房可用。③ 校友之家于1954年起用于服务大学，为校友提供回校举办会议或活动的场地，也是维护大学社区成员之间友谊和联系的纽带。校友之家使用需提交校友之家预订申请表（详见附录1），即可获得校友之家平面图（详见附录2）。

伯克利对校友的服务不仅是个性化的，也是终身的，所以特别重视校友的终身学习。伯克利设有专业化的终身学习机构奥舍尔终身学习研

---

① Berkeley Office of International Relations/International Alumni Network，https：//international. berkeley. edu/international-alumni-network#，2017年7月19日。
② Berkeley Office of International Relations/HOME，https：//international. berkeley. edu/，2017年7月20日。
③ Alumni House Rentals，https：//alumni. berkeley. edu/events/alumni-house-rentals，2017年7月20日。

究院（Osher Lifelong Learning Institute，OLLI），OLLI 是一个 50 岁及以上成人参与且有兴趣探索未知并着迷于知识与传统学科领域的社群。OLLI 的会员每年获得超过 90 门课程（在伯克利和拉斐特），一个免费的午间系列讲座，同时有机会参加由 OLLI 会员创建的社交活动和兴趣圈子。除此之外，会员有权享受伯克利校友会、植物园和多个市区场馆的折扣。①

（3）校友奖项

为鼓励校友的突出贡献与变革性成就，伯克利设置了四种类别 14 个奖项对校友进行荣誉奖励，如表 5-3 所示。

表 5-3　　　　加州大学伯克利分校校友奖项类别一览

名称	分类	备注
大学奖	伯克利奖章（Berkeley Medal）	1981 年成立，被授予个人的杰出贡献推动了大学的理想与目标②
	伯克利表彰（Berkeley Citation）	授予对伯克利的贡献超越职责、成就超越领域卓越标准的各种杰出个人或组织③
	校长的嘉奖（Chancellor's Citation）	授予成就或表现有益于学校的杰出校友④
	校长杰出服务奖（Chancellor's Distinguished Service Award）	授予教学和研究之外的杰出服务⑤

---

① Osher Lifelong Learning/Why Join OLLI? https：//olli. berkeley. edu/why-join-olli，2017 年 7 月 20 日。

② University Awards/Berkeley Medal，https：//awards. berkeley. edu/berkeley-medal，2017 年 7 月 26 日。

③ University Awards/Berkeley Citation，https：//awards. berkeley. edu/berkeley-citation，2017 年 7 月 26 日。

④ University Awards/Chancellor's Citation，https：//awards. berkeley. edu/chancellors-citation，2017 年 7 月 26 日。

⑤ University Awards/Chancellor's Distinguished Service Award，https：//awards. berkeley. edu/chancellors-distinguished-service-award，2017 年 7 月 26 日。

第五章 校友资源促进世界一流大学建设的案例研究

续表

名称	分类	备注
成就奖	校友年度奖 (Alumnus/a of the Year Award)	授予伯克利树立优秀榜样的杰出校友①
	伯克利创办人奖 (Berkeley Founders Award)	奖励校友给予的长期杰出领导和广泛的学术、体育、慈善服务以及其他项目等②
	钟塔卓越成就奖 (Campanile Excellence in Achievement Award)	校友的卓越专业成就反映了优秀的伯克利教育③
	菲亚特勒克斯教师奖 (Fiat Lux Faculty Award)	奖励非凡的贡献,推进大学的慈善使命以及研究、教学项目的改善④
	年轻校友卓越成就马克·宾汉奖 (Mark Bingham Award for Excellence in Achievement by a Young Alumnus/a)	奖励一个年轻的校友在过去10年里对他/她的社区,国家或整个世界做出的重大贡献⑤
志愿者奖	萨瑟门青年志愿者奖 (Sather Gate Young Volunteer Award)	年轻校友展现的杰出成就,领导潜力,并为学校和社区服务⑥
	1868精神志愿者奖 (Spirit of 1868 Volunteer Award)	杰出的志愿者领导力,支持大学慈善和外展工作的成就⑦
	忠诚公司杰出志愿者团体奖 (Loyal Company Outstanding Volunteer Group Award)	赞助校友协会授予的志愿者团体,通过活动、项目和慈善机会吸引成员⑧

① Achievement Awards/Alumnus/a of the Year Award, https://awards.berkeley.edu/achievement-awards, 2017年7月26日。

② Achievement Awards/Berkeley Founders Award, https://awards.berkeley.edu/achievement-awards, 2017年7月26日。

③ Achievement Awards/Campanile Excellence in Achievement Award, https://awards.berkeley.edu/achievement-awards, 2017年7月26日。

④ Achievement Awards/Fiat Lux Faculty Award, https://awards.berkeley.edu/achievement-awards, 2017年8月6日。

⑤ Achievement Awards/Mark Bingham Award for Excellence in Achievement by a Young Alumnus/a, https://awards.berkeley.edu/achievement-awards, 2017年8月6日。

⑥ Volunteer Awards/Sather Gate Young Volunteer Award, https://awards.berkeley.edu/volunteer-awards, 2017年8月6日。

⑦ Volunteer Awards/Spirit of 1868 Volunteer Award, https://awards.berkeley.edu/volunteer-awards, 2017年8月6日。

⑧ Volunteer Awards/Loyal Company Outstanding Volunteer Group Award, https://awards.berkeley.edu/volunteer-awards, 2017年8月6日。

续表

名称	分类	备注
哈斯奖	爱丽丝和瓦尔特·A. 哈斯国际奖（Elise and Walter A. Haas International Award）	奖励在艺术、科学和工程、教育、商业、环境等其他领域拥有杰出的服务记录[①]
	彼得·E. 哈斯公共服务奖（Peter E. Haas Public Service Award）	表彰伯克利的校友为美国社会改善做出重大的志愿贡献，主要包括社区/社会服务、医疗保健、环境和教育四大类[②]

数据来源：https：//awards. berkeley. edu/。

三 案例小结

加州大学伯克利分校作为一所世界一流的公立大学，校友资源在其发展过程中贡献甚大，如智力贡献、财富贡献和文化贡献。校友资源与伯克利的发展已经形成一种"共同体"思维，从生源开始建立学缘共同体，并通过文化共同体的方式与校友建立深厚的情感基础，最终实现两者间发展的共同体。

校友通过智力贡献，以志愿服务的形式在世界范围内为伯克利吸纳优秀生源，提升生源质量，以作为学校优秀教师的形式成为伯克利卓越师资的重要组成。同时，校友积极参与学校治理，变成学校改革发展的高级智囊，成为影响学校治理的第三方力量，形成了共同治理的格局。校友参与伯克利的治理在加州宪法中已有明确规定，主要是董事会和行政委员会组织机构成员的构成方面，都有校友参与的角色，这也符合大学组织资源依赖之属性，符合校友作为大学利益相关者参与大学治理，符合校友与大学满足彼此需要以寻求共同发展的目标，更符合加州大学校友秉持的理念：加州的资源是可以"再生产的"，加州依然是实现创

[①] The Haas Awards/Elise and Walter A. Haas International Award, https：//awards. berkeley. edu/elise-walter-haas-international-award，2017 年 8 月 6 日。

[②] The Haas Awards/Peter E. Haas Public Service Award, https：//awards. berkeley. edu/peter-e-haas-public-service-award，2017 年 8 月 6 日。

第五章　校友资源促进世界一流大学建设的案例研究

新的梦想之地,并为此努力游说和寻求政治人物的支持,希望这些努力能够成功,改变政治家的理念,使其继续投资高等教育。[1]

校友通过财富贡献,极大地改善了伯克利的办学条件。伯克利诸多的卓杰教授席位和奖助学金都源于校友的慷慨捐赠,这些捐赠通过办学条件的改善为师生水平质量的提升创造了条件,而且吸引优秀师生提升教师水平和生源质量。校友捐赠在伯克利也已形成优良传统,校友将支持伯克利的发展视为一种至上荣誉,正如1985届校友霍克·S. 李(Hock S. Lee)的感言:"伯克利是我全部慈善事业中最优先考虑的。伯克利是世界一流的,它在教学和研究两方面非常出色,我想通过帮助确保它保持这种出色。许多主要机构如果没有巨大捐赠,伯克利不可能成为世界一流大学。激烈的师资竞争,众多昂贵的前沿研究项目,要求我们通过缩小报酬和资金缺口来吸引和拥有它们。"[2]

校友通过文化贡献,特别是卓杰校友对于伯克利声誉的扩大发挥了积极作用。早期的卓杰校友"《圣经》中的12信徒"分布在各行业领域,它的声誉影响力自然而言遍及校内校外。之后,随着伯克利的不断发展,人才培养质量的提高和知识创新能力的增强,培养的学术大师、政治英才、经济精英、文化名流等卓杰人才数不胜数,创造的一流知识对整个美国和世界都产生了深远影响。这些校友的身份和事迹都成为伯克利在校师生的精神楷模,也成为校外人士的榜样力量,这种精神楷模与榜样力量经过时间积淀,必然成为伯克利卓越校友文化的重要组成部分。也正是校友的这种文化支持,才养成了伯克利深厚的校友文化底蕴,使得校友的各种支持总能良性运行和发展。

总之,加州大学伯克利分校与其校友资源关系最核心的特质就是树立"共同体"思维,秉持以"以生为本"的理念并延伸至"以校友为

---

[1] [美]乔治·W. 布瑞斯劳尔:《加州大学伯克利分校何以久负盛名:历史性动因的视角》,杜瑞军、常桐善译,《清华大学教育研究》2011年第6期。

[2] Berkeley The Charter Hill Society /Member Stories/HOCK S. LEE '85, http://charterhill. berkeley. edu/member-stories. php,2017年8月16日。

中心"，通过文化培育及育人，搭建专业化的服务平台，提供精准化与终身化的服务，使得校友从准校友到校友角色转变中始终对母校报以强烈的归属感、忠诚感和责任感，提供源源不断的智力支持、财力支持和文化支持。校友资源对于加州大学伯克利分校发展的重要性正如其校友网主页上所阐述的那样："每天，人们因您为伯克利的进步所做的努力而喜悦。您的支持使伯克利不断进步且永葆卓越！"①

第二节 案例：清华大学

清华大学作为我国国内顶尖大学，历经百余年的发展，培养了一大批学术大师、兴业英才和治国栋梁，他们不仅是清华的荣誉，也是清华的资源。清华校友国学大师钱穆先生说："伟大的校友，才能成就伟大的母校。"清华大学的伟大需要卓杰校友来成就，清华大学建设世界一流大学当然需要优质校友资源来支持。清华校友总会（Tsinghua Alumni Association，THAA）前秘书长郭樑也说："清华校友资源是无价之宝，具有很好的信誉，希望大家能够珍惜，并且能够时刻牢记清华人身上的历史责任，将校友的精神传递下去。"② 正因如此，清华大学将校友作为"三宝"（校训、校园、校友）之一，校友通过"三爱"（爱国奉献、爱校感恩、爱友互助）支持母校发展，提升母校声誉，产生了"三多"效应，参加校友会活动的年轻校友多了，回校招聘学弟学妹的年轻校友多了，跨地区跨行业联系的年轻校友多了。③

一 THAA 的完善

清华大学将校友工作视为一项全局性、战略性和系统性的工作，通过不断完善 THAA 的组织机构，有效保持与校友的紧密联系。THAA 的前身是"清华学校留美同学会"，其发展轨迹如表 5-4 所示。时至今

---

① Berkeley, https://give.berkeley.edu/? sc = 55546&utm_source = alumni-friends&utm_medium = marketing&utm_content = blueskies%26camp&utm_campaign =55546, 2017 年 8 月 16 日。
② 曹永刚：《清华校友会：发展与善用校友资源》，《人力资源》2009 年第 13 期。
③ 《清华校友总会秘书长唐杰：实践服务宗旨 助力校友事业发展》，2017 年 1 月 3 日，http://www.tsinghua.org.cn/publish/alumni/4000343/11335125.html, 2017 年 8 月 29 日。

第五章　校友资源促进世界一流大学建设的案例研究

日，THAA 的工作成效显著，校友联络率超过 80%，组织架构及规章制度也比较完善，各类校友组织不断发展。根据 THAA 官网的统计数据显示：到 2016 年底，建立各年级校友召集人组织、理事会 60 余个；海内外活跃的校友会组织 165 个，其中国内清华校友会组织 116 个（覆盖 33 个省、自治区、直辖市以及港澳台地区①），海外清华校友会组织 49 个（覆盖美国、加拿大、英国、法国、德国、澳大利亚、新西兰、日本、新加坡、泰国、马来西亚、瑞士 12 个国家）；2003 年以来，陆续成立了风电、保险、互联网与新媒体、汽车、房地产、投资、环境等行业协会（详见附录 3）和剧艺、乒乓球、摄影、影视、合唱团、羽毛球、民乐等多个校友兴趣组织（详见附录 4）；百年校庆后，各院系校友会组织也蓬勃发展起来。② 除此之外，THAA 还通过提供多种形式的服务平台以方便校友，为校友提供免费电子邮箱，发行校友信用卡③、清华龙卡和招行校友认同卡等，主办《清华校友通讯》《水木清华》和清华校友网，利用新媒体开通服务号、订阅号等微信公众号来加强与校友的联系，邀请校友参加秩年校友校庆返校聚会活动。④

在 THAA 的管理方面，校长担任会长全权负责。根据 2017 年 THAA 公布的名单，除 1 名会长外，副会长 4 名（男 3 名、女 1 名）、秘书长 1 名（男）、副秘书长 4 名（男 3 名、女 1 名）、常务理事 25 名（男 23 名、女 2 名）、理事 79 名（男 67 名、女 12 名）。⑤ 日常工作及对外联系的部门为办公室、联络部、捐赠服务部、《清华校友通讯》编辑部、《水木清华》编辑部和研究部，其具体职能及人员组成详见表 5-5。

---

① 安徽、重庆、福建、甘肃、广东、广西、贵州、海南、河北、河南、黑龙江、湖北、湖南、吉林、江苏、江西、辽宁、内蒙古、宁夏、青海、山东、山西、陕西、上海、四川、天津、西藏、新疆、云南、浙江、香港、澳门、台湾。
② 《总会简介》，2016 年 2 月 26 日，http://www.tsinghua.org.cn/publish/alumni/4000390/sec_detail1.html，2017 年 8 月 29 日。
③ 校友信用卡为校友的身份证明，持卡人专享：进入校门；进入学校图书馆阅览图书；预订入住校内招待所；学校游泳馆、体育馆等公共设施优享校友优惠价；参加各类清华校友活动等。详见：http://www.tsinghua.org.cn/publish/alumni/4000385/10090318.html。
④ 《总会简介》，2016 年 2 月 26 日，http://www.tsinghua.org.cn/publish/alumni/4000390/sec_detail1.html，2017 年 8 月 29 日。
⑤ 《清华校友总会第八届理事会名单》，2016 年 3 月 31 日，http://www.tsinghua.org.cn/publish/alumni/4000392/sec_detail1.html，2017 年 9 月 20 日。

表5-4　　　　　　　　　　　THAA 历史变迁表

时间	学校名称	THAA 历史变迁
1911年4月—1912年10月	清华学堂	—
1912年10月—1928年8月	清华学校	1913年6月29日成立"清华学校留美同学会" 1915年在美国成立总会执行部
1928年8月—1937年8月	国立清华大学	1933年执行部从美国移至国内，更名为"清华同学会总会"
1937年10月—1938年2月	国立长沙临时大学	—
1938年3月—1946年5月	国立西南联合大学	—
1946年1月—1948年12月	国立清华大学	—
1949年1月至今	清华大学	1981年 THAA 成立 1991年在民政部正式注册为全国性社会团体

资料来源：http://www.tsinghua.org.cn/publish/alumni/4000390/sec_detail1.html。

表5-5　　　　　　　　　　　THAA 职能部门一览

部门名称	部门职能	人员组成	人员总数
办公室	综合协调、文秘文书、外联接待和后勤保障，为总会各部门和广大校友服务	主任：1名 工作人员：3名	
联络部	院系校友分会工作联络和支持，地区校友会联络和服务，年级校友联络和值年活动支持，校友数据管理和运维，重点校友调研和联络服务，《水木清华》和《校友通讯》发行，毕业生服务和毕业生年级理事选聘、校友网升级、校友邮箱迁移和数据库建设	主任：1名 工作人员：6名	
捐赠服务部	校友捐赠策划与服务，励学金、奖学金、互助金、大额捐赠等项目的对接与实施，年度捐款和杂志订阅，财务和人事工作	主任：1名 工作人员：3名	32名
《清华校友通讯》编辑部	编辑出版《清华校友通讯》《校友文稿资料选编》；视频节目制作，校友网三个一级栏目和总会公众号管理和运维，联络服务老校友，清华名人数据库、图片资料积累，总会其他宣传工作等	主任：1名 工作人员：5名	
《水木清华》编辑部	编辑出版《水木清华》及增刊、专刊，《水木清华》读者俱乐部相关活动组织等	主任：1名 工作人员：7名	
研究部	校友发展质量研究，校友终身学习服务，校友职业发展服务，校友行业组织、兴趣社团的联络和服务等	主任：1名 工作人员：2名	

资料来源：http://www.tsinghua.org.cn/publish/alumni/4000394/sec_detail1.html。

第五章 校友资源促进世界一流大学建设的案例研究

二 感恩反哺：校友的清华情结

在清华，校友与母校之间建立了深厚的校友情结。校友们说："清华给我们的不只是一袋干粮，而是一杆猎枪。在清华学习的几年，不仅学到了知识，更重要的是学会了'做人'。魏葆春校友（1979级机械）认为，五年间，他不仅在清华学到了基础理论知识，学到自强不息的清华精神，更学会了厚德载物做人的正气；张福森校友（1965级自控）认为，清华培育了学生五种精神：革命精神、科学求实、民主团结、艰苦奋斗、谦虚谨慎，他认为在'为人'中最重要的是'清华人身上有一种爱国的热情、强国的愿望，一种强烈的时代感和使命感。清华人的脉搏都永远和国家的脉搏一起跳动'。"[①] 杨振宁先生也说："我走过世界上很多名校，清华的校友对母校的感情最深，清华的校友凝聚力最强。我为自己在清华受到的早期教育感到自豪。"[②] 校友朱镕基在清华建校80周年之时写下对母校的感激之语："水木清华，春风化雨，教我育我，终生难忘。"真是基于这样的情感、凝聚力和自豪感，感恩反哺已成为清华校友的情结。这样感恩既有提供资源支持的反哺，也有通过传承清华文化提升学校声誉的反哺。

（一）提供资源支持

校友提供资源支持主要是提供智力与财力资源的支持，智力支持主要表现为学校通过聘请一部分卓杰校友作为优秀教师和学校改革发展的智库力量，财力支持主要表现为学校借助校友的捐赠充盈办学经费，改善办学条件，以便吸引更多卓越师资和优秀生源。

1. 智力支持

吸纳卓杰校友回校任教或举办讲座以支持清华的发展，这已经形成一种传统。早在1923年，返回母校任教的清华校友达31名，占教职工

---

① 钱锡康：《〈清华校友通讯〉是展示学校人才培养成果的重要窗口》，《清华校友通讯》2010年（上）。
② 顾秉林：《清华有三宝》，《清华校友通讯》2011年（上）。

总数的 1/3。[①] 后来该传统一直延续，诸如物理学家周培源、周光召，科学家钱伟长，社会学家费孝通，数学家华罗庚、丁石孙、丘成桐，建筑大师吴良镛，经济学家钱颖一，生物学家施一公，计算机专家姚期智，企业家魏少军等一批卓杰校友回校任教。时至今日，在继承这种传统的基础上有所创新，吸纳一大批各领域的杰出校友作为学生的导师，实施"校友导师计划"（Alumni Mentorship Program，AMP），AMP 的具体运作流程如图 5-3 所示。

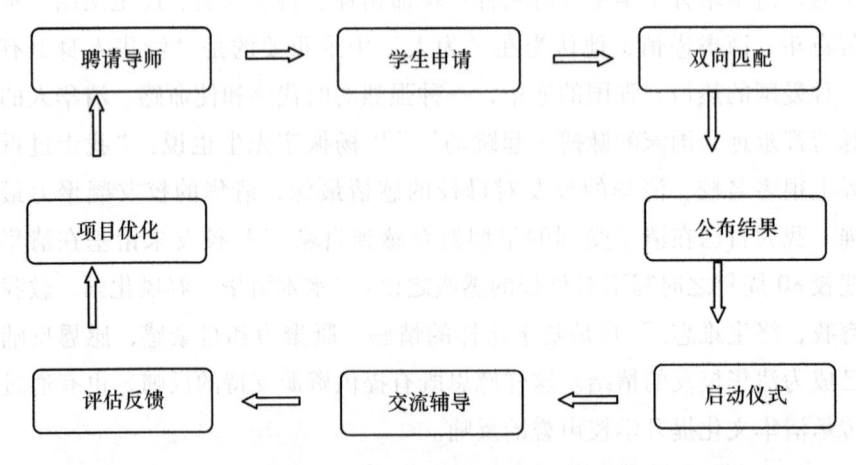

图 5-3 清华大学 AMP 运作流程

数据来源：http://www.tuef.tsinghua.edu.cn/column/zzxm5。

AMP 采用导师与学生结对的培养方式，双向选择，定期与学生交流互动，并在合适的时机安排学生到自己所在企业或者机构参观学习或者实习，从而帮助学生成长，培养学生正确的人生观、价值观和世界观。[②] 如经管学院校友导师"六个一"的要求：每学期和学生面对面交流一次，每学期与学生共读一本好书，每年邀请学生参访一次自己的岗位，每年和学生出游一次，每年给学生写一封信，每年帮助学生做一

[①] 李姝林、李怀忠主编：《百年清华》，安徽科学技术出版社 2011 年版，第 16 页。

[②] 《清华新百年基金"自强计划"校友导师》，http://www.tuef.tsinghua.edu.cn/column/zzxm5，2017 年 7 月 7 日。

第五章　校友资源促进世界一流大学建设的案例研究

件事。[①] AMP 对于学生的发展帮助非常大，校友们积极的成功经验、丰富的社会阅历和多彩的人生体验能够扩大学生的视野，提高他们应对未来复杂社会形势的能力。在校友讲座方面，学校邀请各领域的卓杰校友开展校友论坛，如丘成桐《中国需要更多一流本土数学家》、杨振宁《我不是反对中国做加速器，是现在不要做》、钱颖一《经济新常态与创新创业新常态》、施一公《科技强国 从我做起》、颜宁《我们这一代的责任》、王小川《AlphaGo 的幕后与思考》、李竹《创业不是你想成功就能成功》……校友通过贡献自己的知识、经验、阅历以增长学生的见识，增加学生的知识储备，进而提高人才培养的质量和水平。

2. 财力支持

财力支持主要是校友通过经济捐赠的形式进行办学条件的改善，为师生创造良好的学习环境，同时通过提供各类奖助学金、励学金和基金以吸引优秀师生，提升教师水平和生源质量。

校友捐赠对于办学条件的改善主要通过为人才培养创造更好的环境和设施来实现，如校友蒙民伟捐赠兴建的"蒙民伟科技大楼"，有助于清华大学教学科研硬件设施和条件的改善，促进学科交叉融合和技术创新，提升校园环境和景观品质，延续清华大学校园环境的人文传统。[②] 同样还有校友池宇峰等人捐赠兴建的"新清华学堂、校史馆、音乐厅"建筑群，[③] 校友段伟红捐资兴建的"凯风人文社科图书馆"，[④] 都是校友捐赠改善办学条件的典型表现。

优秀教师是建设世界一流大学的核心要素，清华大学为提高教师队伍的水平，积极利用校友的财富贡献，通过吸引各领域的优秀学者以提

[①]《经管学院 2016 级本科生"领军计划"校友导师聘任仪式举行》，2016 年 11 月 16 日，http://www.tsinghua.org.cn/xxfb/xxfbAction.do?ms=ViewFbxxDetail_detail0&xxid=11288508&lmid=4000345&nj=，2017 年 7 月 8 日。

[②]《蒙民伟科技大楼》，http://www.tuef.tsinghua.edu.cn/info/xyjs/1189，2017 年 7 月 10 日。

[③]《新清华学堂、校史馆、音乐厅及清华广场》，http://www.tuef.tsinghua.edu.cn/info/xyjs/1125，2017 年 7 月 11 日。

[④]《凯风人文社科图书馆》，http://www.tuef.tsinghua.edu.cn/info/xyjs/1122，2017 年 7 月 12 日。

校友资源与世界一流大学建设

高教师队伍的整体能力。1982级校友蓝春自2011年起10年内捐赠1亿元设立"清华大学新英才基金",主要用于人才引进、奖励优秀教师和文科建设等方面,特别是设立的"新英才文科特聘教授"职位,以吸引一批海内外杰出学者为清华大学文科的科研和教育服务,进一步提高人才培养的质量和科学研究的水平,来支持母校的建设与发展。[1]

为提升学生质量,校友通过捐赠设立了各种奖助学金、励学金以及校友基金项目。这些项目主要有2006年启动的"绝不让任何一个勤奋而有才华的学生因为家庭经济困难而辍学"的"清华校友励学金"工程和年级校友基金及校友年度捐款。"清华校友励学金"工程自启动以来,累计募款1.26亿元,设立励学金项目300余项,资助学生超过1万人次,通过捐赠校友与受助学生间多种形式的互动和交流,取得了很好的资助育人效果。[2]"校友年度捐款"自2003年发起以来,累计1000余次校友组织活动,近30万人次校友参加了年度捐款,共募集资金400余万元。[3] 年级校友基金的设立也主要用于年级同学互助和设立励学金,[4]

---

[1] 《新英才基金》,http://www.tuef.tsinghua.edu.cn/info/szjc/1107,2017年7月15日。

[2] 《励学金》,http://www.tsinghua.org.cn/xxfb/xxfbAction.do?ms=getFbxxList_list2&lmid=4000567&item0_name=%25E5%258A%25B1%25E5%25AD%25A6%25E9%2587%2591,2017年7月16日。

[3] 《年级校友基金及校友年度捐款》,http://www.tsinghua.org.cn/xxfb/xxfbAction.do?ms=getFbxxList_list2&lmid=4000567&item0_name=%25E5%25B9%25B4%25E7%25BA%25A7%25E6%25A0%25A1%25E5%258F%258B%25E5%259F%25BA%25E9%2587%2591%25E5%258F%258A%25E6%25A0%25A1%25E5%258F%258B%25E5%25B9%25B4%25E5%25BA%25A6%25E6%258D%2590%25E6%25AC%25BE,2017年7月18日。

[4] 研究生校友基金、1976级及以前校友基金&地区、1977级校友基金、1978级校友基金、1979级校友基金、1980级校友基金、1981级校友基金、1982级校友基金、1983级校友基金、1984级校友基金、1985级校友基金、1986级校友基金、1987级校友基金、1988级校友基金、1989级校友基金、1990级校友基金、1991级校友基金、1992级校友基金、1993级校友基金、1994、1995级校友基金、1995、1996级校友基金、1997级校友基金、1998级校友基金、1999级校友基金、2000级校友基金、2001级校友基金、2002级校友基金、2003级校友基金、2004级校友基金、2005级校友基金、2006级校友基金、2007级校友基金、2008级校友基金、2009级校友基金、2010级校友基金、2011级校友基金、2012级校友基金、2013级校友基金、2014级校友基金、2015级校友基金、2016级校友基金。详见http://www.tsinghua.org.cn/xxfb/xxfbAction.do?ms=getFbxxList_list2&lmid=4000567&item0_name=%25E5%25B9%25B4%25E7%25BA%25A7%25E6%25A0%25A1%25E5%258F%258B%25E5%259F%25BA%25E9%2587%2591%25E5%25E5%258F%258A%25E6%25A0%25A1%25E5%258F%258B%25E5%25B9%25B4%25E5%25BA%25A6%25E6%258D%2590%25E6%25AC%25BE。

还有部分其他校友捐赠的人才培养项目如表 5-6 所示。

表 5-6　　　　　清华大学校友捐赠人才培养项目一览

名称	设立者	时间（年）	目的	本金（万元）	备注
"一二·九"奖学金	张宗植	1987	为青年学生提供更好的学习条件	大于1000	奖学金
蒋南翔奖学金	蒋南翔	1989	激励学生德、智、体全面发展	接近400	奖学金
好读书奖学金	杨绛及其家人	2001	让好读书的贫寒子弟能够顺利完成学业	超过1000	奖学金
西南联大奖学金	西南联大校友	2004	奖励清华优秀学子		奖学金
滕藤奖助励学基金	陈希等人	2012	奖励全面发展的优秀化工人才		奖助励学金
王补宣院士奖学励学基金	王补宣等人	2012	激励优秀学子	超过300	奖励励学金
清华校友攀登励学基金	卢增祥等人	2010	鼓励在校家庭经济困难学生和学习成绩优秀的学生		励学金
登峰基金	邓锋	2007	研究生出国参加学术会议；思源学生骨干培养项目	2000	多元化培养基金
董钧励业金	董钧	2012	支持选择到艰苦地区和重点行业就业的学子		多元化培养基金

数据来源：http://www.tuef.tsinghua.edu.cn/column/jxj。

（二）传承清华文化，提升清华的声誉

深厚的文化底蕴是建设世界一流大学的前提与内涵[①]。清华大学作为一所拥有百余年历史的著名高等学府，学校已经传承保存了诸多优良传统，如"自强不息、厚德载物"的校训，"追求卓越"的传统，"人文日新"的精神，"行胜于言"的校风。这些传统日积月累形成清华大

---

① 胡显章主编：《世纪清华　人文日新——清华大学文化研究》，高等教育出版社2011年版，第489页。

校友资源与世界一流大学建设

学独有的文化气质,如爱国奉献、科学实干、追求卓越、育人为本、开放包容,① 它们不仅对学生在学时产生作用,也在他们步入社会后产生影响。在他们的角色转化为校友后,身上仍然保留这些气质,不可能因为时空的变化而全部消失。特别是一些拥有深厚清华情结的卓杰校友,他们不仅通过自身的资源来支持母校的发展,也会通过自身实际行动产生的影响力来传承清华的精神与文化,对内通过榜样激励师生,对外通过影响扩大母校的声誉。校友朱镕基同志在经管学院的告别讲话就是对清华精神与文化的很好传承。

> 今天,我告别清华,以后就很少来了。说实话,永远也不来了。但是,请大家放心,我的心永远留在清华。清华的每一个成绩,我都会欣慰,清华的每一个难处我都会关心,清华的每一个不足我都会指出。再见了,我永远是一个清华人!②

校友的"爱国奉献"精神对在校师生具有激励、感召、凝聚、示范和引领的作用。从施滉、韦杰三到闻一多、吴晗,生动地展现了清华师生的革命精神,③ 激发了无数师生的爱国情怀。在1999年被授予"两弹一星"勋章的23位功勋中,有14位是清华校友,④ 激励着无数清华师生在科学研究中保持求真与创新,不断创造一流知识,像校友一样肩负起民族振兴和国家强大的使命与责任。正是"爱国奉献"精神的激励,才使得无数清华人能够乐于奉献,不断传播清华的声誉。如校友吴燕生在2017年本科生毕业典礼上的发言对在校生的激励:"清华精神最重要的内涵是清华与生俱来并不断孕育的爱国奉献精神。时至今日,我越来越深刻地感受到,一个人实现个人价值的方式有多种多样,

---

① 胡显章主编:《世纪清华 人文日新——清华大学文化研究》,高等教育出版社2011年版,第64—67页。
② 李姝林、李怀忠主编:《百年清华》,安徽科学技术出版社2011年版,第24页。
③ 黄延复:《清华大学校园今昔谈》,清华大学出版社2011年版,第68页。
④ 黄延复:《清华大学校园今昔谈》,清华大学出版社2011年版,第67页。

第五章　校友资源促进世界一流大学建设的案例研究

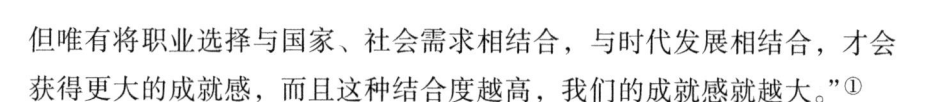

但唯有将职业选择与国家、社会需求相结合，与时代发展相结合，才会获得更大的成就感，而且这种结合度越高，我们的成就感就越大。"[1]

校友杨绛先生"三进清华"和与"二书[2]"结缘的故事对于很多清华学子也是耳熟能详，她在学时就与图书馆结下了不解之缘，她在《我爱清华图书馆》一文中写道："我在许多学校上过学，但最爱的是清华大学；在清华大学里，最爱清华图书馆。我曾把读书比作'串门儿'，借书看，只是要求到某某家去'串门儿'，而站在图书馆书库的书架前任意翻阅，就好比家家户户都可任意出入，这是惟有身经者才知道的乐趣。我敢肯定，钱锺书最爱的也是清华图书馆。"[3] 这段文字传递出杨绛先生对读书的酷爱，对图书馆的最爱，也正是她在学时的深厚积淀，才为她后期的博学打下了坚实的基础，她的行为激励着在校师生如何治学，治学如同做人，需厚积薄发。在杨绛先生毕业后，她不忘初心，继续留在母校教书育人，继续关心母校的建设与发展，协同家人设立"好读书"奖学金，以帮助贫寒学子顺利完成学业，期望他们能够"自强不息、厚德载物"。可见，以杨绛先生为代表的校友群体，其行为必然对在校师生产生激励与榜样作用，经过时间的沉淀，这种激励与榜样逐渐形成一种声誉，将会产生更大范围的影响。

清华大学校内各种校友纪念物同样展现了校友的爱校感恩，如二校门、1919级喷水塔、1920级日晷、1922级喷水塔、"清芬挺秀"石、1977级纪念台阶、"人文日新"碑、清华世纪鼎、零零阁、校训碑、"桂韵""铜鼓"、雕塑《悟》、水木清华景区、"地质之角""智者乐水，仁者乐山"雕塑、"孺子牛"石雕、白桦林、常青松、牡丹园、擎天柱、樱花林、橡树大道、观荷台、"三峡石"、莲桥、院士墙、建六

---

[1] 《校友吴燕生在2017年本科生毕业典礼上的发言》，2017年7月4日，http://www.tsinghua.org.cn/xxfb/xxfbAction.do?ms=ViewFbxxDetail_detail0&xxid=11504233&lmid=4000383&nj=，2017年8月9日。

[2] 一为读书，二为"钟书"。

[3] 侯竹筠、韦庆缘主编：《不尽书缘——忆清华大学图书馆》，清华大学出版社2001年版，第5—6页。

校友资源与世界一流大学建设

钟等,这些校友纪念物如同凝固的音乐一般,诉说着校友的故事,影响着校内师生的言谈举止,发挥着潜移默化的育人功效。事实上,学子们今天成功的部分理由或许正是源于这些校友纪念物的榜样激励,使得他们对校园内的一山一水,一草一木,一砖一瓦都带有感情,心怀感恩。正如戏剧家曹禺对清华的赞美和吟诵:"我感激水木清华这美妙无比的大花园里的花花草草。在想到头痛欲裂的时候,我走出图书馆,才觉出春风、杨柳、浅溪、白石,水波上浮荡的黄嘴雏鸭,感到韶华青春、自由的气息迎面而来……"[1]

除了校友们的亲力亲为之外,一些校友对于母校的感恩颂扬与祝贺文字也能够激励在校师生,增添母校的社会声誉和社会影响力。这些校友既有社会各领域内的卓杰人才,也有奉献在平凡岗位上的普通劳动者。他们对于母校的这种感恩反哺形式,依旧能够传承清华的优良文化。国学大师季羡林先生把对母校的爱视作对母亲的爱,一首《清华颂》让无数学子为之感动,自然有助于培养清华学子的爱校精神与清华情结。校友吴官正对清华90周年校庆的贺信,还有西藏高原校友们的祝愿……这些都是校友通过文字表达来传承清华文化的生动故事。

清华颂[2]

清华园,永远占据着我的心灵。回忆起清华园,就像回忆我的母亲。

又怎能不这样呢?我离开清华已经40多年了,中间只回去二三次。但是每次回到清华园,就像回到我母亲的身边,我内心深处油然起幸福之感。在清华的四年生活,是我一生最难忘、最愉快的四年。在那时候,我们国家民族正处在危急存亡的紧急关头,清华园也不可能成为世外桃源。但是园子内的生活始终是生气勃勃的,充满了活力的。民主的

---

[1] 束为主编:《我心中的清华园》,清华大学出版社2001年版,第191页。
[2] 季羡林:《季羡林散文集》,北京大学出版社1986年版,第438—439页。

气氛,科学的传统,始终占着主导的地位。我同广大的清华校友一样,现在所以有这一点点的知识,难道不就是在清华园中打下的基础吗?离开清华以后,我当然也学习了不少的新知识,但是在每一个阶段,只要我感觉到学习有所收获,我立刻想到清华园,没有在那里打下的基础,所有这一切都是不可能的。

……

贺 信[①]

尊敬的王校长大中同志:
尊敬的贺书记美英同志:

我收到母校寄来的90周年校庆庆典"邀请函",十分欣喜!谢谢你们的邀请。由于工作繁忙,不能去母校参加这一盛典活动,倍感遗憾。唯有忠诚党的事业,努力工作,才能报答母校对我的培养和教育,才是对母校90华诞的最好祝愿。

预祝母校90周年校庆庆典圆满成功!

吴官正
2001年4月25日

西藏高原的祝愿[②]

母校校庆办:

今年4月29日是我们的母校——清华大学建校90周年校庆之日,我们生活、工作在西藏高原上的汉、藏、门巴族二十多名清华学子感到无比喜悦和激动。

---

① 《清华大学90周年校庆》,2001年5月10日,http://www.tsinghua.edu.cn/publish/thunews/9708/2011/20110225231226703261701/20110225231226703261701_.html,2017年9月1日。
② 《清华大学90周年校庆》,2001年5月10日,http://www.tsinghua.edu.cn/publish/thunews/9708/2011/20110225231226796648814/20110225231226796648814_.html,2017年9月6日。

C 校友资源与世界一流大学建设

衷心祝福母校兴旺发达，早日成为世界一流的大学！

虽然远离母校，但我们对母校之深爱，没有因地处边远、离校日久而变化，反而愈加思念；我们无时不在关注母校的发展；无时不在聆听母校前进中的笑语欢声；无时不在感受母校的亲情；无时不在分享母校每一新成就的喜悦。

在"自强不息，厚德载物"校箴的训导下，清华的精神和传统，教我们、育我们，让我们知道如何为学、如何为人，我们作为清华人，永远感到无比的光荣和骄傲。在西藏高原这样较艰苦的条件下，我们坚持自强不息的清华精神，于平凡之中，为西藏的发展事业默默无闻、兢兢业业，做出自己的奉献。

回首往事，我们这些清华学子在西藏虽未做出可以称得上是惊天动地的事业，但可以告慰母校的是我们都在奋发努力，并没有虚度年华。在西藏奋斗的每一个清华学子可以说，都做到了"事业有成、问心无愧"，我们的青春年华和母校给予的聪明才智全都奉献给了西藏的美好事业。

今后更要在各自的岗位上，为西部大开发，为西藏的经济发展和社会进步，做出我们更大的贡献，为母校争光。

在母校 90 华诞到来之际，我们衷心感谢母校的培养，感谢老师们的辛勤教育，感谢所有的职工和同窗。

联系人：西藏社会科学院当代西藏研究所[①]
阿旺次仁

三 案例小结

随着知识经济社会的不断发展，高等教育之间的竞争性必然不断加剧，国际化程度势必不断加深，清华大学推进世界一流大学建设作为一个需要消耗大量资源才能得以进行的行为，其发展赖以所需的人、财、

---

① 西藏地区还没有成立校友分会，但是在那里工作的清华校友自觉联系起 1967 届凌成、2000 届王海胜等藏族、汉族、门巴族 29 名校友，为母校清华发来了贺信。

第五章 校友资源促进世界一流大学建设的案例研究

物、信息等资源要素,必将面临全球范围内激烈争夺的局面。清华不可能将全部精力耗费在资源的争夺上,显然需要一部分社会力量为它的发展提供服务,这部分力量的最优选择群体就是校友。一方面,校友与清华有学缘关系的基础,在一定意义上可以成为清华最值得信赖的伙伴,具有弘扬志愿精神的情感根基,也是最有可能成为伸手支援清华发展的群体;另一方面,清华大学校友的分布遍及世界各地,他们从事各行各业,更加了解自己所涉领域的资源与信息情况,能够为清华大学推进世界一流大学建设提供最优质的资源支持。正因如此,清华大学在推进世界一流大学建设的进程中,将校友作为清华"三宝"之一,把利用校友资源推进学校建设世界一流大学视为一项全局性、战略性和系统性的工作,积极保持学校与校友的紧密联系和有效互动,尽可能获取丰富且宝贵的校友资源。

在获取校友智力支持方面,实施"校友导师计划",聘请卓杰校友回清华任教,通过校友们高水平的学术能力和丰富的学术素养,提升教师队伍的质量,以培养更多的拔尖创新人才,创造更多的一流研究成果,建设更加创新的清华。在获取校友财力支持方面,不断完善 THAA 的制度与文化建设,组建职业化的校友工作队伍,打造专业化的校友基金管理平台,提供优质的校友服务,满足校友发展的需求,以获取多样性的校友捐赠,切实改善办学条件。同时,清华大学时任校长邱勇提出未来大学最大的特征是开放性和国际化,基于此,清华大学在 2016 年首次制定、发布并实施了清华大学全球战略。[①] 事实上,一个国家、一个机构、一所大学,它越是对外封闭,愚昧就越是容易占上风,愚昧就越是有力量;它越是对外开放,知识就越容易占上风,知识就越是有力量。[②] 因此,在清华大学将自己的发展目标定位为培养卓杰人才与创新

[①] 《邱勇:未来大学最大的特征是开放性和国际化》,2017 年 3 月 24 日,http://www.tsinghua.edu.cn/publish/thunews/10303/2017/20170324220100042672833/20170324220100042672833_.html,2017 年 9 月 13 日。

[②] 丁学良:《什么是世界一流大学》,北京大学出版社 2004 年版,第 31 页。

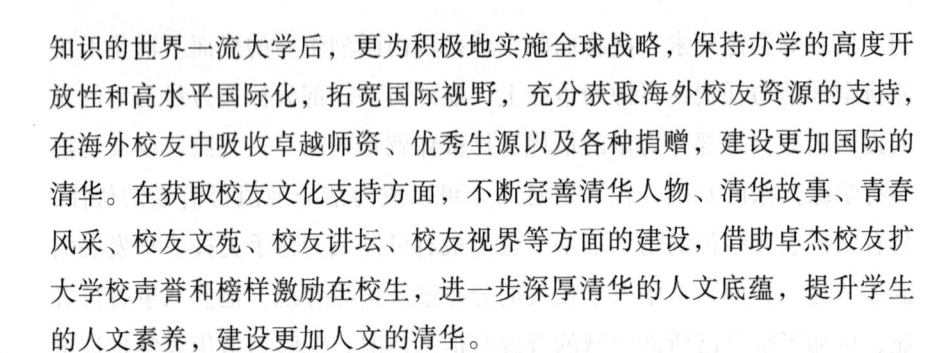

校友资源与世界一流大学建设

知识的世界一流大学后,更为积极地实施全球战略,保持办学的高度开放性和高水平国际化,拓宽国际视野,充分获取海外校友资源的支持,在海外校友中吸收卓越师资、优秀生源以及各种捐赠,建设更加国际的清华。在获取校友文化支持方面,不断完善清华人物、清华故事、青春风采、校友文苑、校友讲坛、校友视界等方面的建设,借助卓杰校友扩大学校声誉和榜样激励在校生,进一步深厚清华的人文底蕴,提升学生的人文素养,建设更加人文的清华。

第六章

校友资源与世界一流大学建设关系研究的启示

大学的发展需要资源，世界一流大学的建设离不开多元资源的支持，其中校友资源是推进世界一流大学建设最有价值的宝贵资源。对校友资源的充分使用必须贯穿世界一流大学建设的始终，使校友资源成为世界一流大学建设不可或缺的资源。但校友资源的使用需要秉承可持续发展的理念，重视校友，重视校友情结的建立，重视校友文化的培育，如何最大限度地将校友发展成世界一流大学建设的宝贵资源，应成为世界一流大学建设的题中应有之义。

第一节 校友资源之于世界一流大学建设不可或缺

校友资源优质与否和学校的优秀程度密切相关，重视校友资源的学校会更加重视人才培养的质量，因此也就更有利于世界一流大学的建设。面对世界一流大学建设的高要求，校友资源必然成为世界一流大学建设的重要选择。世界一流大学建设对于校友资源的重视不能可有可无，都是将它置于一个激烈竞争的环境中，通过选择那些优质的校友资源，才能更好地满足世界一流大学建设的资源需求。这一切都使得校友资源对于世界一流大学建设来说不可或缺，主要表现在有校友智力支持

校友资源与世界一流大学建设

方能满足世界一流大学建设之高水平人才资源需求,有校友捐赠支持方能补充世界一流大学建设之物质资源高消耗,有校友文化支持方能打造世界一流大学建设之一流文化品牌。

一 有校友智力支持方能满足世界一流大学建设之高水平人才资源需求

2003年中共中央、国务院关于进一步加强人才工作的决定中指出:"人才资源是第一资源;高校毕业生是国家十分宝贵的人才资源。"[①] 同样,高校毕业生也是一所大学十分宝贵的人才资源,而且在西方国家世界一流大学建设的历史中,无一例外都将校友作为一所学校非常宝贵的人才资源。福特基金会前任主席亨利·T.希尔德(Henry T. Hearld)说:"大学的工作人员来了又去,教师换了又换,课程和建筑也在更新换代,但是校友却维持着和大学终身的联系。他们是大学传统的保持者,大学最喜欢的股份持有者,大学教育成就的标志。"[②] 正是因为校友与大学的这种终身关系,才使得校友资源不同于一般的资源,它可以成为世界一流大学建设最值得长久依赖的资源,斯坦福大学校友会执行主任威廉·斯通(William Stone)也认为校友是一所学院或大学的永恒财产。[③]

目前,校友通过智力支持满足世界一流大学建设的高水平人才资源需求已成为一种常态,而且有所扩展。特别是在优秀师资的激励竞争中,常见卓杰校友回校担任本校的优秀教师。校友还可作为学校改革发展的高级智囊和影响学校治理的第三方力量。可见,随着高等教育市场日渐成熟,校友已成为学校活动的重要参与方,校友通过对母校的财务及其他援助支持,获得了对校董会施加影响的能力,他们能为自己获得的教育提供有用的评估,没有哪一所高校敢于忽视校友,他们一直都是大学顾客群体中最强势的人群。[④]

[①] 《中共中央国务院关于进一步加强人才工作的决定》,2003年12月26日,http://www.gov.cn/test/2005-07/01/content_ 11547.htm,2017年9月13日。

[②] 陈璞:《美国大学校友会的历史研究》,博士学位论文,北京师范大学,2012年。

[③] Charles H. Webb, *Handbook for Alumni Administration*, Arizona: Oryx Press, 1995, p. 45.

[④] [美]埃里克·古尔德:《公司文化中的大学:大学如何应对市场化压力》,吕博、张鹿译,北京大学出版社2015年版,第70页。

第六章　校友资源与世界一流大学建设关系研究的启示

立足于国内，我国高校在推进世界一流大学建设的进程中也越来越重视校友的智力支持，特别是对一些卓杰校友所赋予的智力资源的重视，以使自己在世界高校丛林中的竞争力逐步提升。如旨在促进学生批判性思维、跨文化理解力和全球领导力提升的清华大学苏世民学者项目，众多清华大学校友人士参与其中，这种滚雪球式的模式促使该项目的顾问委员会、学术顾问委员会、师资力量、合伙人、出资人、支持者均是来自世界各地政、经、社、科、艺等领域的精英人士，十分有助于满足清华大学世界一流大学建设的高水平人才资源需求。

二　有校友捐赠支持方能补充世界一流大学建设之物质资源高消耗

世界一流大学作为培养卓杰人才与创新知识的学术组织，高消耗性的组织特征使它对于物质资源的消耗比一般大学更多，特别需要巨额的办学经费和顶尖的教学设施。这种物质消耗迫使世界一流大学必须寻求更多社会支持，特别是校友捐赠的支持。尽管说财富是学术变革的必要前提，但是并非充分原因，同样的钱可以买到教室，也可以用来购买城堡。[①] 然而现代大学，特别是高品质的大学，往往需要庞大的经费。[②] 同样，充盈的物质资源确实是世界一流大学建设不可或缺的资源，影响牛津和剑桥地位的特殊因素就是这两所院校所继承的财富，《金融时报》曾做出估计，仅学校的财富一项就为牛津增添了456名教员，为剑桥增添363名教员，为牛津增添380万英镑购书款项，为剑桥增添320万购书款项。[③] 美国坐拥如此之多的世界一流大学也是如此，这些大学在建设世界一流大学的过程中充分使用了校友的财富，通过校友捐赠摆脱了它们物质资源消耗上对于政府的过度依赖。

从国际形势来看，随着高等教育国际化的不断深入，世界一流大学

---

① ［美］劳伦斯·维赛：《美国现代大学的崛起》，栾鸾译，北京大学出版社2011年版，第3页。
② 金耀基：《大学之理念》，生活·读书·新知三联书店2001年版，第88页。
③ ［英］迈克尔·夏托克：《成功大学的管理之道》，范怡红主译，北京大学出版社2006年版，第13页。

校友资源与世界一流大学建设

建设使用校友捐赠已在全球范围内愈演愈烈,竞争也将更加激烈。欧洲的剑桥、牛津等世界一流大学,就不断积极完善自己的校友捐赠体系,以便更易于获得校友捐赠的支持。剑桥大学作为世界一流大学,其校长艾莉森·理查德(Alison Richard)在 2004 年 8 月接受《参考消息》的访谈时指出:"剑桥目前面临的最大挑战是如何获得充足的资源,为研究和教学提供更充足的资源,这不仅包括经济上的资助,还有社会资源、人才资源。美国大学 30 年前就建立起了完整的捐赠体系,与它们相比,我们的财力确实显得匮乏。我们打算以 2009 年'剑桥 800 年校庆'为契机,从明年开始联系全国各地的大学,开展高校集资运动。我们不能只依靠政府,还要争取从企业、机构,甚至个人获得资助。我们要在 10 年内建成类似美国的捐赠体系,我对实现这一点有信心。"[①] 根据罗斯集团发展部董事(Ross Group of Development Directors)和欧洲教育促进委员会(the Council for Advancement and Support of Education)2006—2007 年对英国 144 所高等教育机构的调查,这些机构的 620 万校友中只有 108000 多人或少于 1/50 的人进行过经济捐赠,在牛津和剑桥开展的 10 亿英镑筹款运动中,它们已率先筹集 2 亿 7900 万英镑。[②] 到 2009 年,剑桥大学迎来了 800 年校庆。借此契机,理查德发起了一场规模浩大的集资活动,在全世界范围内筹集到 10 亿英镑的资金,实现了理查德所言:我希望剑桥能够越来越少地依靠政府拨款,而越来越多地吸引到来自企业、机构以及校友的赞助,只有巩固了多元化的资金来源,才能进一步提高剑桥的教研水平。[③]

近些年来,国内高校在政府和社会的倡导鼓励下,已形成校友捐资助学的良好氛围,校友捐赠支持方面的成绩已初见成效。根据艾瑞深中国校友会网《2016 中国大学评价研究报告》调查显示,1980 年至今,

---

[①] 曹丽君:《专访剑桥大学校长:大学教育不是贵族教育》,2004 年 7 月 8 日,http://www.eol.cn/article/20040802/3111713.shtml,2017 年 9 月 20 日。

[②] John Gill, "UK's Alumni Donor Numbers Stay Static", *The Times Higher Education Supplement*, No. 1880, 2009, p. 10.

[③] 李麟:《剑桥大学凭什么出名》,同心出版社 2012 年版,第 133 页。

第六章 校友资源与世界一流大学建设关系研究的启示

全国高校累计接收校友捐赠总额达171亿元,约占中国大学接收社会捐赠总额的31%,全国共有30所高校突破1亿元,跻身校友捐赠"亿元俱乐部"。① 同时随着国家政策的积极支持,管理制度的日趋完善,办学环境的日益改善,用于支持母校建设世界一流大学的国内校友捐赠也日渐增多,如2015年12月20日武汉大学校友阎志捐资1亿元用于建设卓尔体育馆和设立"卓尔奖学金",以全力支持武汉大学推进世界一流大学的建设。② 2015年12月21日,复旦大学校友卢志强向复旦大学整体捐赠7亿元人民币,主要用于支持学校的学生创新创业、学生海外交流奖学金、助学金、师资队伍高端人才引进和教学科研用房基本建设等方面的发展,推动复旦大学教育事业发展,并向复旦大学创建世界一流大学表达祝愿。③ 可见,世界一流大学建设所需的物质资源高消耗,特别是经费消耗,俨然离不开校友捐赠,校友捐赠确实能够有效补充世界一流大学建设的这种高消耗。

三 有校友文化支持方能打造世界一流大学建设之一流文化品牌

文化是一个非常广泛的概念,或许是最难进行严格与精确定义的词,因为它在不同的学科中有着不同的界定,在不同的背景下也有着多种含义,甚至它无所不包、无所不能、无所不在,也只有它能够最大限度实现共同思维与集体行为方式的联系,促进智力与心灵的共同发展。埃弗雷特·休斯(Everett Hughes)说:"当一组人形成了一点共同的生活从而与其他人有了一定的距离,当他们占据社会一个共同的角落,有了共同的问题,或许有了几个共同的敌人的时候,文化便产生了。"④

---

① 中国校友会网:《2016中国大学校友捐赠排行榜揭晓,北大清华武大蝉联三甲》,http://www.cuaa.net/cur/2016/1204,2017年9月26日。
② 陈丽霞:《武汉大学卓尔体育馆奠基》,2015年12月21日,http://news.whu.edu.cn/info/1002/44981.htm,2017年9月26日。
③ 卢晓璐、钟凯旋、陈文雪:《上海复旦大学教育发展基金会与泛海公益基金会举行捐赠签约仪式》,2015年12月21日,http://news.fudan.edu.cn/2015/1221/40640.html,2017年9月26日。
④ [美]伯顿·R.克拉克:《高等教育系统——学术组织的跨国研究》,王承绪、徐辉、殷企平、蒋恒译,杭州大学出版社1994年版,第83页。

这说明这组人已经拥有了共同的价值理想、共同的行为习惯、共同的生活方式。可见，文化包含价值观、习俗、体制、人际关系等全部生活方式，所以约翰·W.奥马利教授将文化理解为一种构造（configuration），在构造中的因素是形式、象征、制度、情感方式、行为方式等等。① 对于大学组织而言，文化亦为一种生活方式的构造。

从卓杰人才培养到知识创新，从象牙塔到人类服务站，世界一流大学的理想与信念、追求与坚守、使命与责任，令学府之外的人神往、学府之内的人自豪。这种吸引和自豪主要源于世界一流大学文化的魅力，一流文化不仅是世界一流大学建设与活动的要素，也是世界一流大学的精神体现，更是世界一流大学的灵魂。纽曼也说："假使给我两个大学，一个没有住院生活和导师制度，而只凭考试授予学位的；一个是没有教授和考试，而只聚集着几辈少年，过三四个年头的学院生活的。假使要我选择其一，我毫不犹豫地选后者。"② 可见，一所只有经过一流文化浸润、濡染与熏陶的大学，才能个性鲜明、特色突出、蓬勃活力，具有不竭的发展动力，从古到今，卓越的大学都是拥有深厚文化底蕴之大学。③ 相反，一所没有深厚文化底蕴的大学，是无法长久自立的，如同失去灵魂的行尸走肉，更是没有生命力的，即使建成所谓排行榜上的世界一流大学，也仅是一个"失去灵魂的卓越大学"，所以世界一流大学必须是拥有深厚文化底蕴的大学，它的建设离不开一流文化的支持。

但这样的一流文化如何形成？校友作为大学的重要组成，在推动世界一流大学的建设中必然与大学发生互动，继而产生校友文化，使得校友文化也成为世界一流大学文化的组成部分。校友文化的形式多样，校园的建筑、校友逸事、校庆活动、校友的志愿精神、校友的声誉都能对世界一流大学建设产生影响，实现校友文化的育人。以校园中与校友相

---

① ［美］约翰·W.奥马利：《西方的四种文化》，宫睿译，北京大学出版社2012年版，第35页。
② 金耀基：《大学之理念》，生活·读书·新知三联书店2001年版，第19页。
③ 何志伟、韩菲尹：《美国大学吉祥物的文化品格分析》，《世界教育信息》2017年第14期。

第六章　校友资源与世界一流大学建设关系研究的启示

关的建筑来说，除了它外显的使用价值之外，必须注重它内隐的价值引导，即通过彰显一届届校友的特质，培养在校生对母校的认同感，形成一种离校前和离校后都能永恒认同母校的情感和价值观。当新生迈进大学校园的时候，镌刻有校友标识的校园建筑物会不断地沐浴熏陶他们。如校友图书馆、校友教学楼、校友实验室、校友寝室……都会留给他们深刻的影响，因为它们是校友曾经的历史见证，而且它们一道与整个校园遥相辉映，辐射出浓郁的文化气息、气质和气魄，它让学生们的心灵悟到感动、感恩和感谢，对母校的爱恋之情油然而生。长此以往，对在校的学子们来说，这些校友建筑折射出的校友回馈母校的奉献精神，也使得他们渐渐养成一种感恩回报、支持母校发展的精神品质，经过长时间的积淀形成一种大学的传统文化，特别是感恩、忠诚与信任的文化。这不仅是这些校友建筑物们最大的魅力和最强的力量，也是世界一流大学一流文化形成的不可缺少的文化元素。

除此之外，"从这些建筑中可以看出它的历史与文化，乃至精神和气质。当人们走访一所大学的时候，给人们留下第一印象的，就是它的建筑，对它的评价，也往往基于这第一印象，所以说作为大学里的建筑，它总是要带着某种意义（或积极、或消极）以'物证'的角色出现在大学历史的审视之中，影响着后人对大学的评说"[①]。正如美国著名建筑设计公司罗伯特·斯特恩建筑师事务所（Robert A. M. Stern Architects，RAMSA[②]）的合伙人梅莉莎·德尔维奇奥（Melissa DelVecchio）女士所言："校园建筑注重如何做出高品质的设计来满足学校的长期需要。实际上，高品质的校园建筑对学校声誉有着积极的影响。从过往的经验不难看出，当我们为合作院校设计、建造出适合的建筑后，其排名提高了，招到优质生源的能力增强了，学生对母校满意度也提升了，这也正是大

[①]　邬大光：《大学与建筑的随想》，《光明日报》2014 年 4 月 28 日第 16 版。
[②]　RAMSA 是一家拥有 47 年历史的国际领先设计公司，在居住、商业、教育等领域均有丰富的建筑设计经验，是学术建筑设计的领导者，项目覆盖了哈佛大学、耶鲁大学、普林斯顿大学、哥伦比亚大学、斯坦福大学、乔治城大学、弗吉尼亚大学，以及清华大学苏世民学院（苏世民学者居住与学术中心）。

学建筑区别于其他建筑的重要因素。同时，大学建筑设计适合于该校风格、项目、文化的专属建筑，这对于高校有着重要的意义。就拿我们在哈佛大学所做的四个建筑项目来说，虽然都是在一所大学里面，但设计风格却不尽相同。每一栋建筑都有其特点，各自彰显其学院的气魄。无论这些建筑设计风格是传统还是现代，我们都是在和学校深层交流并细致调查研究后，设计出能够满足多方面需求并传承其理念的建筑方案。"[1]

然而，在今天这个资源要素高速流动和激烈竞争的时代，世界一流大学作为一个需要消耗更多资源才能得以运行和发展的组织，它的建设必然带来对于资源的激烈争夺。为了实现校友资源支持世界一流大学建设的可持续发展，需要培育校友资源的文化性，即在使用校友资源时，要注重一流校友文化品牌的打造，通过校友文化影响和激励更多校友、准校友及非校友人的行为。斯坦福大学在推进世界一流大学建设的过程中，就特别注重一流校友文化的培育，形成品牌文化支持以满足斯坦福建设世界一流大学的文化需求。20 世纪 90 年代，斯坦福大学为获取更多校友捐赠支持，在本科生中开展校友捐赠文化的培育，并将其贯穿于人才培养的全过程，很好地实现了通过校友文化支持打造出一流的文化品牌，以支持斯坦福大学的长远发展。

斯坦福大学培育捐赠文化的四年[2]

大学一年级的感恩活动

学校招募大学一年级新生作为电话联络斯坦福校友的志愿者，感谢校友捐资支持学校。这项活动使许多学生认识到斯坦福众多校友捐赠人的作用。

---

[1] 麦可思研究：《让苏世民学院设计者告诉你，大学建筑还能有哪些意外惊喜！》，2016 年 9 月 16 日，http://mp.weixin.qq.com/s?__biz=MzA5MjIzNzAxNw==&mid=2653047817&idx=1&sn=6624495dd3b64f881aee7072eb1c6ff9&chksm=8ba6d1bfbcd158a9e63ebf1dd52da26e20adb299311d0ae714da750794084150b5b5a8c3072d&scene=1&srcid=0917VepmQTjOhcx8md0ThRXr#rd，2017 年 10 月 8 日。

[2] [美] 罗伯特·A. 勃登斯基：《年度捐赠的革新——十项已取得成效的尝试》，丁力译，复旦大学出版社 2013 年版，第 66 页。

第六章 校友资源与世界一流大学建设关系研究的启示

大学二年级的学业餐会

大学二年级学生倾听校友演讲者谈论他们的事业。一位主讲校友介绍斯坦福校友社团、斯坦福基金会以及校友支持对于学校和学生的重要性。

大学三年级的社交之夜

一个面向大三学生并且汇集了校友雇主的论坛,探讨学生实习的机会。活动由斯坦福基金会资助。

学生电话募款项目

任何一位斯坦福的学生都可以参与到校园电话募款活动中,向校友、家长和朋友发出给予斯坦福基金会年度捐赠的号召。

学生团体伙伴关系

学生团体不允许联系校友求得资助,但是他们可以通过向校友发送感谢信的方式开展募款。每年学生团体撰写的信件超过18000份。

毕业班捐赠

由于校长个人向学生发出募款号召,毕业班捐赠项目的参与率从1993财年的8%跃升至2000财年的78%。

校友文化红利

校友捐赠百分比从1993年的22%提升至2000年的36%;与此同时,毕业班捐赠活动参与率从8%跃升至78%。是不是可以将取得的这些成绩归因于学校提前培育学生认识校友资助,认识斯坦福基金?

第二节 世界一流大学建设使用校友资源存在的问题

拥有校友资源之后,一定要善用校友资源。目前,在世界一流大学建设的过程中,存在校友资源使用不当的问题,如对于校友资源认识的错位,校友资源关注的失衡,校友资源缺乏有效使用等。这些问题在一定程度上影响了人们对于校友资源的理性把握和充分利用,使得校友资源的作用也未能发挥到最大,继而对大学的发展建设也构成了不利影响。

校友资源与世界一流大学建设

一 校友资源的认识错位

通过校友资源之于世界一流大学建设的重要性讨论,校友资源对于世界一流大学的建设至关重要的关系已经凸显,可以说是不可或缺。但从世界一流大学建设的历史经验来看,校友资源又具有两面性,它是一把"双刃剑",对其认识错位的实践容易带来不良影响,必须予以重视。比如国内某知名大学2016年发生的校友捐赠风波事件,造成了学校品牌与形象的损害。社会之所以对校友给予支持母校发展的资源产生质疑,就在于我国大学过度渴求校友资源,这种急功近利的行为导致操之过急,没有正确认识校友资源的两面性。当学校真正拥有校友资源之时,才发现存在众多问题,这样不仅挫伤了其他校友支持母校发展的积极性,也使社会对于学校产生诸多诟病,最终损害了学校的声誉。然而,如果对于校友资源能够做到充分认识,同时坚持学术自由与大学自治的原则,则会充分发挥校友资源支持母校发展的最大效用,耶鲁大学拒绝校友捐赠反而获得更多校友资源的事件就是最好的例证。

耶鲁大学拒绝校友捐赠案事例[①]

1995年,耶鲁大学宣布将一个校友在四年前捐给母校的2000万美元连本带利退还给这位校友。原因是这位校友捐款的目的是要建立一个西方文明项目,这对耶鲁来说本来是完全可以接受的。因为给大学的大宗捐款一般都有指定的用途。但耶鲁所不能接受的是,这个校友要自己来挑选授课教师。这相当于用金钱侵犯美国大学的最后堡垒,这一关守不住,耶鲁就成了沦陷区了。那位要左右母校的大款有位大哥,也是耶鲁的毕业生。大哥对母校的骨气非常钦佩,在一年后捐给了母校2000万美元,弥补了弟弟对母校的冒犯。

[①] 舸昕编著:《从哈佛到斯坦福:美国著名大学今昔纵横谈》,东方出版社1999年版,第139页。

第六章 校友资源与世界一流大学建设关系研究的启示

上述事例中的耶鲁骨气就是对其办学理念"光明与真理"（Light and Truth）的誓死捍卫，对学术自由与大学自治原则的理性守持。耶鲁大学退还校友的捐赠，理由非常简单，校友捐赠的附加要求损害了耶鲁大学的学术自由权与大学自治权。如若耶鲁大学妥协于这位校友的要求，将教师的挑选权拱手相让，则可能会出现外来权力慢慢侵蚀大学，外来力量干涉甚至控制大学的不良态势，长此以往势必失去大学本该所有的学术自由与独立自治。耶鲁这种对于校友资源的充分认识源于传统的保持。早在耶鲁大学校长安吉尔时代，因为担心过分依赖校友的捐赠会限制学校的自由，他在20世纪20年代降低了对校友的捐赠要求，打算减少对校友支持的依赖，以便不必为校友的慷慨捐赠增加更大的压力，以保持耶鲁大学与其毕业生之间的最佳和谐关系。[①]

所以，我们在世界一流大学建设进程中面对校友资源的诱惑时，需要保持理性，摒弃"完全拿来"的态度，给予正确的思考，即尊重学术自由与大学自治的原则，保证学术独立权不受控制，捍卫学术声誉权不受损害，摒弃功利目标，使大学成为大学应有的样子。做到哈佛大学前校长劳伦斯·H.萨莫斯（Lawrece H. Summers）所言，"你可以到哈佛大学来为一个数学教授席、政治学教授席或法学教授席捐资，但是你不能告诉大学那个教授席应该由谁来充任，或是那位教授应该信仰什么。如果你要这样告诉我们，我们就会说，我们已经说过了，'拿着你的钱到其他大学或别的什么地方去吧'。"[②] 只有对校友资源形成正确的认识，保证认识上的不错位，才能更好地使用校友资源来为大学的发展服务，推进世界一流大学的建设。

二 校友资源的关注失衡

卓杰校友，先有卓杰，再有校友，是目前世界一流大学建设的进程

[①] 王英杰、刘宝存：《世界一流大学的形成与发展》，山西教育出版社2008年版，第25—26页。

[②] [美]劳伦斯·H.萨莫斯：《21世纪大学面临的挑战——在北京大学的演讲》，《中国大学教学》2002年第Z2期。

中，存在对于校友资源关注失衡的现象的典型表现，具体包括校友身份的区别对待，校友工作过程中的功利性显著，校友需求的满足更多是一种被动满足。

（一）校友身份的区别对待

在校友资源的使用上，很多大学对于身份校友与普通校友区别对待，特别是对校友中的有权之士、有钱之士、有识之士给予格外重视，挫伤了其他校友支持母校建设的积极性。如国内某知名大学一位校友的亲身经历：

> 我的母校是国内顶尖大学，也在推进世界一流大学建设。在一次校庆之时，我作为一名普通校友满怀感恩之心去参加母校的生日，然而在现场我感受到了母校对于那些所谓成功校友的趋炎附势，而对于我们这些普通校友的冷落与不理不睬。原本我想在校庆期间尽一点自己的绵薄之力，但是当受到这种区别对待之后，我果断放弃了捐赠的念头，最后也是失落地提前离开……

这位校友就是被母校身份区别对待的典型事例，短时间内校友被母校基于身份而区别对待不会产生很大的负面影响，但日积月累则会对母校的声誉带来非常大的消极影响。据研究统计：一个不满意的顾客平均会把其不满意的经历告诉 14 个人，而一个非常满意的顾客再次消费的可能性比一般满意的顾客高 6 倍，而且会把他（她）的满意传达给其他人。[①] 按照这个研究的推测，这位校友的不满意经历也会传递给其他 14 个人，当然其中有可能包括其他的普通校友，这样最终产生负能量的马太效应，使得社会大众对于这所学校的口碑也会变差，最终影响到整个学校在人们心目中的位置。

（二）校友工作的功利性显著

校友工作的重心是服务，满足校友发展。但因我国校友会的专业化

---

① ［英］迈克尔·夏托克：《成功大学的管理之道》，范怡红主译，北京大学出版社 2006 年版，第 145 页。

第六章 校友资源与世界一流大学建设关系研究的启示

水平发展不高,导致校友工作的核心在某种程度上变为"圈钱",且在校庆期间特别明显。我国著名教育家潘懋元先生也说:"过去的校友会工作,主要是校庆期间,请各地校友会参会代表、知名校友,特别是当了企业老板的校友进行募捐、摆场……这显然背离了校友会的本职意义。"[1] 校友工作另一个功利性表现就是急功近利,通过短期的校友工作就想获得校友的长期回报,殊不知校友的忠诚不是与生俱来的,它像一株娇贵的植物,需要长期精心地进行培育。[2] 同理,好的发展项目不是随手可得的,任何好的校友也不是随处都有,在本科生拿到学位以后,他(她)不会神奇地成为热切希望把时间和金钱奉献给母校的校友,把毕业生转换为好的男校友或者女校友需要艰苦的工作,在本科生在学校时就要开始工作,取得学位所花费的日子在为未来的校友参与和支持做好准备的工作中是非常重要的。[3] 正因好的发展项目和好的校友需要长期的精心培育,需要花费一定的成本,很多学校不愿将紧缺的办学经费用于这种长效的投资之中。再者,校友捐赠也不应当成为校友工作的主要关注点,更多的是一种副产品。如果学校在校友在学期间给予了良好的教育,在校友发展遇到困难之时给予了及时的帮助,提供了优质的服务,之后校友自然会积极主动地感恩母校、回报母校,支持母校发展,反哺母校自然水到渠成。

(三)校友需求的被动满足

我国高校在校友资源的使用过程中,多是从学校的需求出发来开发使用校友资源,而较少关注校友的需求,特别是校友的情感需求、尊重需求、认可需求以及自我实现的需求,而校友的这些需求恰是校友愿意对母校发展进行支持的重要原因。大学与校友的关系是终身的,"在一

---

[1] 何志伟:《世界一流大学建设校友支持不可或缺——访我国著名教育家潘懋元先生》,《中国高等教育》2017年第13/14期。
[2] 程星:《世界一流大学的管理之道——大学管理决策与高等教育研究》,北京大学出版社2011年版,第242页。
[3] 陈璞:《美国大学校友会的历史研究》,博士学位论文,北京师范大学,2012年,第135页。

个学习型的社会里,由于人们对学习的需求成为终身的需求,因此一个学生(或毕业生)与大学的关系也将同样成为一种终身的伙伴关系。正如'学生'这个词不再能恰当地表示一个积极的学习者一样,对'在校生'与'校友'这两个词作区分也不再有意义。校友中越来越多的人愿意与他们的母校保持联系,以便进行终身的学习"[①]。这就更加要求校友的需求需要得到主动满足,但关键的问题是,学校是否会将校友需求的主动满足作为校友工作的一个努力方向?或者说是否有专门的研究对校友的需求进行系统的分析,为满足校友的主动需求提供有效的理论指导,又或者校友需求的主动满足能否得到学校全员的支持,学校的管理者对于校友需求满足的关注是否足够充分……所有这些因素处理不当都可能造成校友需求的被动满足,产生对于校友资源关注的失衡。

三 校友资源缺乏有效使用

资源因为使用才有价值,因为有效使用而使价值最大化。影响资源效用最大化的因素很多,有技术层面的,有管理层面的,也有人力层面的。校友资源作为一种资源形式,专业人员的缺乏、可持续发展理念的缺失以及对其多样性的忽视都会造成校友资源使用效度的降低。

(一) 缺少专业化人员

部分大学在校友资源使用上缺少能够对于资源有效使用的专业人员,特别是对校友捐赠进行科学投资取得收益的专业化人员,使得我国大学校友资源使用效果欠佳。美国教育促进与支持委员会(Council for Advancement and Support of Education,CASE)分管校友管理工作的副主席保罗(Paul B. Chewning)曾经指出,校友专业人士仍然是"给予一所大学支持程度"和"校友捐赠"背后的推动力量。[②] 然而国内校友工

[①] [美]詹姆斯·杜德斯达、弗瑞斯·沃马克:《美国公立大学的未来》,刘济良译,北京大学出版社 2006 年版,第 29 页。

[②] Charles H. Webb, *Handbook for Alumni Administration*, Arizona: Oryx Press, 1995, p. 306.

第六章　校友资源与世界一流大学建设关系研究的启示

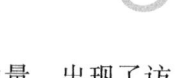

作者的职业水平能力不够专业，限制了这个背后推动的力量，出现了访谈过程中很多大学校友工作面临的一种困境：

……主要问题是校友群体规模庞大，加之老校的因素，校友人数动辄几十万人，初步估计拥有30万人，近几年数量一起差不多达到32万—34万人，接近35万人的规模，那么这么大的规模会遇到什么问题？服务的力度不够，即没有办法照顾到很多校友的需求，这可能是目前最主要的问题。那满足不了他们需求的原因何在？人数众多不知道他们所在造成基础数据信息存在很大问题，现在既要保证信息准确，又要需求分析到位，所以说存在很大的困难。

……拥有一个良好而规范的运作体系，我们还有很长的路要走。新的税制之后，要交30%—40%的税，如果将自己的部分财产进行捐赠，不用纳税或是减税，这样就会激励他们的捐赠行为。我们的工作队伍中缺少这些领域的专业人员……

（二）缺乏可持续发展

目前我国对于校友资源的使用存在混乱，缺乏长期系统规划的现象，未能形成可持续发展，生成良性循环。这一切使得校友资源的再生性不高，未能形成像欧美一些世界一流大学已经持续几十年的循环式的校友资源使用模式。美国纽约州立大学总校前校长、世界著名的比较高等教育财政专家布鲁斯·约翰斯通（D. Bruce Johnstone）说："要筹集到一大笔私人捐赠需要做好以下四件事：第一，要有经过多年精心培养的富有的捐赠者，他们打算捐赠给高等教育——但同时其他机构可能也在培养该捐赠者；第二，要有慈善文化，包括普遍认同有义务为母校捐资的观念；第三，要很好地记录校友的姓名和地址（如果可能的话，还有捐赠的可能性记录）——这需要有人去做，也得花钱；第四，对捐赠者要有税收优惠待遇。"[①] 校友资源的使用不是一件事情，而是一项

---

① ［美］D. B. 约翰斯通：《高等教育财政：问题与出路》，沈红、李红桃译，人民教育出版社2003年版，第166—167页。

系统工程，需要统筹全局，综合考虑，构建"培育—分解—再生"循环使用模式，坚持可持续发展，实现校友资源使用的可持续。

（三）忽视校友资源的多样性

校友资源具有多样性的特征，是校友智力资源、财力资源、文化资源等资源的总合。而当下在校友资源的使用上，边缘化现象严重，主要是对于校友财力资源过度使用，而对于校友的其他资源使用则不够重视。也正是这种对于校友资源多样性的忽视，才使得很多学校在校友心目中只在乎物质资源，而轻视智力资源和文化资源。事实上，在多样性的校友资源类别中，校友的智力资源在校友资源中同样非常重要，因为它直接提供了世界一流大学建设所需的人才资源。在一些合作办学项目和学科建设方面，校友以教师身份或通过讲座、沙龙、论坛等智力支持形式，化为最有效的育人资源。同样，对世界一流大学建设来讲，校友的文化资源特别是卓杰校友及其表现对内能够成为在校生的榜样力量和精神楷模，对外能够有效扩大母校的声誉。

第三节 世界一流大学建设要重视发展校友资源

校友是一种身份也是一种关系，没有归属感的校友身份只是一种社会符号，在此基础上形成的关系也只是两条相交于一点的直线，并不会产生情感联系和心理认同，更谈不上校友资源的充分使用。若要充分使用宝贵的校友资源，最有效的途径就是通过提升校友归属感、培育构建校友—母校共同体、重视校友研究和创新校友工作把校友发展成世界一流大学建设所需之资源。

一 提升校友归属感

校友的归属感是校友对母校办学、治校、育人、历史、传统等方面的一种心理状态。提升校友归属感有助于加强校友与母校间联系的亲密

第六章　校友资源与世界一流大学建设关系研究的启示

度,增加校友对母校发展的高度关注及支持的自觉性、主动性、积极性,其中提高校友的母校认同和提供优质的校友服务是提升校友归属感的路径选择。

(一) 提高校友的母校认同

认同 (identity) 是人们意义 (meaning) 与经验的来源。[①] 一般而言,校友对自己曾经就读的大学有意义的认知,也有经验的体悟。据哈佛校友调查记录,哈佛毕业生对哈佛生活最怀念的,乃是学生时代的宿舍生活,结识了许多朋友,而且彼此互相学习得益甚多,甚至超过在课堂上之收获,而哈佛的毕业生对哈佛维持忠诚、向心力强、捐款慷慨者,对学生生活之满意度为主因之一。[②] 这种满意度就是校友认同母校的重要表现。我国大学在提高校友认同方面,厦门大学的经验能够提供很好的启示与借鉴,以下是我国著名教育家潘懋元先生关于厦门大学如何提高校友认同的访谈内容:

> 依我而见,厦大校友对于母校的认同感较高。首先是对厦门大学创办者陈嘉庚的崇敬,陈嘉庚是爱国华侨,他为了办好厦门大学,倾其一生所有,可谓是毁家兴学。所以学生和校友都认为,没有陈嘉庚办学,就没有厦门大学。其次是厦门大学的师生比较互相关心,尤为突出的是抗战时期的厦门大学,在那个极度困难的时期,社会动荡,环境艰苦,大家仍都互相关心,互相帮助,尤其是抗战时期的校长萨本栋,临危受命,捨命办学,使厦门大学在万分困难的环境中,屹立于对敌前线,成为南方之强。所以我认为厦门大学的毕业生一向认同感比较高,就是源于这两方面:一方面是陈嘉庚的出资;另一方面是以萨本栋为首的师生互相关心。[③]

---

① [美] 曼纽尔·卡斯特:《认同的力量》(第二版),曹荣湘译,社会科学文献出版社 2006 年版,第 5 页。
② 黄俊杰:《大学校长遴选:理念与实务》,北京大学出版社 2006 年版,第 139 页。
③ 何志伟:《世界一流大学建设校友支持不可或缺——访我国著名教育家潘懋元先生》,《中国高等教育》2017 年第 13/14 期。

校友资源与世界一流大学建设

  师生的互相关心,还与学校的规模大小有关系。过去在我读书之时(1941年9月—1945年7月),当我在一年级时,人数最多,全级225人,四年级人数最少,只有74人,四个年级加在一起,1941年全校只有627名大学生。当时萨本栋校长根据传统精英教育的经验,有句话说道:我办大学,最多不能超过一千人,超过一千人就办不好。我们当年的学生每年都能同他接触,除了每星期一的'纪念周'集会上听他简单的讲话和听他在科学报告会上的讲座以及他上下班与我们上下课之时在路上经常遇见之外,每学期学生注册选课的时候,有一次面对面说话的机会。每学期学生注册,要填好选课表,先要系主任指导签字,再经院长审核签字,最后在排定的时间,到校长办公室依次呈给校长签字。每学期开学前约两天是萨校长的注册选课审核时间,他在审查学生选课的同时,还经常关心学生的生活,如询问学生暑期有无回家,家在沦陷区没有回家的学生,他也会很亲切交谈并及时给予安慰和鼓励——没回家可以在学校努力读书;如若看到有的学生身体比较瘦弱,他都会非常关心,询问是否应当减修学分。假如学生有什么意见或想法,可以准备好用最简单的表达方式当面向他陈述,有的问题他可以当面答复学生,有的则记录下来交给有关部门后面回复学生。这虽然仅仅是一个形式,但是他对学生的影响非常大。[①]

  中国的大学曾有一个传统,多数大学师生都住在校园中,宿舍多于教学与行政用房这对办学来说是一个重负,但在师生交流和对大学的认同感上却起着积极的作用。现在教师都住在外面,尤其是一些年轻教师还有家庭负担,师生的互相关心比较少一些,但我们还是要不断强调师生互相关心。教育研究院的很多老师都组织学术沙龙,沙龙并不是额外添加学生的学习任务,教师是自愿组织,学生也是自由参加。很多教师认识到和学生的交流互动不应限于课堂一种形式,课外

[①] 何志伟:《世界一流大学建设校友支持不可或缺——访我国著名教育家潘懋元先生》,《中国高等教育》2017年第13/14期。

第六章　校友资源与世界一流大学建设关系研究的启示

也应该多进行交流。还有每周星期一早上举行的学院学术报告会……这些共同形成了一种师生互相关心的文化氛围。之前毕业的学生包括一些访学的学生，都有感受到这种文化氛围，也使毕业了的院友形成了很强的认同感。当然，学院还通过其他方式促进学生认同感的增强。厦门大学现在规模达到四万余人，校园分四处，教师多住校外，无法像过去那样亲切，但在许多方面也做得不错，如校长信箱和电话，校长还轮流与一部分学生共进中餐晚餐，食堂的米饭对学生免费提供，学校规定各级管理人员要怀有关心学生的思想……所以说，我们的师生互相关心在厦门大学已经形成了传统，正是基于这些传统，我们校友支持学校发展的积极性才比较高。

众所周知，每一位校友在校友身份之前还有一个重要的角色——学生，在学期间他们身处于大学校园之中，对大学精神的崇敬和大学办学理念的认同，师生间的互相关心，都对他们后期成为校友对母校的归属感产生影响。一些学校还通过精良的教学、扎实的研究、优质的学术服务、宜人的学习环境以及妥善管理的学术和社会环境，营造出美好的学习经历和卓有成效的教育过程，为学生提供这种令人难以忘怀的人生经历激起学生对学校的热爱和忠诚。[①] 提升校友归属感要将校友作为实实在在的"有灵魂的人"来看待，感受他们的感受，关心他们的关心，重视他们作为全人的发展，注重与他们的多元维系。提高校友的母校认同，还需注重校友权利的尊重与保障，通过完善各种规章制度和不让一个校友掉队的服务理念，来为校友应该享有的权利保驾护航。哈佛大学就是如此，"你只要在哈佛大学获得过一个正式学位，那么，终你一生，不管在什么地方，你永远都具有两个权利：就是你可以选举'哈佛大学校董事会'（The Board of Overseers of Harvard University）的成员，它一共有三十个成员，是大学的最高监事机构；你还可以选举'哈佛

[①] [英]迈克尔·夏托克：《成功大学的管理之道》，范怡红主译，北京大学出版社2006年版，第1页（前言）。

校友资源与世界一流大学建设

大学校友会'的领导机构（Directors of Harvard Alumni Association）。不论你在什么地方，只要你给学校留过一个地址，学校每年都会把选票以及时的方式送给你。这会使你心里暖暖的，觉得学校这么信赖我，我也应该为它做些力所能及的事情。"①

（二）提供优质的校友服务

毕业生或校友与母校间的亲密需要维系，这份维系并不能随着毕业生或校友身份的转变而中断，而是维系的方式应该随着其身份从学生变为校友而相应变化，提供优质的校友服务就是通过维系方式的变化而保持这份维系得以延续。母校为校友提供的一系列服务项目，一方面，代表大学对人才的培养已拓展到校园之外；另一方面，也体现了对校友的更多关怀。②根据麦克思对2007届本科毕业生三年后希望母校提供的校友服务类型的调查数据显示（见图6-1），有68%的校友希望可以使用母校的图书馆系统，61%的校友希望建立校友联系网，46%的校友希望组织在本人所在地的校友聚会活动，45%的校友希望组织在母校的校友聚会活动（如校庆活动），40%的校友希望母校提供职场服务，36%的校友希望通报母校最新信息，30%的校友希望母校提供学校的永久性电子信箱。可见，校友对大学的需要更多表现为归属和爱的需要、自尊需要、自我实现的需要。

同时，"随着我国高等教育普及化程度的逐步深入，实现全纳教育的水平也会不断提升，面对知识经济高速发展与资源全球流动的现实要求，为更好地迎接未来社会的新挑战，越来越多的人将会选择进行终身学习以提高自身的竞争力，终身学习已经成为一种社会趋势，毕业母校无疑再次成为很多人志愿选择的优先考虑。与此同时，很多高校为了赢得未来高等教育竞争中的主动权，其校友工作将会越来越'精准'，所以需要秉持'精准终身'的校友服务理念。一方面在校友服务提供上，遵从每

---

① 丁学良：《什么是世界一流大学》，北京大学出版社2004年版，第22—24页。
② 麦可思研究院编著：《2011年中国大学生就业报告》，社会科学文献出版社2011年版，第252页。

第六章 校友资源与世界一流大学建设关系研究的启示

校友服务类型	比例(%)
使用母校的图书馆系统	68
建立校友联系网	61
组织在本人所在地的校友聚会活动	46
组织在母校的校友聚会活动（如校庆活动）	45
提供职场服务	40
通报母校最新信息	36
提供学校的永久性电子信箱	30

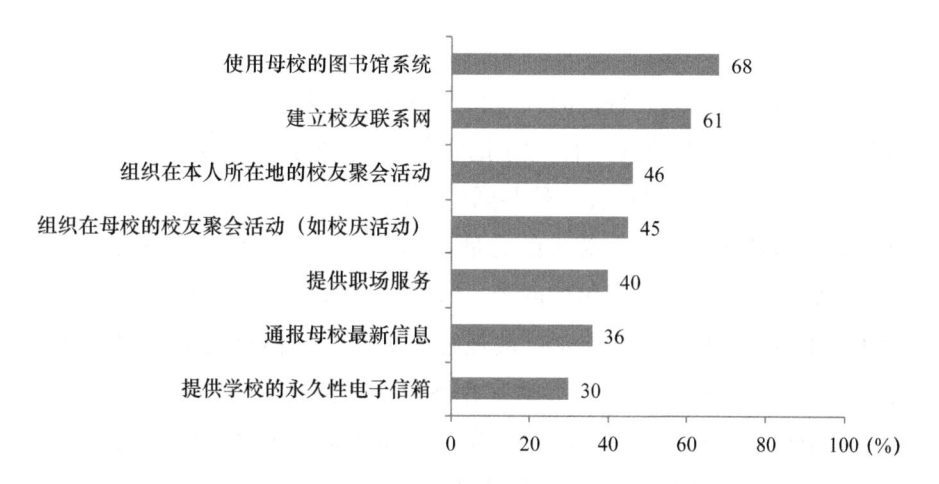

图 6-1　2007 届本科毕业生三年后希望母校提供的校友服务类型

数据来源：麦可思研究院：《2011 年中国大学生就业报告》，社会科学文献出版社 2011 年版，第 253 页。

个校友自身的发展规律，使用高速发展的互联网络技术，依靠'精准'理念，提供给校友丰富多样的选择机会，以满足不同校友主体的个性化需求和全面发展的需要，助力校友实现终身学习的目的。另一方面在校友对象关注上，从重视个体精英校友到普通大众校友，秉持'终身'的理念，彻底转变精英化教育思维影响下的精英式校友工作的理念，尽可能将校友全纳，实现对全员校友的终身关怀，达成终身教育的目标。"[①]

二　培育构建校友—母校共同体

世界一流大学能够持续使用校友资源的秘密在于不断建构校友对大学身份认同的共同体，使得校友对母校保持高度认同，通过情感认同满足情感归属的需要，通过发展认同实现双方的共同发展。正是源于这样的传统，像美国达特茅斯、普林斯顿、耶鲁和其他许多学校的校友那么有力的和忠诚地表现的那样，一种牢固的传统极大地有助于给一所大学它自身的个性，并且使它成为不只是一个在参与中吸引忠诚和骄傲的共

[①] 何志伟：《面向 2030 年的校友研究展望》，《中国社会科学报》2016 年 8 月 4 日第 4 版。

校友资源与世界一流大学建设

同体。[1]

共同体是具有共同特征的各种类型的有形或无形组织,其理论出发点是人的意志完善的统一体,并把它作为一种原始的或者天然的状态。[2] 可见,共同体中拥有一种共同生活的规则、制度与秩序,这种规则、制度与秩序是建立在意志的力量基础之上,能够形成共同的理解,有着温馨的感觉,产生温馨的圈子。所以,一切亲密的、秘密的、单纯的共同生活,(我们这样认为)被理解为是在共同体里的生活。[3] 共同体有什么力量?英国著名社会学家齐格蒙特·鲍曼(Zygmunt Bauman)做过一个很生动形象的描述:"首先,共同体是一个'温馨'的地方,一个温暖而又舒适的场所。它就像是一个家(roof),在它的下面,可以遮风避雨;它又像是一个壁炉,在严寒的日子里,靠近它,可以暖和我们的手。其次,在共同体中,我们能够互相依靠对方。"[4]

雅斯贝尔斯说:"大学作为社会组织中的一员,是一个由学者与学生组成的、致力于寻求真理之事业的共同体。"[5] 实际上,大学是一个包含多重共同体身份的共同体组合。从大学进行科学研究的职能来说,大学组织负有知识传承与创新的崇高使命,这样而言,大学是一个学术共同体。康德也认为大学是由各种不同学科的学者通过劳动分工而从事学术大生产的组织,简言之,大学是一个"学术共同体"(Learned community)。[6] 从大学文化属性的视角而言,文化之于大学犹如灵魂之于人,大学文化又无所不包且无所不能,可见文化共同体是大学这个共

---

[1] [美]克拉克·克尔:《高等教育不能回避历史——21世纪的问题》,王承绪译,浙江教育出版社2001年版,第94页。

[2] [德]斐迪南·滕尼斯:《共同体与社会:纯粹社会学的基本概念》,林荣远译,北京大学出版社2010年版,第48页。

[3] [德]斐迪南·滕尼斯:《共同体与社会:纯粹社会学的基本概念》,林荣远译,北京大学出版社2010年版,第43页。

[4] [英]齐格蒙特·鲍曼:《共同体:在一个不确定的世界中寻找安全》,欧阳景根译,江苏人民出版社2003年版,第2—3页(序曲)。

[5] [德]卡尔·雅斯贝尔斯:《大学之理念》,邱立波译,上海人民出版社2007年版,第19页。

[6] 宣勇:《大学组织结构研究》,高等教育出版社2005年版,第67页。

第六章　校友资源与世界一流大学建设关系研究的启示

同体组合的灵魂所在。从大学组织内部人员角色的分布来看，主要有教师、学生、管理者三方。教师与教师之间的互动交流和相互学习构成了教师共同体，教师对学生的教与学形成了师生共同体，教师与教师、学生与学生和教师与学生一起共同构成了学习共同体，还有为提高大学组织效率而进行的行政管理所形成的行政共同体。从大学与外部环境所处的关系来看，主要是大学与政府和社会的关系，也会形成不同的利益共同体。

在学生的角色变为校友身份之后，校友与大学的关系同样出现了多重共同体身份。首先，因为学缘的关系，两者毋庸置疑是学缘共同体，而且校友与大学之间的这种学缘关系是终身存在的。其次，校友作为大学人才培养的结果，校友的质量代表着大学人才培养的水平，校友可视为大学的名片，大学也因自己培养的卓杰校友而扩大声誉，两者的关系是一荣俱荣、一损俱损，可谓是荣辱与共，成为一种荣誉共同体。在一些世界一流大学的发展史上，一些校友甚至影响到了学校的兴衰成败，可谓形成了命运共同体。最后，在今天的知识经济时代，学习型社会已然形成，终身学习俨然成为必然。对于校友来说，与母校的情感归依最有可能使得校友选择母校作为理想的终身学习之地，通过进入母校的再次学习实现校友个体的个性化发展。在这样的背景下，大学亦需要可持续发展的资源，此刻大学可以充分使用校友智力、财力、文化等方面的资源为学校的发展提供支持，实现学校的可持续发展。

对于世界一流大学建设来说，校友与母校是一个实际存在的共同体，源于现实的学缘意义，形成于母校对校友的培养之恩所生成的情感共同体和母校与校友一点一滴互动所建构的文化共同体，固于校友与母校相互支持共同发展所形成的发展共同体，正是这些共同体力量的积聚为校友带来对母校强烈的归属感。德国哲学家赫德（Johann Gottfried von Herder）说：乡愁是最高贵的痛苦，[①] 对于校友来说，对母校的眷

---

① ［美］本尼迪克特·安德森：《想象的共同体——民族主义的起源与散布》（增订版），吴叡人译，上海人民出版社2016年版，第14页（导读）。

校友资源与世界一流大学建设

恋之情就是他们最高贵的痛苦,母校是他们的情感归依与心灵安放之地。随着现代世界不确定性的增加,人们除了血亲之家的温暖,也需要心灵之家的安全,母校最有可能是校友寻求心灵安全的理想之地。这也就解释了为什么世界一流大学能在校友的心中拥有如此高的认同度,促使一届届校友乐于支持母校的建设与发展,这是因为世界一流大学已与校友们形成情感共同体,在他们的内心建立起了对母校的强烈归属感,校友们更易找到他们心灵的故乡。

同样,校友的荣辱兴衰与世界一流大学息息相关,即使校友会犯错,但是在情感上,不论校友对错,它依旧是母校的校友,这种身份关系是永远无法改变的事实。世界一流大学为什么常常倍感自豪?这种自豪感就是源于校友与母校荣誉共同体力量的效应,世界一流大学将培养的无数卓杰校友作为它的名片颂扬海内外,这张名片就足以让世界一流大学自豪、自信与自胜。同样,校友们也总是认为世界一流大学就是好的,即使出现一些反例事实,但多数情况下仍然相信世界一流大学是好的,因为校友们对它有一种信念。这种信念不仅是对世界一流大学正确办学理念的信任,也是对世界一流大学使命、责任与担当的信任,更是对世界一流大学与校友将会伴生性发展的这种共同体力量的信任。另外,从哲学的角度看,一切共同体都有着统一性的追求,统一性的概念包括双重内容:其一是同质性;其二是同一性。[①] 如果将个人和共同体的最终命运与最高目标结合起来,紧密联系在一起,这样更能实现两者所在的意义。世界一流大学与校友从学缘共同体到情感共同体与文化共同体,最终走向发展共同体,这里面蕴含校友在这种共同体形式的生活中获得归属感,找到安全感,提高认同度,最后实现校友资源育人的指向。就像耶鲁大学第16任校长阿尔弗雷德·惠特尼·格里斯沃尔德(Alfred Whitney Griswold)所指出的那样:"耶鲁属于它的师生。既然如此,耶鲁也属于它的校友。耶鲁离开了校友如鱼离开了水不能生存,校

---

① 张康之、张乾友:《共同体的进化》,中国社会科学出版社2012年版,第10—11页。

第六章　校友资源与世界一流大学建设关系研究的启示

友不支持耶鲁也会遗憾终生。"①

三　重视校友研究，创新校友工作

将校友发展成为大学资源需要强有力举措的实施，提升校友归属感是心理的支撑，构建校友—母校共同体是行动的支持，重视校友研究和创新校友工作应当成为校友资源有效使用的重要保障。

（一）重视校友研究

实践离不开理论的指导，校友工作作为一种实践性极强的工作行为，必然随着时代的发展进步而不断改进。如何将校友资源充分使用，将校友工作做好是对校友研究提出的挑战。重视校友研究，需要通过重视校史研究、提升研究队伍的专业化水平和加强研究结果的应用来实现。

1. 重视校史研究

关于校友研究，我国著名教育家潘懋元先生指出："我认为教育理论研究者，尤其是高等教育理论研究者，要非常重视教育史的研究。我曾经讲过，教育理论的源泉有三条：第一条是教育史研究；第二条是比较教育研究；第三条是现实的教育实践经验的总结和提高，这三条源泉在实质上是一致的，② 都是指理论来源于实践。三条源泉就是指历史的实践、外国的实践和我们自己的实践，最重要的当然是我们自己的实践。但是，就掌握教育规律而言，规律不是一下就能够体现出来，而是在历史的长河之中才能够体现出来，因此研究教育的本质和规律一定要通过教育史进行。现在教育史的研究一般都是通过教育政策来认识，这显然不够，因为教育政策跟教育实际存在一定的距离，往往政策所强调的正是实际所缺乏的，比如现在政策中倡导要重视质量的提高，就说明我们现在正质量不够高，数量增多而质量不高。可见，政策所说是应然

---

① 陈宏薇编著：《耶鲁大学》，湖南教育出版社1990年版，第43页。
② 潘懋元：《潘懋元文集（卷四·历史与比较研究）》，广东高等教育出版社2010年版，第391—392页。

校友资源与世界一流大学建设

层面而不是实然层面,实然层面是什么?教育实践。历史上前人的教育实践保存在什么地方?最真实的是保存在校史里面,因此学校的校史是教育理论最重要的源泉之一,所以我一直倡导要非常重视校史的研究。在校友研究中,学校所培养出来的毕业生——校友,是主要的研究对象,2014年11月1—2日,围绕"回顾与前瞻:中国大学校史研究三十年"的主题,中国高等教育学会校史研究分会第十三届学术年会在厦门大学召开,研究者们认为对校史研究、校友研究的收获很大。"[①]

2. 提升研究队伍的专业化水平[②]

自2003年9月校友工作研究分会作为中国高等教育学会所属的一个二级分会获得民政部批准之后,我国的校友研究日益受到高校的重视,并取得了些许成果。但同国外该领域的研究相比,仍存在不少问题,特别是国内研究队伍的专业化水平不高,如研究人员组成主要为学校校友组织机构的工作人员,虽拥有丰富的实践经验但缺少理论根基,造成我国校友研究的整体理论水平不高,有深度且系统的研究成果诸如博士论文和学术专著显得极度匮乏,很难指导校友实践工作的进一步开展。随着高等教育国际化的不断发展,对国外校友研究的学习借鉴,人们逐渐认识到校友作为大学利益相关者的重要性,校友参与大学治理的不可或缺性,同时随着校友工作理念和校友会职能的转变,越来越多的研究者将会加入校友研究的队伍中来。未来,我国校友研究队伍的专业化职业化水平将会不断提升,理论功底扎实、实践经验丰富、规模庞大的研究队伍也将不断涌现,并通过与国际接轨积极使用标准化的校友研究术语,以提高我国校友研究能力的专业化水平。

3. 加强研究结果的应用[③]

以往人们对于校友研究应用的认识仅停留在解决校友本身的问题,

---

① 何志伟:《世界一流大学建设校友支持不可或缺——访我国著名教育家潘懋元先生》,《中国高等教育》2017年第13/14期。
② 何志伟:《面向2030年的校友研究展望》,《中国社会科学报》2016年8月4日第4版。
③ 何志伟:《面向2030年的校友研究展望》,《中国社会科学报》2016年8月4日第4版。

第六章　校友资源与世界一流大学建设关系研究的启示

属于"头痛医头脚痛医脚",缺乏系统的全局观念,所以对于校友问题的解决收效甚微,殊不知校友问题与高校人才培养息息相关。在校友研究内容本土品性与国际化视野相结合的背景下,随着人们对于校友研究认识的逐渐深化,特别是大数据技术的使用,校友研究的成果将用作学校政策制定与战略规划的依据,打破校友研究成果仅用于校友会工作和服务校友本身的局限性,转变以往校友研究仅聚焦于如何获取校友资源支持大学发展的单一模式。通过校友研究的转变推动学校的转变,以此来"倒逼"学校的改革发展,实现将人才培养作为高等教育的本质职能,真正树立"以生为本"的育人理念,提升学生在校期间的积极体验和自我价值的实现,培养学生对母校的忠诚度和责任感。学校通过促进学生在学期间的发展,关注且支持学生毕业后的发展,学生自然会回馈母校,提供财力支持、配置育人资源、搭建合作平台和攻关科研项目等,为母校的发展建言献策,实现校友研究的真正意义。

（二）创新校友工作

校友工作不是单凭一个人、一间办公室或者一个机构就能进行的一项事务性工作。关注校友与学校间的良性互动和双向需要,推动校友会职能转型,改进校友工作理念,将校友工作与育人相结合是时代发展对校友工作提出的新要求。

1. 推动校友会职能转型

校友工作的开展主要通过校友会进行,而且每所大学都有一个校友会,它对大学的发展有可能发挥潜在的影响。[1] 所以要重视校友会的改进,"首先是推动校友会职能的转型。校友会作为沟通衔接校友与学校关系的重要组织,其职能应以提供有质量的服务进而促进校友的可持续发展为核心。由于我国高等教育规模的急速扩张,校友会组织本身准备不充分,人、财、物、制度等供给不及时,影响到校友会对校友的整体服务质量和服务水平,造成校友对校友会的不断诟病,甚至有校友抱

---

[1] ［加］约翰·范德格拉夫:《学术权力——七国高等教育管理体制比较》,王承绪等译,浙江教育出版社2001年版,第94页。

校友资源与世界一流大学建设

怨:校友会是一个官僚化、功利化、被异化的组织,这样的认识显然影响到学校的声誉,丧失了校友从母校获取终身学习机会的可能性,打击了校友支持母校发展的积极性,不利于母校的长远发展。随着高等教育现代化的推进,大学治理水平的提升,学校的组织机构部门应更加注重对服务质量与卓越品质的追求,校友会服务校友的角色将会更加明晰。校友会通过自身职能的转换,将吸纳更多的校友支持学校的建设与发展,届时中国的校友会应该是跟踪校友发展、服务校友发展、支持校友发展的新型机构,即通过校友会职能转型推动校友的可持续发展,进而推动学校的可持续发展。"[1]

2. 重视校友的继续教育

校友工作的开展不能仅仅从学校的需求出发,而要与校友的需求相结合,特别是满足校友的继续教育需求。校友继续教育应该是未来校友工作的一个方向,只有学校继续关心校友,他们回来学习进修的可能性才会更大。[2] 国内某高校校友总会副秘书长也认为:"校友工作要与育人工作结合起来进行。我们也要进入终身学习的社会,校友工作如果能够实现校友一种持续不断地学习和成长的话,那么相当于说这个大学一方面解决了本身作为一个学术组织或者育人机构的一种本职要求,大学就应该做这个事;另一方面也实现了个人在知识和文化方面的终身诉求。校友工作如果能够做到这两方面,并且能够搭建一个很好的桥梁与平台,那我觉得这可能是校友工作未来非常美好的一种前景。"

校友的继续教育也是校友与学生、学校关系的客观要求。作为学生,他们凝聚着母校育人的目标,作为校友,他们将代表母校办学使命的成果,并且在世界上具化为它的精神,大学是什么样的,学生就是什么样的,大学变成什么样,学生也会随之而变,因为学生是大学培育的产品。[3] 凯斯

---

[1] 何志伟:《面向 2030 年的校友研究展望》,《中国社会科学报》2016 年 8 月 4 日第 4 版。

[2] 何志伟:《世界一流大学建设校友支持不可或缺——访我国著名教育家潘懋元先生》,《中国高等教育》2017 年第 13/14 期。

[3] Charles H. Webb, *Handbook for Alumni Administration*, Arizona: Oryx Press, 1995, p. 156.

第六章　校友资源与世界一流大学建设关系研究的启示

西储大学首任校长罗伯特·W. 莫尔斯（Robert W. Morse）说：我建议那些热衷于从事校友工作的人们，让我们的毕业生成为社会和校园之间的有效桥梁，没有人更胜任这份工作，校友与学生的关系不同于组织之间的关系，其潜能需要再次审视，再次发挥功用。[1] 正是基于这样，国内某高校校友总会前副秘书长也指出："我觉得校友工作是学校育人工作的一个延续，每一个到学校来学习的人都应当得到发展。学校也是一个大的企业、大的工厂，这个工厂的产品是学生、校友。所以学生在学时制造出这么一个产品，把他制造成社会合格的有用之人，那么到社会上这个产品究竟是不是合格，符合社会的发展、社会的要求、社会的检验？如果检验的结果是学生不被社会所用，那么我觉得学校应该对学生说：对不起，因为我没有把你培养成社会所需要的人。这个问题不是学生而是学校的责任，所以我当时做校友工作的时候，我的理念是学校为校友工作做什么。"

---

[1] 眭依凡主编：《学府之魂：美国著名大学校长演讲录》，教育科学出版社2013年版，第40—41页。

参考文献

期刊文献

包海芹：《美国高等教育机构社会捐赠状况分析——以教育资助委员会的调查数据为例》，《高等教育研究》2015年第8期。

包海芹：《中国高校海外基金会发展现状、问题及展望》，《国家教育行政学院学报》2011年第3期。

蔡保田：《当前我国国民小学教育经费的实际问题》，《台湾国立政治大学学报》1970年第23期。

曹永刚：《清华校友会：发展与善用校友资源》，《人力资源》2009年第13期。

陈爱民：《美国高校捐赠基金管理研究》，《清华大学教育研究》2015年第1期。

程军、李京肽、王舒涵：《美国大学校友文化建设研究及其启示》，《西南交通大学学报》（社会科学版）2017年第5期。

邓娅：《校友工作体制与大学筹资能力——国际比较的视野》，《北京大学教育评论》2012年第1期。

丁学良：《什么是世界一流大学》，《高等教育研究》2001年第3期。

方平：《略论高校校友协同育人模式的构建》，《中国教育学刊》2015年第S2期。

复旦大学访美考察团：《为何耶鲁是耶鲁——耶鲁大学考察报告》，《教育发展研究》2004年第2期。

高澎、胡佩农、蒋京丽：《当前影响一流大学发展的两大因素分析》，《江苏高教》2004年第3期。

高玮玮：《中西方比较视角下西方高校捐赠工作成功的原因及启示》，《教育理论与实践》2017年第12期。

顾秉林：《清华有三宝》，《清华校友通讯》2011年（上）。

顾建民、罗志敏：《美国一流大学校友文化特色摭谈》，《高等工程教育研究》2013年第5期。

顾建民、罗志敏：《校友文化及其培育的阐释框架》，《高等教育研究》2013年第8期。

郭垍、何娟、洪成文：《高校校友捐赠收入影响因素研究》，《中国高教研究》2017年第2期。

郭静：《哈佛大学校友捐赠管理及启示》，《高教探索》2016年第2期。

郭樑：《论校友资源的育人功能：以清华大学为例》，《社会科学战线》2005年第3期。

韩萌：《"后危机时代"世界一流公立大学财政结构转型及启示——以加州大学伯克利分校为例》，《教育研究》2016年第5期。

何志伟、韩菲尹：《美国大学吉祥物的文化品格分析》，《世界教育信息》2017年第14期。

何志伟：《巨资是世界一流大学建设的必要而非充要条件》，《教育与教学研究》2017年第6期。

何志伟：《世界一流大学建设校友支持不可或缺——访我国著名教育家潘懋元先生》，《中国高等教育》2017年第13/14期。

贺美英、郭樑、钱锡康：《对高校校友资源的再认识》，《清华大学教育研究》2004年第6期。

侯士兵：《基于一流大学建设中校友资源开发利用的思考》，《社会科学家》2012年第5期。

胡赤弟：《高等教育中的利益相关者分析》，《教育研究》2005年第3期。

胡娟、张伟：《哈佛大学资金来源、筹资模式及其启示》，《高等教育研究》2008 年第 5 期。

黄飞、邢相勤、刘锐：《我国高校校友资源的可持续性开发》，《中国高等教育》2009 年第 5 期。

黄文辉、刘敏文：《一流大学建设中校友工作的探索与实践》，《清华大学教育研究》2000 年第 3 期。

姜全红：《关于高校校友资源开发的思考》，《江苏高教》2006 年第 5 期。

蓝劲松：《何谓大师——兼论大师贡献之所在》，《清华大学教育研究》2007 年第 3 期。

劳伦斯·H. 萨莫斯：《21 世纪大学面临的挑战——在北京大学的演讲》，《中国大学教学》2002 年第 Z2 期。

李福华：《利益相关者视野中大学的责任》，《高等教育研究》2007 年第 1 期。

李国强：《感悟校友文化》，《教育学术月刊》2008 年第 5 期。

李俊义：《高校与校友认同关系的类型、偏差及重建》，《教育评论》2017 年第 11 期。

李孔珍、孟繁华、洪成文：《斯坦福大学募捐战略研究》，《现代教育管理》2010 年第 1 期。

李维安、王世权：《利益相关者治理理论研究脉络及其进展探析》，《外国经济与管理》2007 年第 4 期。

李祖祥、潘霞：《中美高等教育捐赠结构及途径之比较》，《黑龙江高教研究》2013 年第 3 期。

林成华、洪成文：《当代华人企业家对美国大学大额捐赠现象、动因及政策思考》，《中国高教研究》2015 年第 5 期。

刘道玉：《中国大学校庆何以如此之滥》，《同舟共进》2011 年第 8 期。

刘金兰：《重视和加强国际校友会管理》，《中国高等教育》2015 年第 8 期。

陆根书、陈丽：《高校校友捐赠及其影响因素分析》，《陕西师范大学学报》（哲学社会科学版）2006 年第 S2 期。

罗志敏、苏兰:《论大学——校友关系中的校友捐赠表现》,《现代大学教育》2017年第4期。

马陆亭:《开放是大学昌盛的基础》,《中国高等教育》2016年第5期。

莫蕾钰、洪成文:《精英校友捐赠对大学财政支持的思考》,《高校教育管理》2016年第4期。

莫蕾钰、李岩:《我国高校影响力对校友捐赠的影响路径探析——基于偏最小二乘法模型(PLS)分析》,《中国高教研究》2015年第3期。

欧阳沁、李建忠、韩见、张瑜:《清华大学"双肩挑"政治辅导员校友在校期间表现与职业发展状况实证研究》,《思想教育研究》2015年第6期。

钱锡康:《〈清华校友通讯〉是展示学校人才培养成果的重要窗口》,《清华校友通讯》2010年(上)。

钱晓田:《社会资本视域下高校校友资源的创新整合》,《南京社会科学》2016年第9期。

乔海曙、许国新:《校友捐赠和高校发展:社会资本视角的分析》,《教育科学》2006年第5期。

曲绍卫、纪效珲、乔海滔:《高校捐款长效化发展与运作机制研究》,《中国高等教育》2017年第6期。

申超:《美国大学基层学术组织是如何增强校友认同感的?——一项基于密歇根大学教育学院的个案研究》,《比较教育研究》2017年第3期。

石慧霞:《需求与回应:处于母校和校友之间的大学校友会》,《复旦教育论坛》2004年第4期。

舒颖岗:《大学声誉培育与高水平大学建设》,《国家教育行政学院学报》2011年第12期。

宋志章、尹鸥、高歌:《校友资源在高水平大学建设中的作用研究》,《教育与职业》2013年第24期。

眭依凡:《改造社会:未来大学新职能》,《上海高教研究》1995年第

3期。

眭依凡：《关于大学组织特性的理性思考》，《高等教育研究》2000年第4期。

眭依凡：《关于"双一流建设"的理性思考》，《高等教育研究》2017年第9期。

眭依凡：《论大学的善治》，《江苏高教》2014年第6期。

眭依凡：《世界一流大学建设的六要素》，《探索与争鸣》2016年第7期。

唐琳：《在校生情感管理运用于校友文化培养的模式分析》，《中国成人教育》2014年第23期。

佟婧：《中美大学募捐组织结构、运行及特点分析——以清华大学和哈佛大学为例》，《中国高教研究》2015年第3期。

王洪才：《大学治理的内在逻辑与模式选择》，《高等教育研究》2012年第9期。

王建华：《大学边界论》，《清华大学教育研究》2006年第6期。

王身余：《从"影响""参与"到"共同治理"——利益相关者理论发展的历史跨越及其启示》，《湘潭大学学报》（哲学社会科学版）2008年第6期。

王伟、贾红果、薛力：《校友捐赠率对我国高校校友工作的启示》，《中国成人教育》2013年第12期。

王永鑫、刘文辉：《校友文化在高校校园文化建设中的作用研究》，《思想政治教育研究》2013年第3期。

王战军、肖红缨：《一流大学院系治理的应然状态》，《教育发展研究》2016年第19期。

谢和平：《培养一流的学生　建设一流的大学》，《中国高等教育》2014年第1期。

谢晓青：《高校校友资源开发与运用研究》，《高教探索》2010年第2期。

谢志芳、夏大庆：《开发校友资源创新大学生就业工作机制》，《继续教育研究》2011年第9期。

徐吉洪：《美国 AAU 核心研究型大学的筹资策略及启示》，《复旦教育论坛》2015 年第 3 期。

杨晓斐：《欧洲大学科研捐赠模式与保障措施》，《高教探索》2014 年第 1 期。

袁飞、梁东荣：《美国大学与校友关系互动的经验及启示》，《高教探索》2016 年第 4 期。

詹美燕、楼建悦、郑川：《高校校友资源应用于育人工作的实践与思考——以浙江大学为例》，《思想教育研究》2013 年第 4 期。

张地珂、杜海坤：《欧洲大学校友捐赠的组织要素分析及启示》，《教育探索》2016 年第 6 期。

张继华、滕明兰：《美国大学校友捐赠长盛不衰的组织要素考察》，《比较教育研究》2012 年第 1 期。

张健、法晓艳：《大学和校友交互服务模型研究》，《黑龙江高教研究》2016 年第 10 期。

张蘋：《学术自由与世界一流大学建设》，《江苏高教》2016 年第 5 期。

张伟：《高等教育大众化视野中的大学募款制度研究》，《浙江大学学报》（人文社会科学版）2013 年第 3 期。

张意忠：《论高校校友资源开发与运用》，《教育学术月刊》2009 年第 12 期。

章晓野：《建立校友捐赠与校友工作的良性循环》，《中国高等教育》2017 年第 7 期。

钟秉林、周海涛：《世界一流大学的校长选聘机制及其启示——世界一流大学校长管理比较研究》，《国家教育行政学院学报》2011 年第 8 期。

钟玮、黄文辉、郭梁：《高校校友捐赠影响因素实证研究——基于对清华大学校友的调研》，《高教探索》2013 年第 4 期。

钟云华：《学缘关系对大学教师学术职业发展影响的实证研究——以 H 大学为个案》，《教育发展研究》2012 年第 1 期。

周红玲、刘琪瑾:《中国高等教育捐赠收入影响因素分析》,《统计与决策》2011 年第 19 期。

周建涛:《试论校友资源在高校发展中的作用》,《教育探索》2010 年第 12 期。

邹晓东、吕旭峰:《校友情结:美国高校捐赠的主要动因》,《比较教育研究》2010 年第 7 期。

[美] 亨利·罗索夫斯基、伍淑文:《美国的大学何以出类拔萃》,《高教探索》1994 年第 3 期。

[美] 乔治·W. 布瑞斯劳尔:《加州大学伯克利分校何以久负盛名:历史性动因的视角》,杜瑞军、常桐善译,《清华大学教育研究》2011 年第 6 期。

Anne Marie Casey, Michael Lorenzen, "Untapped Potential: Seeking Library Donors among Alumni of Distance Learning Programs", *Journal of Library Administration*, No. 05/06, 2010.

Belfield C. R., Beney A. P., "What Determines Alumni Generosity? Evidence for the UK", *Education Economics*, Vol. 8, No. 1, 2000.

Borden, Victor M. H., Shaker, Genevieve G., Kienker, Brittany L., "The Impact of Alumni Status on Institutional Giving by Faculty and Staff", *Research in Higher Education*, Vol. 55, No. 2, March 2014.

Bruce A. Kimball, " 'Democratizing' Fundraising at Elite Universities: The Discursive Legitimation of Mass Giving at Yale and Harvard, 1890 – 1920", *History of Education Quarterly*, Vol. 55, No. 2, May 2015.

C. T. Clotfelter, "Alumni Giving to Elite Private Colleges and Universities", *Economics of Education Review*, Vol. 22, No. 2, April 2003.

David J. Weerts, Alberto F. Cabrera, Thomas Sanford, "Beyond Giving: Political Advocacy and Volunteer Behaviors of Public University Alumni", *Research in Higher Education*, No. 51, 2010.

David J. Weerts, Justin M. Ronca, "Profiles of Supportive Alumni: Donors,

Volunteers, and Those Who 'Do It All'", *International Journal of Educational Advancement*, Vol. 7, No. 1, June 2007.

Drezner, Noah D., Garvey, Jason C., "LGBTQ Alumni Philanthropy: Exploring (Un) Conscious Motivations for Giving Related to Identity and Experiences", *Nonprofit and Voluntary Sector Quarterly*, Vol. 45, No. 1, February 2016.

Freeland, Robert E., Spenner, Kenneth I., McCalmon, Grace, "I Gave at the Campus: Exploring Student Giving and Its Link to Young Alumni Donations After Graduation", *Nonprofit and Voluntary Sector Quarterly*, Vol. 44, No. 4, August 2015.

John Gill, "UK's Alumni Donor Numbers Stay Static", *The Times Higher Education Supplement*, No. 1880, 2009.

Jr Ernest T. Stewart, "Alumni Support and Annual Giving", *The Annals of the American Academy of Political and Social Science*, Vol. 301, No. 1, September 1955.

J. Travis McDearmon, "Hail to Thee, Our Alma Mater: Alumni Role Identity and the Relationship to Institutional Support Behaviors", *Research in Higher Education*, Vol. 54, No. 3, 2013.

Kelly A. Marr, Charles H. Mullin, John J. Siegfried, "Undergraduate Financial Aid and Subsequent Alumni Giving Behavior", *The Quarterly Review of Economics and Finance*, Vol. 45, No. 1, February 2005.

Kerry L. Priest, Sarah Donley, "Developing Leadership for Life: Outcomes from a Collegiate Student-Alumni Mentoring Program", *Journal of Leadership Education*, Vol. 13, No. 3, 2014.

M. Alan Brown, "Factors in the Continuing Education of College Alumni", *Adult Education Quarterly*, No. 2, 1961.

Phanindra V. Wunnava, Michael A. Lauze, "Alumni Giving at a Small Liberal Arts College: Evidence from Consistent and Occasional Donors", *Economics of Education Review, Vol. 20, No. 6, December 2001.

Philip G. Altbach, "The Costs and Benefits of World-Class Universities", Academe, Vol. 90, No. 3, 2004.

Piper Fogg, "How Colleges Use Alumni to Recruit Students", Chronicle of Higher Education, No. 34, May 2008.

"Princeton Gives Trustee Posts To New Alumni", Chronicle of Higher Education, No. 17, 1969.

Xiaogeng Sun, Sharon C. Hoffman, Marilyn L. Grady, "A Multivariate Causal Model of Alumni Giving: Implications for Alumni Fundraisers", International Journal of Educational Advancement, Vol. 7, No. 4, October 2007.

著作文献

曹汉斌：《牛津大学自治史研究》，新华出版社2006年版。

陈宏薇编著：《耶鲁大学》，湖南教育出版社1990年版。

陈洪捷：《德国古典大学观及其对中国的影响》（第三版），北京大学出版社2015年版。

陈学飞：《美国高等教育发展史》，四川大学出版社1989年版。

陈学飞主编：《美国、德国、法国、日本当代高等教育思想研究》，上海教育出版社1998年版。

程星：《世界一流大学的管理之道——大学管理决策与高等教育研究》，北京大学出版社2011年版。

德万：《加利福尼亚大学》，湖南教育出版社1986年版。

丁学良：《什么是世界一流大学》，北京大学出版社2004年版。

范先佐：《筹资兴教——教育投资体制改革的理论与实践问题研究》，华中师范大学出版社1999年版。

非非：《耶鲁的故事》，中国广播电视出版社2006年版。

符娟明主编：《比较高等教育》，北京师范大学出版社1987年版。

高平叔编：《蔡元培全集 第三卷（1917—1920）》，中华书局1984年版。

参考文献

邰承远、刘玲编著：《麻省理工学院》，湖南教育出版社1992年版。

舸昕编著：《从哈佛到斯坦福：美国著名大学今昔纵横谈》，东方出版社1999年版。

舸昕编著：《漫步美国大学——美国著名大学今昔纵横谈（续编）》，哈尔滨工业大学出版社2000年版。

郭军丽、郭樑主编：《高校校友工作成功案例》，清华大学出版社2008年版。

郭军丽、贺文英主编：《高校校友工作理论研究与实践》，中国经济出版社2010年版。

郭为藩：《转变中的大学：传统、议题与前景》，北京大学出版社2006年版。

贺国庆：《德国和美国大学发达史》，人民教育出版社1998年版。

侯竹筠、韦庆缘主编：《不尽书缘——忆清华大学图书馆》，清华大学出版社2001年版。

胡萍：《高等学校校友工作概论》，电子科技大学出版社2007年版。

胡显章主编：《世纪清华 人文日新——清华大学文化研究》，高等教育出版社2011年版。

黄俊杰：《大学校长遴选：理念与实务》，北京大学出版社2006年版。

黄奇编著：《世界著名大学研究报告》，吉林人民出版社2005年版。

黄延复：《清华大学校园今昔谈》，清华大学出版社2011年版。

季羡林：《季羡林散文集》，北京大学出版社1986年版。

金耀基：《大学之理念》，生活·读书·新知三联书店2001年版。

老子：《道德经》，徐澍、刘浩注译，安徽人民出版社1990年版。

李麟：《剑桥大学凭什么出名》，同心出版社2012年版。

李姝林、李怀忠主编：《百年清华》，安徽科学技术出版社2011年版。

梁丽娟编著：《剑桥大学》，湖南教育出版社1990年版。

林玉体：《西洋教育史专题研究论文集》，文景出版社1984年版。

刘亮：《剑桥大学史》，上海交通大学出版社2012年版。

罗志敏:《校友文化与世界一流大学创建》,浙江大学出版社 2013 年版。

马俊杰:《高校校友资源开发与管理及工作案例》,中国人民大学出版社 2010 年版。

马万华:《从伯克利到北大清华——中美公立研究型大学建设与运行》,教育科学出版社 2004 年版。

孟昭兰主编:《普通心理学》,北京大学出版社 1994 年版。

南国农主编:《信息化教育概论》,高等教育出版社 2004 年版。

潘懋元:《潘懋元文集(卷四·历史与比较研究)》,广东高等教育出版社 2010 年版。

潘懋元:《潘懋元文集(卷一·高等教育学讲座)》,广东高等教育出版社 2010 年版。

潘懋元主编:《新编高等教育学》,北京师范大学出版社 1996 年版。

彭聃龄主编:《普通心理学》(修订版),北京师范大学出版社 2004 年版。

《品读精品文摘》编委会编:《读者文摘精选全集——夏》,延边人民出版社 2009 年版。

束为主编:《我心中的清华园》,清华大学出版社 2001 年版。

苏勇主编:《东方管理评论》(第 2 辑),复旦大学出版社 2008 年版。

眭依凡:《理性捍卫大学》,北京大学出版社 2013 年版。

眭依凡主编:《学府之魂:美国著名大学校长演讲录》,教育科学出版社 2013 年版。

陶爱珠主编:《世界一流大学研究——透视、借鉴、开创》,上海交通大学出版社 1993 年版。

陶倩:《当代中国志愿精神的培养研究》,上海人民出版社 2013 年版。

王树人主编:《高校校友工作研究》,吉林大学出版社 2001 年版。

王英杰、刘宝存:《世界一流大学的形成与发展》,山西教育出版社 2008 年版。

王豫生:《教育行走者札记》,福建教育出版社 2006 年版。

夏征农、陈至立主编:《大辞海·政治学·社会学卷》,上海辞书出版社 2010 年版。

徐来群：《哈佛大学史》，上海交通大学出版社 2012 年版。

徐来群：《美国公立大学系统治理模式研究》，上海交通大学出版社 2016 年版。

宣勇：《大学组织结构研究》，高等教育出版社 2005 年版。

叶通贤：《国际化视野下高等学校社会资本研究》，上海交通大学出版社 2012 年版。

张金辉：《耶鲁大学办学史研究》，中央编译出版社 2009 年版。

张康之、张乾友：《共同体的进化》，中国社会科学出版社 2012 年版。

张美凤、唐杰主编：《中国高校校友工作理论研究与实践探索 2016》，中国人民大学出版社 2016 年版。

张美凤、吴晨主编：《中国高校校友工作理论与实践——中国高等教育学会校友工作研究分会成立 10 周年论文集》，浙江大学出版社 2013 年版。

张维迎：《大学的逻辑》（第三版），北京大学出版社 2012 年版。

《中国大百科全书》编辑部编：《中国大百科全书（精粹本）》，中国大百科全书出版社 2002 年版。

周雁：《耶鲁大学史》，上海交通大学出版社 2012 年版。

朱国宏：《哈佛帝国》，上海人民出版社 2002 年版。

资中筠：《财富的责任与资本主义演变：美国百年公益发展的启示》，上海三联书店 2015 年版。

［德］斐迪南·滕尼斯：《共同体与社会：纯粹社会学的基本概念》，林荣远译，北京大学出版社 2010 年版。

［德］卡尔·雅斯贝尔斯：《大学之理念》，邱立波译，上海人民出版社 2007 年版。

［加］约翰·范德格拉夫：《学术权力——七国高等教育管理体制比较》，王承绪等译，浙江教育出版社 2001 年版。

［美］Clark Kerr：《大学的功用》，陈学飞等译，江西教育出版社 1993

年版。

［美］D. B. 约翰斯通：《高等教育财政：问题与出路》，沈红、李红桃译，人民教育出版社2003年版。

［美］E. R. 希尔加德、R. L. 阿特金森、R. C. 阿特金森：《心理学导论》（上册），周先庚等译，北京大学出版社1989年版。

［美］R. 爱德华·弗里曼：《战略管理——利益相关者方法》，王彦华、梁豪译，上海译文出版社2006年版。

［美］W. 理查德·斯格特：《组织理论：理性、自然和开放系统》，黄洋等译，华夏出版社2002年版。

［美］阿奇·B. 卡罗尔（Archie B. Carroll）、安·K. 巴克霍尔茨（Ann K. Buchholtz）：《企业与社会：伦理与利益相关者管理》（原书第5版），黄煜平等译，机械工业出版社2004年版。

［美］埃里克·古尔德：《公司文化中的大学：大学如何应对市场化压力》，吕博、张鹿译，北京大学出版社2015年版。

［美］爱德华·弗里曼、杰弗里·哈里森、安德鲁·威克斯、拜德安·帕尔马、西蒙娜·科莱：《利益相关者理论：现状与展望》，盛亚、李靖华等译，知识产权出版社2013年版。

［美］奥利维尔·聪茨（Olivier Zunz）：《美国慈善史》，杨敏译，上海财经大学出版社2016年版。

［美］本尼迪克特·安德森：《想象的共同体——民族主义的起源与散布》（增订版），吴叡人译，上海人民出版社2016年版。

［美］伯顿·A. 韦斯布罗德、杰弗里·P. 巴卢、伊夫琳·D. 阿希：《使命与财富——理解大学》，洪成文、燕凌译，学苑出版社2016年版。

［美］伯顿·R. 克拉克：《高等教育系统——学术组织的跨国研究》，王承绪、徐辉、殷企平、蒋恒译，杭州大学出版社1994年版。

［美］伯顿·克拉克主编：《高等教育新论——多学科的研究》，王承绪、徐辉等译，浙江教育出版社2001年版。

［美］查尔斯·莫里斯（Charles G. Morris）、阿尔伯特·梅斯托（Albert

A. Maisto):《心理学导论》(第 12 版),张继明、王蕾、童永胜等译,北京大学出版社 2007 年版。

[美] 查尔斯·维斯特:《麻省理工学院如何追求卓越》,蓝劲松主译,北京大学出版社 2013 年版。

[美] 戴维·凯泽主编:《麻省理工学院的成长历程:决策时刻》,王孙禺、雷环、张志辉译,清华大学出版社 2015 年版。

[美] 戴维斯·扬:《创建和维护企业的良好声誉》,赖月珍译,上海人民出版社 1997 年版。

[美] 道格拉斯·山德–图奇:《哈佛大学人文建筑之旅》,陈家祯译,上海交通大学出版社 2010 年版。

[美] 德里克·博克:《美国高等教育》,乔佳义编译,北京师范学院出版社 1991 年版。

[美] 杜安·P. 舒尔茨、悉尼·埃伦·舒尔茨:《工业与组织心理学:心理学与现代社会的工作》(第 10 版),孟慧、林晓鹏等译,上海人民出版社 2014 年版。

[美] 弗兰克·G. 戈布尔(Frank G. Goble):《第三思潮——马斯洛心理学》,吕明、陈红雯译,上海译文出版社 2006 年版。

[美] 哈里特·朱克曼:《科学界的精英——美国的诺贝尔奖金获得者》,周叶谦、冯世则译,商务印书馆 1979 年版。

[美] 亨利·罗索夫斯基:《美国校园文化——学生·教授·管理》,谢宗仙、周灵芝、马宝兰译,山东人民出版社 1996 年版。

[美] 杰弗里·菲佛、杰勒尔德·R. 萨兰基克:《组织的外部控制——对组织资源依赖的分析》,闫蕊译,东方出版社 2006 年版。

[美] 克拉克·克尔:《高等教育不能回避历史——21 世纪的问题》,王承绪译,浙江教育出版社 2001 年版。

[美] 劳伦斯·维赛:《美国现代大学的崛起》,栾鸾译,北京大学出版社 2011 年版。

[美] 理查德·鲁克:《高等教育公司:营利性大学的崛起》,于培文

译，北京大学出版社 2015 年版。

［美］罗伯特·A. 勃登斯基：《年度捐赠的革新——十项已取得成效的尝试》，丁力译，复旦大学出版社 2013 年版。

［美］麦克·哈特（Michael H. Hart）：《影响人类历史进程的 100 名人排行榜》，赵梅、韦伟、姬虹译，海南出版社 2014 年版。

［美］曼纽尔·卡斯特：《认同的力量》（第二版），曹荣湘译，社会科学文献出版社 2006 年版。

［美］莫顿·凯勒、菲利斯·凯勒：《哈佛走向现代：美国大学的崛起》，史静寰、钟周、赵琳译，清华大学出版社 2007 年版。

［美］乔治·M. 马斯登：《美国大学之魂》（第二版），徐弢、程悦、张离海译，北京大学出版社 2015 年版。

［美］斯蒂芬·P. 罗宾斯（Stephen P. Robbins）、戴维·A. 德森佐（David A. Decenzo）、玛丽·库尔特（Mary Coulter）：《管理学：原理与实践》（原书第 9 版），毛蕴诗主译，机械工业出版社 2015 年版。

［美］威廉·维尔斯马、斯蒂芬·G. 于尔斯：《教育研究方法导论》（第 9 版），袁振国译，教育科学出版社 2010 年版。

［美］韦恩·K. 霍伊、塞西尔·G. 米斯克尔：《教育管理学：理论·研究·实践》（第 7 版），范国睿译，教育科学出版社 2007 年版。

［美］雅罗斯拉夫·帕利坎：《大学理念重审：与纽曼对话》，杨德友译，北京大学出版社 2014 年版。

［美］亚伯拉罕·弗莱克斯纳：《现代大学论——美英德大学研究》，徐辉、陈晓菲译，浙江教育出版社 2001 年版。

［美］亚伯拉罕·马斯洛（Abraham H. Maslow）：《动机与人格》（第三版），许金声等译，中国人民大学出版社 2007 年版。

［美］亚瑟·科恩：《美国高等教育通史》，李子江译，北京大学出版社 2010 年版。

［美］伊利尔·沙里宁：《城市：它的发展 衰败与未来》，顾启源译，中国建筑工业出版社 1986 年版。

参考文献

［美］约翰·S.布鲁贝克：《高等教育哲学》，郑继伟等选译，浙江教育出版社 2002 年版。

［美］约翰·W.奥马利：《西方的四种文化》，宫睿译，北京大学出版社 2012 年版。

［美］詹姆斯·杜德斯达、弗瑞斯·沃马克：《美国公立大学的未来》，刘济良译，北京大学出版社 2006 年版。

［摩洛哥］萨米：《世界一流大学：挑战与途径》，孙薇、王琪译，上海交通大学出版社 2009 年版。

［瑞士］瓦尔特·吕埃格总主编、［比］希尔德·德·里德－西蒙斯主编：《欧洲大学史 近代早期的欧洲大学（1500—1800）》第二卷，贺国庆等译，河北大学出版社 2008 年版。

［瑞士］瓦尔特·吕埃格总主编、［比］希尔德·德·里德－西蒙斯主编：《欧洲大学史 中世纪大学》第一卷，张斌贤等译，河北大学出版社 2008 年版。

［西班牙］奥尔特加·加塞特：《大学的使命》，徐小洲、陈军译，浙江教育出版社 2001 年版。

［英］E.F.舒马赫：《小的是美好的》，虞鸿钧、郑关林译，商务印书馆 1984 年版。

［英］阿什比：《科技发达时代的大学教育》，滕大春、滕大生译，人民教育出版社 1983 年版。

［英］路易丝·斯托尔、［加拿大］迪安·芬克：《未来的学校：变革的目标与路径》（第二版），柳国辉译，北京大学出版社 2015 年版。

［英］迈克尔·夏托克：《成功大学的管理之道》，范怡红主译，北京大学出版社 2006 年版。

［英］皮特·斯科特主编：《高等教育全球化：理论与政策》，周倩、高耀丽译，北京大学出版社 2009 年版。

［英］齐格蒙特·鲍曼：《共同体：在一个不确定的世界中寻找安全》，欧阳景根译，江苏人民出版社 2003 年版。

［英］约翰·亨利·纽曼：《大学的理想》，徐辉、顾建新、何曙荣译，浙江教育出版社2001年版。

American Alumni Council, *Hand Book Of Alumni Work*, London: FB & c Ltd. , 2015.

Brooks Mather Kelly, *Yale: A History*, New Haven and London: Yale University Press, 1974.

Charles H. Webb, *Handbook for Alumni Administration*, Arizona: Oryx Press, 1995.

David J. Weerts, Javier Vidal, *Enhancing Alumni Research: European and American Perspectives*, San Francisco: Jossey-Bass, 2005.

Gerlinda S. Melchiori, *Alumni Research: Methods and Applications*, San Francisco: Jossey-Bass, 1988.

Joe L. Spaeth, Andrew M. Greeley, *Recent Alumni and Higher Education: A Survey of College Graduates*, New York: McGraw-Hill, 1970.

Laura A. Wankel, Charles Wankel, *Higher Education Administration with Social Media: Including Applications in Student Affairs, Enrollment Management, Alumni Relations, and Career Centers*, Bingley: Emerald Group Publishing Limited, 2011.

Marybeth Gasman, Nelson Bowman Ⅲ, *Engaging Diverse College Alumni: The Essential Guide to Fundraising*, New York: Routledge, 2013.

Merle Curti, Roderick Nash, *Philanthropy in the Shaping of American Higher Education*, New Jersey: Rutgers University Press, 1965.

Shaw. Wilfred Byron, *Alumni and Adult Education*, New York: American Association for Adult Education, 1929.

Steven L. Calvert, *Alumni Continuing Education*, New York: Macmillan, 1987.

Stover, Webster Schultz, *Alumni Stimulation by the American College President. / New York, Bureau of Publications, Teachers College, Columbia University*,1930, New York: AMS Press, 1972.

The Alumni Factor, *The Alumni Factor: A Revolution in College Rankings*, Austin: Greenleaf Book Group LLC, 2013.

Wilfred B. Shaw, Edwin r. Embree, Arthur H. Upham, E. Bird Johnson, *Handbook of Alumni Work*, The Association of Alumni Secretaries, 1919.

学位论文

陈璞:《美国大学校友会的历史研究》,博士学位论文,北京师范大学,2012年。

李文峰:《大学校友关系管理之研究——以某私立大学为例》,硕士学位论文,南华大学,2016年。

吕旭峰:《我国教育捐赠问题研究》,博士学位论文,河南大学,2011年。

汪建武:《高校校友资源开发与利用研究》,硕士学位论文,湖南大学,2007年。

余惠芬:《大学办学品质对校友关系品质及校友忠诚度之影响——以私立东吴大学为例》,硕士学位论文,东吴大学,2006年。

张焱:《大学教育基金会校友捐赠行为驱动因素研究》,博士学位论文,北京大学,2012年。

Anita Mastroieni, Doctoral Alumni Giving: Motivations for Donating to the University of Pennsylvania, Philadelphia, Ph. D. dissertation, University of Pennsylvania, 2010.

Arnold, Gertrude Lee, Friend Raisers and Fund raisers: Alumni Relations and Development in Large, Public Universities, Ann Arbor, Ph. D. dissertation, University of Michigan, 2003.

Batra, Neha, A Look to the Future: MIT Alumni and Their Course 2 and 2-A Educational Experience, Cambridge, B. S. Engineering dissertation, Massachusetts Institute of Technology, 2010.

Beeler, Karl Joseph, A Study of Predictors of Alumni Philanthropy in Private Universities, Storrs, Ph. D. dissertation, University of Connecticut, 1982.

Damon W. Cates, Undergraduate Alumni Giving: A Study of Six Institutions and Their Efforts Related to Donor Participation, Philadelphia, Ph. D. dissertation, University of Pennsylvania, 2011.

Johnson, Jeffery Wayne, Decision to Join the Iowa State University Alumni Association: Experiences of Five African American Alumni of Iowa State University, Ames, Ph. D. dissertation, Iowa State University, 2014.

Lori A. Hurvitz, Building a Culture of Student Philanthropy: A Study of the Ivy-Plus Institutions' Philanthropy Education Initiatives, Philadelphia, Ph. D. dissertation, University of Pennsylvania, 2010.

Pung, Barnaby, I alumnus: Understanding Early Alumni Identity, East Lansing, Ph. D. dissertation, Michigan State University, 2013.

Ropp, Christopher T., The Relationship Between Student Academic Engagement and Alumni Giving at a Public, State Flagship University, Lawrence, Ph. D. dissertation, University of Kansas, 2014.

Samuels, Marlene B., Law School Prestige and Alumni Career Attainment: A Study of Four Career Paths and Four Strata of Law Schools, Chicago, Ph. D. dissertation, University of Chicago, 2000.

Walcott, Mark E., Predictive Modeling and Alumni Fundraising in Higher Education, Bloomington-Normal, Ph. D. dissertation, Illinois State University, 2015.

Wolfe, Kristen Elaine, Understanding the Careers of the Alumni of the MIT Mechanical Engineering Department, Cambridge, B. S. Engineering dissertation, Massachusetts Institute of Technology, 2004.

研究报告、论文集等

麦可思研究院编著:《2011年中国大学生就业报告》,社会科学文献出版社2011年版。

梅贻琦:《就职演说》,载刘述礼、黄延复编《梅贻琦教育论著选》,人民教育出版社 1993 年版。

吴铎:《大学文脉的代际传承——老教授协会的一项特殊任务》,载《〈大学的文化传承创新与文化育人〉专家论坛论文集》,2012。

Council for Aid to Education, "The Voluntary Support of Education", 2014.

World Economic Forum, "The Global Competitiveness Report 2017–2018", 2017.

［英］皮尔素编（Pearsall, J.）:《新牛津英语词典》,上海外语教育出版社 2001 年版。

报纸文献

陈颐、徐惠喜:《"创新+人才"成提升竞争力动力》,《经济日报》2017 年 9 月 28 日第 8 版。

陈志武:《校友为什么捐赠》,《南方周末》2012 年 5 月 27 日。

何志伟:《面向 2030 年的校友研究展望》,《中国社会科学报》2016 年 8 月 4 日第 4 版。

刘涛:《校友文化不是捐款文化》,《中国教育报》2014 年 9 月 12 日第 2 版。

罗志敏:《世界一流大学建设需要培育"支持型校友"》,《光明日报》2015 年 12 月 1 日第 14 版。

邬大光:《大学与建筑的随想》,《光明日报》2014 年 4 月 28 日第 16 版。

谢维和:《大学是一个文化机构》,《光明日报》2014 年 10 月 20 日第 7 版。

网络文献

2015—2016 Financial Report, https://your.yale.edu/sites/default/files/2015—2016-yale-financial-report.pdf, 2017 年 9 月 4 日。

2016—2017 CAA Alumni Scholars, https://alumni.berkeley.edu/community/scholarships/2016-scholars, 2017 年 6 月 20 日。

《2017 胡润慈善》, http：//www. hurun. net/cn/article/details? num = 8715bf84da69, 2017 年 6 月 8 日。

About, https：//www. llnl. gov/about, 2017 年 9 月 29 日。

About BAMPFA, https：//bampfa. org/about/about-bampfa, 2017 年 1 月 6 日。

About Harvard/Harvard at a Glance, http：//www. harvard. edu/about-harvard/harvard-glance/honors/heads-state, 2016 年 10 月 11 日。

About MIT, http：//web. mit. edu/aboutmit/, 2016 年 11 月 21 日。

About the Lab, http：//www. lbl. gov/about/, 2017 年 9 月 29 日。

About Us, http：//alumni. princeton. edu/about/, 2017 年 8 月 10 日。

About Us, http：//alumni. umich. edu/about-us/, 2017 年 8 月 10 日。

Achievement Awards/Alumnus/a of the Year Award, https：//awards. berkeley. edu/achievement-awards, 2017 年 7 月 26 日。

Achievement Awards/Berkeley Founders Award, https：//awards. berkeley. edu/achievement-awards, 2017 年 7 月 26 日。

Achievement Awards/Campanile Excellence in Achievement Award, https：//awards. berkeley. edu/achievement-awards, 2017 年 7 月 26 日。

Achievement Awards/Fiat Lux Faculty Award, https：//awards. berkeley. edu/achievement-awards, 2017 年 8 月 6 日。

Achievement Awards/Mark Bingham Award for Excellence in Achievement by a Young Alumnus/a, https：//awards. berkeley. edu/achievement-awards, 2017 年 8 月 6 日。

Affiliated Groups, http：//alumni. princeton. edu/communities/affiliatedgroups/, 2017 年 8 月 10 日。

Alumni Benefits, https：//alumniandfriends. uchicago. edu/alumni-association/alumni-benefits, 2017 年 8 月 10 日。

Alumni Council Committees, http：//alumni. princeton. edu/volunteer/committees/, 2017 年 8 月 10 日。

参考文献

Alumni House Rental Map, https：//alumni.berkeley.edu/sites/default/files/Alumni_ House_ Rental_ Map.pdf, 2017年7月20日。

Alumni House Rentals, https：//alumni.berkeley.edu/events/alumni-house-rentals, 2017年7月20日。

Alumni House Reservation Form, https：//alumni.berkeley.edu/sites/default/files/ReservationsForm_ 030414.pdf, 2017年7月20日。

Alumni Mentorship Program, http：//www.alumni.upenn.edu/s/1587/psom/index.aspx? sid=1587&gid=2&pgid=5937, 2017年9月19日。

Annual Giving, "Princeton's Annual Giving Campaign Raises Record-setting $74.9 Million", 2017年7月6日, http：//giving.princeton.edu/news/2017/07/princetons-annual-giving-campaign-raises-record-setting-75-million, 2017年9月24日。

Berkeley Loyal/Frequently Asked Questions, http：//loyal.berkeley.edu/faq.php, 2017年7月5日。

Berkeley Loyal/Sharing the Light/AMIT'84, M.S.'88 AND ANJU SHARMA, http：//loyal.berkeley.edu/sharing-the-light.php, 2017年7月11日。

Berkeley Loyal/Sharing the Light/ANN'60 AND JOHN'60 DEMPSAY, http：//loyal.berkeley.edu/sharing-the-light.php, 2017年7月17日。

Berkeley Loyal/Sharing the Light/MARION M. AULT, http：//loyal.berkeley.edu/sharing-the-light.php, 2017年7月15日。

Berkeley Loyal/Sharing the Light/PAUL'10 AND DIAMOND'15 HAYMON, http：//loyal.berkeley.edu/sharing-the-light.php, 2017年7月10日。

Berkeley Loyal/Welcome, http：//loyal.berkeley.edu/index.php, 2017年7月3日。

Berkeley Office of Gift Planning/About/Welcome from the executive director, https：//planyourlegacy.berkeley.edu/about/welcome-director, 2017年

7月18日。

Berkeley Office of Gift Planning/Gift Types/Gift Types Ages 30 – 49，https：//planyourlegacy. berkeley. edu/gift-types-30-49，2017年6月26日。

Berkeley Office of Gift Planning/Gift Types/Gift Types Ages 50 – 64，https：//planyourlegacy. berkeley. edu/gift-types/gift-types-ages-50-64，2017年6月27日。

Berkeley Office of Gift Planning/Gift Types/Gift Types Ages 65 Plus，https：//planyourlegacy. berkeley. edu/gift-types/ages-65-plus/gift-types-ages-65-plus，2017年7月1日。

Berkeley Office of International Relations/HOME，https：//international. berkeley. edu/，2017年7月20日。

Berkeley Office of International Relations/International Alumni Network，https：//international. berkeley. edu/international-alumni-network#，2017年6月18日。

Berkeley Office of International Relations/Support Berkeley /Jaime Benchimol，https：//international. berkeley. edu/giving-profile/jaime-benchimol，2017年5月16日。

Berkeley ranked No. 1 public university by US News，2014年9月9日，http://news. berkeley. edu/2014/09/09/berkeley-ranked-1-public-university-by-us-news/，2017年5月1日。

Berkeley The Charter Hill Society /FAQ/WHAT IS THE CHARTER HILL SOCIETY? http：//charterhill. berkeley. edu/faq. php，2017年5月27日。

Berkeley The Charter Hill Society /Member Stories/DON GUTHRIE' 77，http://charterhill. berkeley. edu/member-stories. php，2017年5月20日。

Berkeley The Charter Hill Society /Member Stories/HOCK S. LEE' 85，http://charterhill. berkeley. edu/member-stories. php，2017年8月16日。

Berkeley The Charter Hill Society /Member Stories/PETER MUÑOZ' 68，M. A.' 70，J. D.' 75 AND JANE LEROE' 68，J. D.' 71，http：//charterhill. berkeley. edu/member-stories. php，2017年6月4日。

Berkeley The Charter Hill Society /Welcome, http：//charterhill. berkeley. edu/, 2017 年 6 月 1 日。

Berkeley Visitor Services, http：//visit. berkeley. edu/, 2017 年 6 月 4 日。

Berkeley, https：//give. berkeley. edu/? sc = 55546&utm_ source = alumni-friends&utm_ medium = marketing&utm_ content = blueskies%26camp&utm_ campaign = 55546, 2017 年 8 月 16 日。

By the numbers, http：//www. berkeley. edu/about/bythenumbers, 2017 年 5 月 6 日。

Charitable Gift Annuity, https：//planyourlegacy. berkeley. edu/donor-stories/elsa-massoc, 2017 年 5 月 17 日。

Charitable Gift Annuity, https：//planyourlegacy. berkeley. edu/donor-stories/megan-gritsch, 2017 年 5 月 19 日。

Columbia University Financial Reports, http：//101. 96. 10. 64/finance. columbia. edu/files/gateway/content/reports/financials2016. pdf, 2017 年 9 月 4 日。

Finance and funding, https：//www. ox. ac. uk/about/organisation/finance-and-funding? wssl = 1, 2017 年 5 月 3 日。

Financial Results for Fiscal Year 2016, http：//annualreport. uchicago. edu/page/financial-results-fiscal-year-2016, 2017 年 9 月 4 日。

Give/How to Give, https：//alumni. berkeley. edu/give/ways-give, 2017 年 6 月 23 日。

Give/Why Give, https：//alumni. berkeley. edu/give/why-give, 2017 年 6 月 22 日。

Governance, http：//www. cam. ac. uk/about-the-university/how-the-university-and-colleges-work/governance, 2017 年 9 月 17 日。

Harvard at a Glance, http：//www. harvard. edu/about-harvard/harvard-glance, 2017 年 9 月 4 日。

Information & Staff: Office of Alumni Affairs, https：//www. alumni. cornell. edu/about/a-affairs. cfm，2017 年 8 月 10 日。

International Statistics，http：//world. yale. edu/about-yale，2016 年 10 月 18 日。

International Students and Scholars，http：//web. mit. edu/facts/international. html，2016 年 10 月 18 日。

Isaac Newton，https：//en. wikipedia. org/wiki/Isaac_ Newton，2016 年 11 月 12 日。

John Kluge，"CC37，Pledges $400 Million for Financial Aid"，2007 年 4 月 11 日，http：//www. columbia. edu/cu/news/07/04-new/kluge. html，2017 年 9 月 24 日。

John Longbrake：《中美往事耶鲁大学的中国情结》，http：//chinese. usembassy-china. org. cn/jl0401_ yale. html，2016 年 11 月 13 日。

Joint Mission Statement of the Executive Committee of the Alumni Council and the Trustee Committeeon Alumni Affairs［PDF］，http：//alumni. princeton. edu/volunteer/committees/about/Alumni Joint Statement 2002. pdf，2017 年 8 月 10 日。

Laura Bridgestock，"World University Ranking Methodologies Compared"，2016 年 9 月 19 日，http：//www. topuniversities. com/university-rankings-articles/world-university-rankings/world-university-ranking-methodologies-compared，2016 年 11 月 12 日。

Lawrence Hall of Science，http：//www. berkeley. edu/search？q = Lawrence，2017 年 9 月 29 日。

MIT FACTS，http：//web. mit. edu/facts/financial. html，2017 年 9 月 4 日。

National User Facilities，http：//www. lbl. gov/programs/national-user-facilities/，2017 年 9 月 29 日。

Osher Lifelong Learning/Why Join OLLI？https：//olli. berkeley. edu/why-join-olli，2017 年 7 月 20 日。

President and Fellows（Harvard Corporation），https：//www. harvard. edu/about-harvard/harvards-leadership/president-and-fellows-harvard-corporation，2017 年 9 月 17 日。

Princeton Schools Committee，http：//alumni. princeton. edu/volunteer/committees/psc/，2017 年 8 月 12 日。

Reports and Financial Statements for the Year Ended 31 July 2016，http：//www. admin. cam. ac. uk/reporter/2016-17/weekly/6448/section4. shtml，2017 年 9 月 4 日。

Rob Matheson. New report outlines MIT's global entrepreneurial impact，2015 年 12 月 9 日，http：//news. mit. edu/2015/report-entrepreneurial-impact-1209，2016 年 12 月 15 日。

Robert Morse，Alexis Krivian，Andrew Jackwin，"How U. S. News Calculated the Best Global Universities Rankings"，2016 年 10 月 24 日，http：//www. usnews. com/education/best-global-universities/articles/methodology，2016 年 11 月 12 日。

Schools & Colleges，http：//www. berkeley. edu/academics/schools-colleges，2017 年 5 月 5 日。

The Haas Awards/Elise and Walter A. Haas International Award，https：//awards. berkeley. edu/elise-walter-haas-international-award，2017 年 8 月 6 日。

The Haas Awards/Peter E. Haas Public Service Award，https：//awards. berkeley. edu/peter-e-haas-public-service-award，2017 年 8 月 6 日。

The History of the Cavendish，http：//www. phy. cam. ac. uk/history，2017 年 1 月 5 日。

The History of the Cavendish-Nobel Laureates，http：//www. phy. cam. ac. uk/history/nobel，2017 年 1 月 5 日。

The Stanford Faculty，http：//facts. stanford. edu/academics/faculty，2017 年 1 月 5 日。

The Trustees of Columbia University，http：//secretary. columbia. edu/trustees-columbia-university,2017年9月17日。

Traditions of Berkeley, http://www.berkeley.edu/about/traditions,2017年5月27日。

University Awards/Berkeley Citation, https://awards.berkeley.edu/berkeley-citation,2017年7月26日。

University Awards/Berkeley Medal, https://awards.berkeley.edu/berkeley-medal,2017年7月26日。

University Awards/Chancellor's Citation, https://awards.berkeley.edu/chancellors-citation,2017年7月26日。

University Awards/Chancellor's Distinguished Service Award, https://awards.berkeley.edu/chancellors-distinguished-service-award,2017年7月26日。

University Development and Alumni Relations/Home, https://udar.berkeley.edu/,2017年5月10日。

University Development and Alumni Relations, http://www.berkeley.edu/admin/pdf/udar.pdf,2017年5月14日。

University Facts—Statistics, http://www.cornell.edu/about/facts.cfm,2016年10月18日。

Volunteer Awards/Loyal Company Outstanding Volunteer Group Award, https://awards.berkeley.edu/volunteer-awards,2017年8月6日。

Volunteer Awards/Sather Gate Young Volunteer Award, https://awards.berkeley.edu/volunteer-awards,2017年8月6日。

Volunteer Awards/Spirit of 1868 Volunteer Award, https://awards.berkeley.edu/volunteer-awards,2017年8月6日。

Volunteer Tools, http://www.alumni.upenn.edu/s/1587/gid2/16/interior.aspx?sid=1587&gid=2&pgid=383,2017年8月10日。

Volunteer/YES Berkeley! Student Recruitment, https://alumni.berkeley.edu/volunteer/student-recruitment,2017年5月15日。

Why Volunteer? https：//reunions. berkeley. edu/volunteer/why，2017 年 6 月 19 日。

Wikipedia，https：//en. wikipedia. org/wiki/Yale-China_ Association，2016 年 11 月 13 日。

World University Rankings 2016 – 2017 methodology，2016 年 9 月 5 日，https：//www. timeshighereducation. com/world-university-rankings/methodology-world-university-rankings-2016—2017，2016 年 11 月 12 日。

曹丽君：《专访剑桥大学校长：大学教育不是贵族教育》，2004 年 7 月 8 日，http：//www. eol. cn/article/20040802/3111713. shtml，2017 年 9 月 20 日。

陈丽霞：《武汉大学卓尔体育馆奠基》，2015 年 12 月 21 日，http：//news. whu. edu. cn/info/1002/44981. htm，2017 年 9 月 26 日。

国务院：《国务院关于印发统筹推进世界一流大学和一流学科建设总体方案的通知》，http：//www. moe. gov. cn/jyb_ xxgk/moe_ 1777/moe_ 1778/201511/t20151105_ 217823. htm，2015 年 10 月 24 日。

哈佛大学官网/About Harvard/Harvard at a Glance，http：//www. harvard. edu/about-harvard/harvard-glance，2017 年 9 月 4 日。

何志伟：《校庆活动的关键在哪里》，2016 年 3 月 31 日，http：//mp. weixin. qq. com/s? _ _ biz = MjM5MDU0NzczMA = = &mid = 419633491&idx = 2&sn = 4e53d80b0e4b180878fe0fc50b592ec2&mpshare = 1&scene = 23&srcid = 0331GFl0KlMIFELUWX9we5Gb#rd，2016 年 8 月 18 日。

《经管学院 2016 级本科生"领军计划"校友导师聘任仪式举行》，2016 年 11 月 16 日，http：//www. tsinghua. org. cn/xxfb/xxfbAction. do? ms = ViewFbxxDetail_ detail0&xxid = 11288508&lmid = 4000345&nj = ，2017 年 7 月 8 日。

卡文迪什实验室，http：//baike. so. com/doc/6676543-6890410. htm，2017 年 1 月 5 日。

《凯风人文社科图书馆》，http：//www. tuef. tsinghua. edu. cn/info/xyjs/

1122，2017年7月12日。

《励学金》，http：//www. tsinghua. org. cn/xxfb/xxfbAction. do？ ms = getFbxxList_ list2&lmid = 4000567&item0_ name = %25E5%258A%25B1%25E5%25AD%25A6%25E9%2587%2591，2017年7月16日。

联合国秘书长安南在2001国际志愿者年启动仪式上的讲话，2001年9月18日，http：//www. people. com. cn/GB/shizheng/252/6135/6139/20010918/563834. html，2017年6月10日。

卢晓璐、钟凯旋、陈文雪：《上海复旦大学教育发展基金会与泛海公益基金会举行捐赠签约仪式》，2015年12月21日，http：//news. fudan. edu. cn/2015/1221/40640. html，2017年9月26日。

罗海鸥：《回归大学之道，引领民族未来》，2015年5月15日，http：//www. eduthinker. com/archives/1025，2016年10月11日。

麦可思研究：《让苏世民学院设计者告诉你，大学建筑还能有哪些意外惊喜！》，2016年9月16日，http：//mp. weixin. qq. com/s？ _ _ biz = MzA5MjIzNzAxNw = = &mid = 2653047817&idx = 1&sn = 6624495dd3b64f881aee7072eb1c6ff9&chksm = 8ba6d1bfbcd158a9e63ebf1dd52da26e20adb299311d0ae714da750794084150b5b5a8c3072d&scene = 1&srcid = 0917VepmQTj0hcx8md0ThRXr#rd，2017年10月8日。

《蒙民伟科技大楼》，http：//www. tuef. tsinghua. edu. cn/info/xyjs/1189，2017年7月10日。

《年级校友基金及校友年度捐款》，http：//www. tsinghua. org. cn/xxfb/xxfbAction. do？ ms = getFbxxList_ list2&lmid = 4000567&item0_ name = %25E5%25B9%25B4%25E7%25BA%25A7%25E6%25A0%25A1%25E5%258F%258B%25E5%259F%25BA%25E9%2587%2591%25E5%258F%258A%25E6%25A0%25A1%25E5%258F%258B%25E5%25B9%25B4%25E5%25BA%25A6%25E6%258D%2590%25E6%25AC%25BE，2017年7月18日。

《清华大学90周年校庆》，2001年5月10日，http：//www. tsinghua. edu. cn/

publish/thunews/9708/2011/20110225231226703261701/20110225231226703261701_.html，2017年9月1日。

《清华大学90周年校庆》，2001年5月10日，http：//www.tsinghua.edu.cn/publish/thunews/9708/2011/20110225231226796648814/20110225231226796648814_.html，2017年9月6日。

《清华校友总会第八届理事会名单》，2016年3月31日，http：//www.tsinghua.org.cn/publish/alumni/4000392/sec_detail1.html，2017年9月20日。

《清华校友总会秘书长唐杰：实践服务宗旨 助力校友事业发展》，2017年1月3日，http：//www.tsinghua.org.cn/publish/alumni/4000343/11335125.html，2017年8月29日。

清华校友总会网：《清华风电同学会》，2016年4月4日，http：//www.tsinghua.org.cn/publish/alumni/4000350/清华风电同学会.html，2017年8月29日。

清华校友总会网：《清华校友半导体协会》，2016年4月4日，http：//www.tsinghua.org.cn/publish/alumni/4000350/清华校友半导体协会.html，2017年8月29日。

清华校友总会网：《清华校友保险协会》，2016年3月28日，http：//www.tsinghua.org.cn/publish/alumni/4000350/清华校友保险协会.html，2017年8月29日。

清华校友总会网：《清华校友房地产协会》，2016年3月30日，http：//www.tsinghua.org.cn/publish/alumni/4000350/清华校友房地产协会.html，2017年8月29日。

清华校友总会网：《清华校友合唱团》，2016年3月31日，http：//www.tsinghua.org.cn/publish/alumni/4000350/清华校友合唱团.html，2017年8月29日。

清华校友总会网：《清华校友互联网与新媒体协会》，2016年3月10日，http：//www.tsinghua.org.cn/publish/alumni/4000350/清华校友

互联网与新媒体协会.html,2017年8月29日。

清华校友总会网:《清华校友环境协会》,2016年4月5日,http://www.tsinghua.org.cn/publish/alumni/4000350/清华校友环境协会.html,2017年8月29日。

清华校友总会网:《清华校友剧艺社》,2016年3月31日,http://www.tsinghua.org.cn/publish/alumni/4000350/清华校友剧艺社.html,2017年8月29日。

清华校友总会网:《清华校友民乐团》,2016年4月2日,http://www.tsinghua.org.cn/publish/alumni/4000350/清华校友民乐团.html,2017年8月29日。

清华校友总会网:《清华校友乒乓球协会》,2016年4月13日,http://www.tsinghua.org.cn/publish/alumni/4000350/清华校友乒乓球协会.html,2017年8月29日。

清华校友总会网:《清华校友汽车行业协会》,2016年3月31日,http://www.tsinghua.org.cn/publish/alumni/4000350/清华校友汽车行业协会.html,2017年8月29日。

清华校友总会网:《清华校友青年学术交流协会》,2016年3月29日,http://www.tsinghua.org.cn/publish/alumni/4000350/清华校友青年学术交流协会.html,2017年8月29日。

清华校友总会网:《清华校友摄影俱乐部》,2016年4月13日,http://www.tsinghua.org.cn/publish/alumni/4000350/清华校友摄影俱乐部.html,2017年8月29日。

清华校友总会网:《清华校友生命科学与医疗健康协会》,2016年3月30日,http://www.tsinghua.org.cn/publish/alumni/4000350/清华校友生命科学与医疗健康协会.html,2017年8月29日。

清华校友总会网:《清华校友投资协会》,2016年3月29日,http://www.tsinghua.org.cn/publish/alumni/4000350/清华校友投资协会.html,2017年8月29日。

清华校友总会网：《清华校友网球协会》，2016年4月13日，http：//www.tsinghua.org.cn/publish/alumni/4000350/清华校友网球协会.html，2017年8月29日。

清华校友总会网：《清华校友影视俱乐部》，2016年3月31日，http：//www.tsinghua.org.cn/publish/alumni/4000350/清华校友影视俱乐部.html，2017年8月29日。

清华校友总会网：《清华校友羽毛球俱乐部》，2016年3月31日，http：//www.tsinghua.org.cn/publish/alumni/4000350/清华校友羽毛球俱乐部.html，2017年8月29日。

清华校友总会网：《清华校友总会文创专业委员会》，2016年3月31日，http：//www.tsinghua.org.cn/publish/alumni/4000350/清华校友总会文创专业委员会.html，2017年8月29日。

《清华新百年基金"自强计划"校友导师》，http：//www.tuef.tsinghua.edu.cn/column/zzxm5，2017年7月7日。

《邱勇：未来大学最大的特征是开放性和国际化》，2017年3月24日，http：//www.tsinghua.edu.cn/publish/thunews/10303/2017/20170324220100042672833/20170324220100042672833_.html，2017年9月13日。

新华社：《全国科技创新大会 两院院士大会 中国科协第九次全国代表大会在京召开》，http：//news.xinhuanet.com/politics/2016-05/30/c_1118956522.htm，2016年5月30日。

孙尧：《发展共同体：学校与校友的双赢价值格局》，2017年6月15日，http：//www.tsinghua.org.cn/publish/alumni/4000380/11421711.html，2017年11月18日。

《校友吴燕生在2017年本科生毕业典礼上的发言》，2017年7月4日，http：//www.tsinghua.org.cn/xxfb/xxfbAction.do?ms=ViewFbxxDetail_detail0&xxid=11504233&lmid=4000383&nj=，2017年8月9日。

新华社评论员：《立德树人，为民族复兴提供人才支撑——学习贯彻习近平总书记在全国高校思想政治工作会议重要讲话》，2016 年 12 月 8 日，http://news.xinhuanet.com/politics/2016-12/08/c_1120083340.htm，2017 年 9 月 5 日。

《新清华学堂、校史馆、音乐厅及清华广场》，http://www.tuef.tsinghua.edu.cn/info/xyjs/1125，2017 年 7 月 11 日。

《新英才基金》，http://www.tuef.tsinghua.edu.cn/info/szjc/1107，2017 年 7 月 15 日。

《中共中央 国务院关于进一步加强人才工作的决定》，2003 年 12 月 26 日，http://www.gov.cn/test/2005-07/01/content_11547.htm，2017 年 9 月 13 日。

《中国高等教育学会校友工作研究分会简介》，http://alumni-cn.zuaa.com/about，2017 年 11 月 10 日。

中国校友会网：《2016 中国大学校友捐赠排行榜揭晓，北大清华武大蝉联三甲》，http://www.cuaa.net/cur/2016/1204，2017 年 9 月 26 日。

中华人民共和国教育部：《习近平总书记：优先发展教育事业》，http://www.moe.gov.cn/jyb_xwfb/moe_176/201710/t20171018_316735.html，2017 年 10 月 18 日。

《中华人民共和国教育部高等学校章程核准书第 25 号（清华大学）》，http://www.moe.edu.cn/srcsite/A02/zfs_gdxxzc/201409/t20140905_182102.html，2014 年 10 月 8 日。

朱枫：《世界顶尖大学的中流砥柱：谁能当哈佛教授？》，2016 年 9 月 1 日，http://www.zuihaodaxue.com/news/20160901-273.html，2016 年 11 月 18 日。

《总会简介》，2016 年 2 月 26 日，http://www.tsinghua.org.cn/publish/alumni/4000390/sec_detail1.html，2017 年 8 月 29 日。

附 录

附 录 1

APPLICATION FOR RESERVATION OF ALUMNI HOUSE

Event / Meeting Name:_____ Date(s):_____
Affiliation: ☐ Campus Dept ☐ CAA Member #_____ ☐ Alumni Group ☐ Public
Persons(s) in charge:_____ Telephone (___)_____ Email:_____
Organization Name:_____ Fax:_____
Address:_____

Facility Access from_____ to_____ Estimated Attendance:_____
Event Time(s) Toll Rm_____ to_____ Bechtel Rm_____ to_____
              Sibley_____ to_____   Presidents Rm_____ to_____
              Patio_____ to_____   Sather Gate Rm_____ to_____
              Kitchen_____ to_____

Will refreshments be served? Yes ☐ No ☐   Caterer: *Alumni House ☐ Professional ☐ Other ☐
*Please specify quantity of items being provided by the Alumni House. Refer to the food section on the rental rates sheet.

If Alumni House, please check selections: ☐ Bagels & Cream Cheese ☐ Breakfast Tray ☐ Cheese & Crackers for #of persons____
☐ Cookies ☐ Fruit Tray ☐ Snacks (chips, gold fish crackers, or pretzels) ☐ Vegetable Tray   Serving time(s):_____
☐ Bottled Water ☐ Coffee ☐ Decaf ☐ Tea ☐ Half & Half ☐ Hot Cocoa ☐ Apple juice ☐ Orange juice ☐ Cranberry Juice ☐ Soda
Please indicate serving time(s):_____

Additional Notes for Refreshment:_____

If professional caterer, please give name & telephone_____ Serving time(s)_____

Alumni House Equipment - indicate quantity where applicable:
A/V Cart_____   Chairs (max. 190)_____   Fireplace_____
LCD Projector_____   Round tables (max. 25)_____   Internet connection_____
Laptop_____   4' Rectangular tables (max. 2)_____ Piano_____
PA System_____   6' Rectangular tables (max. 13)_____ Conference Phone_____
Cordless Mic (max. 1)_____ 8' Rectangular tables (max. 10)_____ Easels_____
Corded Mic (max. 3)_____   Plastic tablecloth (#/color)_____   Whiteboard_____
Portable Screen_____   Linen tablecloth (#/color)*_____   Parking permit_____
Pull Down Screen_____ *Please allow two weeks notice
Podium/Microphone_____

Please specify room arrangement desired:
☐ Living Room   ☐ Partial Living Room, Partial Lecture
☐ Partial Living Room, Partial Banquet   ☐ U-Shape
☐ Lecture   ☐ Standing Reception
☐ Banquet with Rounds   ☐ Other (please describe):_____

If you would like to talk about your event set up, please make an appointment with the Reservations Office.
Note: certain room arrangements may not work for all events. Requests for room arrangements and furniture are subject to facility approval.

Invoice to be sent to:_____
         (Name/Department)   (e-mail) REQUIRED
         (Address)   (Phone)

Signature of Applicant_____ Date_____
Position in Organization_____

Return completed form to Alumni House reservations office. Fax # 510 642-6252 or reservations@alumni.berkeley.edu

附图 1　加州大学伯克利分校校友之家预订申请表[1]

---

[1] Alumni House Reservation Form, https://alumni.berkeley.edu/sites/default/files/ReservationsForm_030414.pdf, 2017 年 7 月 20 日。

附 录 2

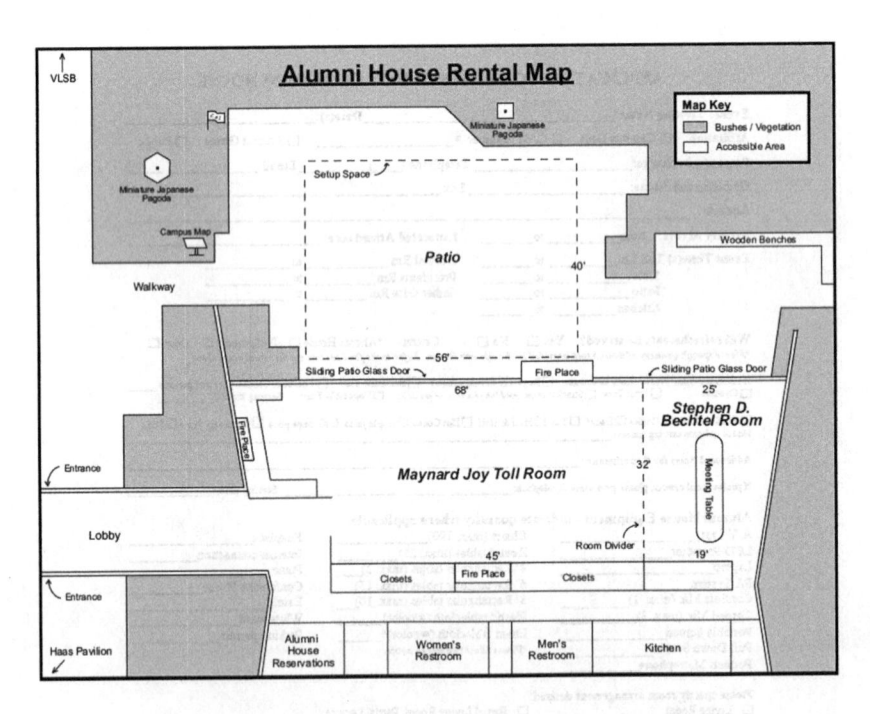

附图 2　加州大学伯克利分校校友之家平面图①

注：租赁校友使用。

---

① Alumni House Rental Map, https://alumni.berkeley.edu/sites/default/files/Alumni_House_Rental_Map.pdf, 2017 年 7 月 20 日。

附 录 3

附表 1　　　　　　　　　清华大学校友行业协会一览表

协会名称	成立时间	协会宗旨	备注
清华风电同学会①	2004.05.20	宗旨："叙同学友情、促风电发展",为清华学子搭建一个互相交流、互相学习、寻求合作、共同提高的平台	
清华校友保险协会②	2010.12.05	1. 通过组织如讲座以及论坛,增进保险行业校友之间的互动交流,并加强校友之间和对母校的归属感。 2. 搭建一个服务于保险行业校友的平台,促进资源整合,使得校友资源更好地为校友学习和了解行业最新动态提供帮助。 3. 通过在平台的学习以及交流,增强成员在保险行业的理论建设与实践,为成员的成长提供各方面的帮助	
清华校友互联网与新媒体协会③	2011.09.24	1. 协会以"自强、创新、互助、共进"为宗旨,旨在加强行业内校友之间、国内外校友之间、校友与母校之间的联系,帮助校友在创业或职业发展上取得成功,为母校发展、社会进步作出贡献 2. 协会积极关注和支持母校的科研成果产学研合作,帮助和促进母校老师和学生创新的科研成果和应用;协会积极关注和参与母校的创新创业教育和实践,积极搭建海内外校友创业者、从业者、投资者的交流和服务平台,对接创新创业人才、资本、政府、科研、媒体、产业等全方位资源,帮助母校师生和校友在创新创业领域更好起步、更快成长,取得更大成就	

---

① 清华校友总会网：《清华风电同学会》,2016 年 4 月 4 日,http://www.tsinghua.org.cn/publish/alumni/4000350/清华风电同学会.html,2017 年 8 月 29 日。

② 清华校友总会网：《清华校友保险协会》,2016 年 3 月 28 日,http://www.tsinghua.org.cn/publish/alumni/4000350/清华校友保险协会.html,2017 年 8 月 29 日。

③ 清华校友总会网：《清华校友互联网与新媒体协会》,2016 年 3 月 10 日,http://www.tsinghua.org.cn/publish/alumni/4000350/清华校友互联网与新媒体协会.html,2017 年 8 月 29 日。

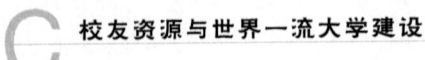

续表

协会名称	成立时间	协会宗旨	备注
清华校友汽车行业协会[1]	2011.11.19	旨在加强汽车行业校友与校友、校友企业与校友企业、校友与学校之间的联系，构建校友联谊的服务平台，服务广大汽车行业校友	
清华校友房地产协会[2]	2011.11.27	1. 加强房地产行业校友及企业与母校之间的联系，搭建为房地产行业校友服务的平台 2. 通过形式多样的活动为母校发展和行业进步做贡献 3. 通过支持成员在房地产界的理论建设与实践，为中国房地产行业的发展作出应有的贡献	
清华校友投资协会[3]	2011.12.20	1. 通过推动校友之间以及相关机构之间的沟通与合作来促进校友在事业上的发展、提升校友在金融投资界的影响力 2. 通过形式多样的与金融投资行业有关的活动支持母校的建设与发展 3. 通过支持成员在金融投资界的理论建设与实践，为中国金融投资行业的发展作出应有的贡献	
清华校友环境协会[4]	2012.04.28	加强环境保护领域清华校友之间、校友与母校之间的联系和团结，搭建交流服务平台，助力校友成长成才，树立清华形象品牌，为中国环境保护事业和清华环境学科的发展进步做出贡献	Tsinghua Alumni Association of Environment（TAAE）

---

[1] 清华校友总会网：《清华校友汽车行业协会》，2016年3月31日，http://www.tsinghua.org.cn/publish/alumni/4000350/清华校友汽车行业协会.html，2017年8月29日。

[2] 清华校友总会网：《清华校友房地产协会》，2016年3月30日，http://www.tsinghua.org.cn/publish/alumni/4000350/清华校友房地产协会.html，2017年8月29日。

[3] 清华校友总会网：《清华校友投资协会》，2016年3月29日，http://www.tsinghua.org.cn/publish/alumni/4000350/清华校友投资协会.html，2017年8月29日。

[4] 清华校友总会网：《清华校友环境协会》，2016年4月5日，http://www.tsinghua.org.cn/publish/alumni/4000350/清华校友环境协会.html，2017年8月29日。

续表

协会名称	成立时间	协会宗旨	备注
清华校友半导体协会[①]	2012.10	1. 促进校友间"相互认识、相互熟悉、相互帮助",旨在加强行业内校友之间、国内外校友之间、校友与母校之间的联系,帮助校友在创业或职业发展上取得成功,为母校发展、社会进步作出贡献 2. 协会积极关注在校学生的成长,积极搭建校友企业与学生的互动,响应学校号召积极促进杰出校友与在校生的交流 3. 协会积极关注和支持母校的科研成果产业化,帮助和促进母校老师和学生创新的科研成果和应用;积极搭建海内外校友创业者、从业者、投资者的交流和服务平台,对接创新创业人才、资本、政府、科研、媒体、产业等全方位资源,帮助母校师生和校友在创新创业领域更好起步、更快成长,取得更大成就	
清华校友青年学术交流协会[②]	2014.11	秉承"信息交流,资源整合"的理念,以加强学术界清华校友之间以及校友与母校之间的联系、交流与合作为宗旨,搭建活跃的学术交流平台,为青年校友的学术生涯铺路,为中国的科学研究和母校的学科发展做贡献	
清华校友生命科学与医疗健康协会[③]	2015.03	旨在通过促进校友之间及相关机构之间的沟通与合作来密切联系、支持、服务校友医疗健康及其事业,为母校发展、社会进步作出贡献。协会注重加强校友之间、校友与母校之间、本会与其他协会之间的交流与学习,促进母校在生命科学与医疗健康领域的教学和研究工作,并积极推动母校研究成果的产业转化,发挥会员的行业资源优势,为广大校友和校内师生提供健康养生、医疗保健、医疗救助方面的帮助和服务,整合校内外资源,支持与帮助校友在生命科学和医疗健康领域的事业发展,支持与帮助母校在生命科学与医疗健康领域附属产业的发展	

---

① 清华校友总会网:《清华校友半导体协会》,2016年4月4日,http://www.tsinghua.org.cn/publish/alumni/4000350/清华校友半导体协会.html,2017年8月29日。

② 清华校友总会网:《清华校友青年学术交流协会》,2016年3月29日,http://www.tsinghua.org.cn/publish/alumni/4000350/清华校友青年学术交流协会.html,2017年8月29日。

③ 清华校友总会网:《清华校友生命科学与医疗健康协会》,2016年3月30日,http://www.tsinghua.org.cn/publish/alumni/4000350/清华校友生命科学与医疗健康协会.html,2017年8月29日。

续表

协会名称	成立时间	协会宗旨	备注
清华校友总会文创专业委员会①	2016.04	委员会以"集聚创意、引领文化"为发展理念,以"开放、共享、公益"为建设原则,旨在加强行业内校友之间、国内外校友之间、校友与母校之间的联系,帮助校友在职业发展、个人成长上取得进展,为母校发展、社会进步作出贡献 委员会关注文化创意领域的科学研究和思想积累,积极参与建设人文清华的各项活动;关注母校的人才培养,积极参与母校文化创意领域的教学活动;关注文化创意领域科研成果产学研合作,推动母校师生科研成果的应用;关注母校文化创意领域的创新创业教育和实践,搭建海内外校友创业者、从业者、投资者的交流平台 2016年5月,委员会与台湾清华大学校友会共同发起成立了两岸清华文创论坛,联系两岸的文化创意领域校友,交流思想,触发创意,互相支持,共同发展	The Professional Committee of Cultural Creativity of Tsinghua Alumni Association（CCTAA）

资料来源:清华校友总会网:http://www.tsinghua.org.cn/publish/alumni/4000361/sec_index1_1.html。

---

① 清华校友总会网:《清华校友总会文创专业委员会》,2016年3月31日,http://www.tsinghua.org.cn/publish/alumni/4000350/清华校友总会文创专业委员会.html,2017年8月29日。

附 录 4

附表 2　　　　　　　清华大学校友兴趣组织一览表

组织名称	成立时间	组织宗旨	备注
清华校友剧艺社①	2002	以"读书·人生·梦想"为主题，用爱心演绎启迪人生的隽永华章，用激情塑造感人肺腑的艺术形象，弘扬中华文化，宣传革命传统，呼唤社会公德，践行奉献精神，收到了"陶冶情操、净化灵魂、催人奋进、促进和谐"的良好社会效益	
清华校友乒乓球协会②	2012.04.28	以球会友，联络校友感情，加强校友合作，共同为清华新里程的发展献计献策	
清华校友摄影俱乐部③	2011	展现校友心中最美的母校，凝结清华人对母校的拳拳深情	Tsinghua Alumni Photography Association（TAPA）
清华校友影视俱乐部④	2012	为进一步联络泛影视文化界校友，推动影视创作和文艺繁荣，相关校友自愿结成俱乐部。成立后提出"清华电影人养成计划"，积极推动落地，并开展了一系列活动。老中青文青校友阵地，泛文娱界校友交流平台	
清华校友合唱团⑤	2013.03.02	以清华人的敬业精神、饱满的热情和积极进取的态度，力争打造中国高水准的业余合唱团	TAC

---

① 清华校友总会网：《清华校友剧艺社》，2016 年 3 月 31 日，http://www.tsinghua.org.cn/publish/alumni/4000350/清华校友剧艺社.html，2017 年 8 月 29 日。

② 清华校友总会网：《清华校友乒乓球协会》，2016 年 4 月 13 日，http://www.tsinghua.org.cn/publish/alumni/4000350/清华校友乒乓球协会.html，2017 年 8 月 29 日。

③ 清华校友总会网：《清华校友摄影俱乐部》，2016 年 4 月 13 日，http://www.tsinghua.org.cn/publish/alumni/4000350/清华校友摄影俱乐部.html，2017 年 8 月 29 日。

④ 清华校友总会网：《清华校友影视俱乐部》，2016 年 3 月 31 日，http://www.tsinghua.org.cn/publish/alumni/4000350/清华校友影视俱乐部.html，2017 年 8 月 29 日。

⑤ 清华校友总会网：《清华校友合唱团》，2016 年 3 月 31 日，http://www.tsinghua.org.cn/publish/alumni/4000350/清华校友合唱团.html，2017 年 8 月 29 日。

续表

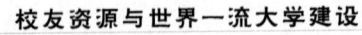

组织名称	成立时间	组织宗旨	备注
清华校友羽毛球俱乐部①	2013.07	以羽毛球运动为纽带，积极搭建清华校友文体交流平台，有效传递校友情感、拓展校友资源、凝聚校友力量，进一步传承学校文化和体育精神，努力践行"为祖国健康工作50年"口号	
清华校友民乐团②	2013.07	为民乐爱好者搭建排练与演出的平台，促进校友间及校友与学校间的交流，为普及中国的民族音乐做出积极贡献	
清华校友网球协会③	2016.03	发展校友网球爱好者之间的联谊；在校友中推广和普及网球运动；促进校友和母校的紧密联系，带动校友关注和支持母校的发展	

资料来源：清华校友总会网：http://www.tsinghua.org.cn/publish/alumni/4000361/sec_index1_1.html。

---

① 清华校友总会网：《清华校友羽毛球俱乐部》，2016年3月31日，http://www.tsinghua.org.cn/publish/alumni/4000350/清华校友羽毛球俱乐部.html，2017年8月29日。
② 清华校友总会网：《清华校友民乐团》，2016年4月2日，http://www.tsinghua.org.cn/publish/alumni/4000350/清华校友民乐团.html，2017年8月29日。
③ 清华校友总会网：《清华校友网球协会》，2016年4月13日，http://www.tsinghua.org.cn/publish/alumni/4000350/清华校友网球协会.html，2017年8月29日。

后　　记

本书是在我的博士学位论文的基础上修改而成。研究问题是校友资源与世界一流大学建设之间是何关系以及这种关系如何发生。当初选择这一研究主题完全出于个人兴趣，现在想想有点"初生牛犊不畏虎"之味。当时国内该领域全面系统的学术研究文献不多，"双一流"建设的官方文件也尚未发布，应当说，在研究上具有一定的挑战性。幸得博导鼓励，他支持我围绕自己感兴趣的选题展开研究，并期待我能通过挑战自我实现突破和成长。功夫不负有心人，历时四载顺利完成学位论文写作，并有幸于2019年10月被"中国高等教育学会学术创新计划——高等教育学博士学位论文文库"收录。

我要感谢我的博士生导师眭依凡教授。二十九岁的我承蒙恩师不弃忝列为眭门弟子。我的愚钝资质让他付出了太多辛劳，论文从选题确定到框架结构完善，再到细微的遣词造句，甚至标点符号修改都得到了他的悉心指导，因此从选题、开题、定稿、外审直至答辩都比较顺利。到杭州工作之后，恩师对我的工作生活依然给予无私关爱，时常叮嘱我不要忘记一名博士的立身之本——学术研究。在他的谆谆教诲下，我围绕学位论文继续深化研究，主持了相关主题省部级课题和发表了系列高水平文章。在我提及此书出版邀请他作序时，他欣然同意，在百忙之中很快完成。他还时常关切问我此书的出版进度。恩师对我的关爱恩深似海，这份情谊弥久芬芳，我当必铭记。

我要感谢我的访学导师刘海峰教授。2016年2月至7月，得益于刘师青睐，我有机会入选教育部研究生访学项目，到厦门大学高等教育学博士生访学基地访学。虽然只有短暂的半年学习时光，却让我深刻体会到了这所"南方之强"的魅力。每日行走在五老峰下、南普陀旁、面朝大海的厦大校园，每周六晚准时到先生（"先生"二字是厦门大学教育研究院师生对潘懋元先生一种约定俗成的尊称）家中参加如期举行的"周末学术沙龙"，还有常态化的刘门学术沙龙以及院里的各类学术活动，让我自在自如地遨游于学术的海洋，现在回忆起来仍倍感弥足珍贵。访学期间，一则小事尤为珍贵难忘。2016 年 7 月 3 日下午到先生家访谈，先生热情好客，不仅提早备好茶水、果品和糕点，而且在访谈中他始终面带微笑，耐心细致地阐述他的学术观点，思路清晰，深入浅出，娓娓道来，让人如沐春风。在访谈结束后，先生不顾年事已高，仍坚持将我送至电梯门口，让我由衷感动，领略到大师的卓越风采和高尚人格魅力。

　　我要感谢本书出版过程中给予支持的编辑老师、同行好友和学院领导。有道是：始生之物，其形必丑。本书亦然。感谢李沫老师慧眼识珠，推动本书在中国社会科学出版社出版。感谢范晨星老师鼎力支持，使本书出版事宜极其畅顺。感谢罗志敏教授为本书作序，他作为校友研究领域的知名学者，亲力亲为提携同行，尽显学人品质。感谢学院领导厚爱，为本书出版提供大力支持。

　　我要特别感谢我的家人。家人给予我方方面面的关爱、支持和帮助，他们虽不熟悉我的学业和工作，但始终如一全力支持，放任我"野蛮生长"，给予我自由选择的空间。他们虽不善华丽言辞，但那些简单朴实的"唠叨"永不缺位，这种无与伦比的力量是我生命的坚实后盾。拙著即将付梓，借此遥祝远方世界的母亲永远健康快乐！也祝愿家乡的父亲永远幸福平安！

何志伟
2024 年 6 月于浙江杭州